迎战变局，舆论先行！

中国崛起之舆论战

任贤良◎著

人民日报出版社
北京

图书在版编目（CIP）数据

中国崛起之舆论战／任贤良著． — 北京：人民日报
出版社，2020.9（2023.6 重印）
ISBN 978-7-5115-6524-2

Ⅰ．①中… Ⅱ．①任… Ⅲ．①新闻工作－舆论－中国
Ⅳ．① G219.2

中国版本图书馆 CIP 数据核字（2020）第 164585 号

书　　名：中国崛起之舆论战
　　　　　ZHONGGUO QUEQI ZHI YULUNZHAN
作　　者：任贤良

出 版 人：刘华新
责任编辑：郭晓飞
封面设计：金　刚

出版发行 人民日报出版社
社　　址：北京金台西路2号
邮政编码：100733
发行热线：（010）65369527　　65369846　　65369509　　65369510
邮购热线：（010）65369530　　65363527
编辑热线：（010）65363486
网　　址：www.peopledailypress.com
经　　销：新华书店
印　　刷：大厂回族自治县彩虹印刷有限公司

开　　本：710mm×1000mm　　1/16
字　　数：260千字
印　　张：17.75
印　　次：2020年9月第1版　　2023年6月第4次印刷
书　　号：ISBN 978-7-5115-6524-2
定　　价：58.00元

目　录
catalog

前　言

随着新中国成立，战争的硝烟逐渐散去，但围绕着新中国的建设与发展，不见硝烟的舆论战从未停止，甚至伴随着共和国的壮大而日趋激烈。

从新中国成立前后的中美舆论战、20 世纪 60 年代的中苏大论战，到改革开放前后"实践是检验真理的唯一标准"的大讨论，再到姓"资"姓"社"、思想大解放、香港回归、中美贸易战直至当下围绕抗击新冠肺炎疫情而展开的"唇枪舌剑"，舆论斗争从来就没有消停，跌宕起伏，云谲波诡，一波接着一波，一浪高过一浪，惊心动魄。

"舆论战"的惨烈，一点不亚于"贸易战""金融战""科技战"，有时甚至不只是媒体间的你来我往。在高度信息化的今天，在人人都是媒体的当下，更不时激起、动员全民参与，甚至情急之下，一国的元首都亲自赤膊上阵，如美国总统特朗普眼看中国抗疫取得重大成果和美国的疫情由于自己的失误大有蔓延失控之势，便不顾世界卫生组织的明示和外交礼仪，在 Twitter 和记者会上连番"甩锅"中国，声称新冠病毒为"中国病毒"，试图嫁祸中国、转移视线。美国的一些媒体和官员更是火力全开，大肆污名化、抹黑中国，来势汹汹，用心险恶。

正是基于唤醒我们的警觉，更清醒地认识"舆论战"的表现和本质，为国家崛起营造良好的舆论氛围，更好地在大国博弈中争夺舆论的话语权、主导权，扭转被动挨骂的局面，打好主动仗，讲好中国故事，尽笔者一己绵薄之力，这是本书写作初衷。

中国崛起之舆论战

全书共六章三十八节，由"共产党宣传起家"写起，从成立之初的"唤起工农千百万"到抗日战争的"去'污名化'"、解放战争的"宜将剩勇追穷寇"，到新中国成立前后的"别了，司徒雷登""中苏论战"，再到改革开放后的"实践是检验真理的唯一标准"大讨论、姓"资"还是姓"社"的思想大解放（第一章），一路写来，写到今天中国崛起面临的舆论尴尬和困惑（第二章，共五节：面对西方的无端抹黑，浑身是嘴说不清；西强我弱的国际舆论格局并未根本改变；苏东剧变中新闻舆论工作的教训；灭人之国，必先去其史；还原新闻舆论的本质），总结概括现代舆论战的十大表现（第三章，共十节：假作真来真亦假；移花接木颠黑白；换个角度大不同；只许州官放火；强词夺理理何在；鲜花下的陷阱；顺之者昌，逆之者亡；欲加之罪，何患无辞；以偏概全管窥豹；风起互联网），探讨中国道路自信的历史、体制、文化渊源（第四章，共六节：从新冠肺炎疫情说起；"治水社会"的集权管理；家国天下，选贤任能；中国知识分子的最高追求；复古还是扬弃；中国梦，人民的梦），进而提出打赢"舆论战"的制胜之道和具体的途径、措施（第五章，共五节：狭路相逢勇者胜；主战场要有主力军；打造新型主流媒体；坚持移动优先策略；画好最大同心圆。第六章，共五节：榜样的力量；牵住"牛鼻子"；有粉擦在脸上；善于借力打力；书到用时方恨少）。如同前本热销的拙作《舆论引导艺术：领导干部如何面对媒体》一样，本书列举了大量鲜活案例，采用了最新的数据和资料，另做了大量插图。

讲大国崛起的热战、冷战、核大战、贸易战、金融战、科技战等的有关著作、论述比比皆是，而从舆论战的角度讲大国博弈似乎还不多见，故此大胆献丑，期望抛砖引玉，共同探讨。

任望良

2020.3

第一章

兵马未动，舆论先行
——革命和建设取得胜利的重要法宝

　　舆论者，人心向背，国之大事也！不可不察！小到一个个人，中到一个单位、企业、组织，大到一个民族、政党、国家，其发展、崛起、沦丧、灭亡，无不伴随着舆论的兴衰交替。无论是古人讲的"众口铄金"还是现在流行的"金杯银杯，不如百姓口碑"，都说明舆论的极端重要性。尤其在以互联网为代表的信息化高度发达的当下，对舆情的发现、引导、管控、处置，已经成为当今社会一门管理的大学问。纵观世界大国崛起博弈的历史，除了热战、冷战、贸易战、科技战、间谍战、金融战等战线之外，还有无时无处不在的舆论较量。如果过去兵家常讲"兵马未动，粮草先行"，那么在今天人人都是媒体、人人都有麦克风、人人都有照相机的信息化高度发达的当下，显然更为现实、紧迫和重要的是"兵马未动，舆论先行"。舆论较量也受到各大国政府的高度重视。

　　2019 年 8 月，中国共产党总结建党、新中国成立几十年之成效得失，第一次印发了《中国共产党宣传工作条例》，将中国共产党长期以来特别是党的十八大以来宣传工作形成的宝贵经验和有效做法,以党内法规的形式固定下来,将"做好党的新闻舆论工作"视作"事关旗帜和道路,事关贯彻落实党的理论和路线方针政策,事关顺利推进党和国家各项事业,事关全党全国各族人民凝聚力和向心力,事关党和国家前途命运"①之大事。

我们目前正处于实现中华民族伟大复兴的关键节点,大国崛起的征程必然伴随着大国博弈,这也是具有新的历史特点的伟大斗争的关键一环。身处新形势、面对新问题、迎接新挑战,开展当前的舆论宣传工作,需要不断创新思路与手段——今日的创新需要从党的舆论宣传工作的历史入手,在历史回看之中发现经验、总结经验,传承优良的做法,同时根据新形势展望未来。

---

① 中共中央宣传部新闻局:《习近平总书记党的新闻舆论工作座谈会重要讲话精神学习辅助材料》,学习出版社 2016 年版,第 5 页。

第一节
唤起工农千百万，同心干
——中共成立之初的舆论宣传

有人说"中国共产党靠宣传起家"，这并非一句言过其实之辞。我们党近百年的历史实践证明，舆论宣传工作是我们夺取政权和进行社会主义建设的重要法宝之一。"笔杆子"和"枪杆子"，是我们党由弱到强直至赢得最后胜利的"两杆子"。

一、中共领袖几乎都是文章大家

在中国共产党的历史上，就曾涌现出无数宣传大家。无论最初的"南陈北李"（陈独秀、李大钊），还是后来的瞿秋白、毛泽东、恽代英、周恩来，无不都是文章大家、宣传鼓动的高手。尤其是毛泽东同志在革命初期就高度重视舆论宣传工作。1919年5月，毛泽东在长沙发起成立"湖南学生联合会"，自任文牍股干事。《湘江评论》出版后他又亲任主编，连续发表《民众的大联合》等长文，后又接手《新湖南》主编工作，还在驱逐军阀张敬尧运动中成立平民通讯社，自任社长。由于其出色的宣传鼓动才华，在第一次国共合作时期，还被选为国民党中央宣传部代理部长。一支纤纤细笔可挡千军万马。每每在革命和建设的关键时期，作为中国共产党的领袖，他总是"指点江山，激扬文字"，拨乱反正，拨云见日，为革命和建设指明方向。还有习近平总书记任浙江省委书记时，亲自在浙报开辟《之江新语》专栏，从2003年2月至2007年3月，整整4年时间，共写了232篇观点鲜明、文风鲜活、思考性针对性极强的短论，有力地指导了全省各方面工作。

在初创时期，中国共产党对舆论宣传工作之所以十分重视，主要原因有三。一是中国的新民主主义革命需要以最广大的人民群众作为革命基础，而非依靠与各派政治势力相勾连，这就要求通过舆论宣传工作去组织群众，动员群众认同革命的目标和理念，拥护和投入中国共产党领导的革命洪流中。正如 1925 年 10 月的中共中央扩大执行委员会明确指出的那样，"中国革命运动的将来命运，全看中国共产党会不会组织群众、引导群众。"① 二是中国共产党吸取了旧民主主义革命忽视向基层士兵与民众宣传的教训。革命党士兵"及到看见挂起'民国'招牌的时候，还不知道'民国'为何物"②，这正是导致旧民主主义革命失败的一个重要原因。三是早期中国共产党"以俄为师"，积极学习"俄罗斯革命……用宣传手段，完全破坏旧军事组织和纪律"③，并在舆论宣传工作上很大程度接受了共产国际的启示。

二、宣传起家

中国共产党在早期的革命斗争中就认识到，只有建立起高效的舆论宣传工作体系，才能够顺利地开展各项革命工作。因此，在此期间，中国共产党通过若干具体措施，加强革命舆论宣传工作。

在组织结构上，中国共产党在成立之时便有人专门负责舆论宣传工作。1924年 5 月的中共中央执行委员会扩大会议开始注意健全党的宣传组织。④党还要求中央工农部指导各地方组织工会小组，重视在工人群众中的舆论宣传工作。另外，创办党校也是党注意加强党内教育问题、培养"鼓动员"与舆论宣传人才的一个重要举措。

①③④ 中央档案馆：《中共中央文件选集》第 1 册，中共中央党校出版社 1989 年版，第 472 页、571 页、245—246 页。

② 中共中央宣传部办公厅、中央档案馆编研部：《中国共产党宣传工作文献选编》（1915—1937），学习出版社 1996 年版，第 314 页。

在舆论阵地上，中国共产党不断拓展各种"新阵地"，利用报刊、小册子、工人俱乐部、学校等不同渠道相互配合：除了我们所熟知的《新青年》《共产党》之外，中共中央机关报《向导》、中国社会主义青年团机关报《先驱》、中华妇女界联合会主办的《妇女声》等报刊相继创刊出版；中央编译委员会选择了大量关于列宁主义、国际政策、政治经济状况以及工人常识的材料，编译后制成小册子和传单发行；党通过改造和利用工人俱乐部，使之成为舆论宣传的有力工具和工人团体生活的革命中心。[①]

在宣传策略上，中国共产党的舆论宣传工作讲求贴近群众、贴近实际、因时因地制宜。在革命舆论宣传工作经验的积累过程中，中共逐渐意识到，要使人民在日常生活中感受政治，才能训练群众的政治意识，使群众把他们切身的日常生活的要求和这些总的政治要求联结起来，使之成为促进革命的势力。

在工作纪律上，中共从开展舆论宣传工作起就强调纪律的重要性。严明的宣传纪律是中共早期就形成的优良传统，一方面体现在党对出版物的定期审查上[②]，另一方面也体现在中央要求各区委及地委每月必须按期报告宣传成绩和反映问题上[③]。

三、"真理的味道非常甜"

2012 年 11 月 29 日上午，举世瞩目的中国共产党第十八次全国代表大会闭幕不久，位于天安门广场东侧的国家博物馆就迎来了一批不寻常的参观者：新当选的新一届中央政治局领导集体在习近平总书记的带领下，参观《复兴之路》展览。参观中，总书记深情地讲述了陈望道废寝忘食翻译《共产党宣言》的故事："一天，一个小伙子在家里奋笔疾书，妈妈在外面喊着说：'你吃粽子要加红糖水，吃了吗？'他说：'吃了吃了，甜极了。'结果老太太进门一看，这个小伙子埋头写书，

---

① ② ③ 中央档案馆：《中共中央文件选集》第 1 册，中共中央党校出版社 1989 年版，第 479 页、6—7 页、193 页。

中国崛起之舆论战

嘴上全是黑墨水。结果吃错了,他旁边一碗红糖水,他没喝,把那个墨水给喝了。但是他浑然不觉啊,还说,'可甜了可甜了'。这人是谁呢?就是陈望道,他当时在浙江义乌的家里,就是写这本书。于是由此就说了一句话:真理的味道非常甜。"这就是习近平总书记讲的"真理的味道非常甜"的故事。十月革命一声炮响,给中国送来了马列主义,从此,"一个幽灵,共产主义的幽灵",不仅在"欧洲游荡",也开始在中国大地上"游荡",从思想和理论上武装了追求真理的中国共产党人,唤起了翻身求解放的无数劳苦大众。

中国共产党在参与革命的初期,正是通过充分而有效的政治宣传,致力于将社会的各个群体转化成中国革命的现实力量。中国共产党的早期领导人早就指出:"一切被压迫的农、工、商、兵、民众中都可以有我们的党员,这样的党员都可以号召指挥他那一方面的民众;假令我们的党员是有纪律的,一个中央部的命令下来,几万的党员便可以同时活动,他们便有能力号召几十万乃至几百几千万的民众;这样,为什么怕全国一致的革命不能成功?"[1] 通过针对各个社会群体的舆论宣传工作,中共为革命创造了有利的社会形势,锻造了颇具规模的革命力量,培养了坚定的革命意志。

一方面,由于马克思主义学说本身的抽象性和当时社会整体知识水平的制约,中国共产党在一开始只能向知识分子和青年学生进行思想传播,并由此培养了一大批坚定的马克思主义者。这些知识分子在革命过程中,成为上层知识精英和底层民众之间沟通的桥梁和革命的媒介,不断深入工厂、农村去动员和唤醒民众。

另一方面,在中国共产党建党之初,工人尚处于分裂状态,中共通过多种舆论宣传手段唤起了工人的阶级觉悟。"使工人阶级由被动的改良的单纯经济的

---

[1] 中共中央宣传部办公厅、中央档案馆编研部:《中国共产党宣传工作文献选编》(1915—1937),学习出版社1996年版,第193页。

运动，进到自动的革命的经济与政治不分离的运动"①，工人阶级最终不但成为一个有组织的集体，而且成为中国革命的领导阶级。

再者，中国共产党针对农民舆论宣传工作的认识，经历了一个由浅入深的变化过程。"二七"大罢工失败后，中共认识到中国工人阶级仍不壮大，需要通过动员农民才能大大增强革命的力量。其中以毛泽东同志《湖南农民运动考察报告》最为著名、影响最大。凭借北伐过程中的舆论宣传，沿途的农民踊跃支援北伐，为革命军做向导、做侦探、做挑夫，有的还直接参战，极大地帮助了北伐战争的推进。

在半殖民地半封建的旧社会，中小商人和市民的社会性质很特殊，但形势要求共产党积极争取这一支社会力量。中国共产党通过舆论宣传向中小商人揭露大买办阶级在革命中的卖国行径。由于承认和保护其合法利益，中共对商人的宣传很快便收到了效果，得到一般小商人和爱国大商人的信赖。

最后，中国共产党在参与新民主主义革命初期，还对国共联合组成的革命军队进行了比较成熟的舆论宣传工作。比如，军中的政治宣传，宜注重中国的近代外交史、军阀官僚的政治之腐败、工人农民之疾苦、苏联及其他国家无产阶级革命之历史、军人和工农群众之关系等，甚至还在冯玉祥军队中提出"军人和农民相好"的口号。② 这些舆论宣传工作对军队所进行的思想教育，使得军队知道为什么而战、为谁而战。

可以说，重视舆论宣传工作是中国共产党自成立之初就形成的一条工作经验，并在此后的革命、建设与改革的历史进程中不断延续这一传统，为建设具有鲜明中国特色的舆论宣传工作体系奠定了基础。

---

① 中央档案馆：《中共中央文件选集》第 1 册，中共中央党校出版社 1989 年版，第 122—123 页。
② 中央档案馆：《中共中央文件选集》第 2 册，中共中央党校出版社 1989 年版，第 457—459 页。

第二节
今日长缨在手，他日缚住苍龙
——抗日战争时期的舆论宣传

在经历了建党初期的大革命和武装割据斗争等锻炼之后，中国共产党在舆论宣传工作上获得了长足的长进，无论是舆论立场还是舆论策略，无论是舆论渠道还是舆论纪律，相比此前都大大成熟。九一八事变后，中国进入到抗日战争的历史时期。从战争初期开始，同时面对国民党和日本帝国主义在军事与舆论上的种种压力，如何通过调动舆论宣传，积极争取社会各个阶层和群体的抗日力量，建立起一条最广泛的抗日战线，成为摆在中国共产党面前的重大议题。

一、烽火中的"呐喊"

1937年7月7日卢沟桥一夜枪响，把中华民族推向了"亡国灭种"的边缘。一时间如同巨石击水，舆论四起，如"亡国论""速胜论""不抵抗论""曲线救国论"等。在种种舆论的裹挟下，人心浮动，莫衷一是。自七七事变发生后，中国共产党就迅速地作出舆论反应。七七事变发生后的第二天，中国共产党中央委员会率先通电全国，呼吁全中国的同胞，"只有全民族实行抗战，才是我们的出路"。7月23日，毛泽东在《反对日本进攻的方针、办法和前途》一文中提出，要实行全国总动员，全国人民、政府和军队团结起来进行全面抗战的八大纲领。"民力和军力相结合，将给日本帝国主义以致命的打击。民族战争而不依靠人民大众，毫无疑义将不能取得胜利。"中国共产党通过连续发表宣言、决议、纲领等，深刻揭露日本帝国主义的罪行，号召民众团结起来，武装反抗日本帝国主义的侵略。在中国共产党的号召下，最终实现了国共第二次合作，以国共合作为基础的抗日民族统一战线正式形成，为抗战最终胜利打下了坚实基础。

纵观整个抗战时期，中国共产党对基层民众的舆论宣传工作就是坚定立于这一立场之上，以中华民族的救亡图存为立场，以毫不妥协的英勇战斗为态度，使得抗日舆论工作具有强大的精神支撑和动力，鼓动民众积极参与抗战，形成全民族抗战的局面。

二、去"污名化"

随着抗日战争的全面爆发，面对长期以来国内反动势力对共产党的"匪化"宣传，中国共产党若想获得民众信任，一个要紧的工作就是去"污名化"，从正面建构起一种全新的政党形象。抗日战争爆发后，中国共产党迅速在舆论宣传上表现出团结抗战的坚定决心，并通过"戏剧、歌曲、壁报、群众大会、小的飞行演讲、个别谈话等等方法，向群众说明目前形势和生路，揭露敌人的残暴"①。特别是 1938 年毛泽东发表著名的《论持久战》，针对国民党内部分人的"亡国论"和"速胜论"，以及中国共产党内部分人轻视游击战的倾向，系统地阐述了中国实行持久战以获得对日作战胜利的战略。该著作从思想上坚定了中国人民争取抗战胜利的信心。如此积极的宣传态度和爱国的宣传内容不仅表明了中国共产党的政治主张，而且与国民党舆论工作形成鲜明对比，获得了国际社会的广泛支持。中国共产党通过积极的舆论宣传工作紧密地联系了民众，在与民众的交流中逐渐祛除了国民党长期舆论宣传捏造的"共匪"身份，重新建构了革命性政党抗日救国的正面形象。

---

① 《邓小平文选》第一卷，人民出版社 1994 年版，第 3 页。

三、不同阶段不同策略

在抗战的不同阶段，面对不同的社会群体，根据不同的舆论目的，中国共产党依据实际情况采取有针对性的传播策略。比如，对工农大众与革命将士，采取积极引导与联合抗战的宣传技巧，并讲求内容的简单易懂，使用极具情绪感召力的口号式宣传手段，如"有一尺布送去做军装，有一升米拿去做军粮，有一个儿也要报名参军打东洋"。同时，对国内中间派及国际人士采取积极争取与拉拢的方式，多渠道、多层面、全方位揭露国民党迫害爱国人士的真相，对国民党在不同时期分别采取团结合作、揭露反抗与坚决斗争的不同战略，对日本帝国主义及日伪则采取坚决打击、积极斗争的强硬策略。

1941 年 5 月 16 日，中国共产党第一份大型机关报《解放日报》在延安创刊

中国共产党依时而动，不断调整媒介的布局，使之适应新的战争情况，寻求更大的舆论宣传效力。比如，面对人员和物资短缺、国民党的封锁，党中央决定对舆论宣传媒介进行集约化整改，集中力量精简办报。从1941年开始，通过停刊、合并与新办报刊，最终形成了《解放日报》《边区群众报》等强有力的报刊舆论平台。再比如，面对党的报纸在国统区内被查禁的状况，中国共产党为保证抗战信息的有效传达，意识到建立广播电台的迫切性和必要性。有别于报纸和通讯社，无线广播是中国共产党全新的舆论武器。在物质条件异常艰苦的情况下，创办的延安台成为中共中央重要的舆论喉舌，有效地在皖南事变等关键历史事件中发挥了强大的舆论功能。

在整个抗日战争中，需要特别提出的是延安《解放日报》的改版。从党史来看，《解放日报》改版是延安整风运动的重要组成部分。从党的舆论宣传工作史来看，改版开启了中共舆论宣传工作的新局面。在改版前，《解放日报》在版面安排上，第一版是国内外新闻与社论，第二版是国际新闻，第三版是国内新闻，第四版是边区新闻和副刊；在社论方面，每天一篇，存在题大文空、指导性不强的问题；在新闻报道上，与边区生活的联系不紧密，充斥着大量的外国新闻。针对这些问题，党中央决定对《解放日报》进行改版，使之成为"真正的战斗的党的机关报"，并于1942年发表《致读者》。

改版后，报纸版面以国内外要闻和边区消息占主要地位，重视精选国际消息；社论不再形式地追求数量，而是结合实际，有的放矢；新闻报道突出大生产运动、整风运动和抗日斗争，与现实的联系更加紧密；副刊的内容范围从文艺扩大到包括历史、哲学、经济、政治、音乐、美术等多方面。此后，《解放日报》成为中国共产党在抗日战争中坚实有力的舆论平台，并且建立起了一套党报管理体系的延安范式。

第三节
奔腾急，万马战犹酣
——解放战争时期的舆论宣传

从历史的角度看，解放战争是一场中国共产党为推翻国民党反动统治、解放全中国而进行的战争。正如毛泽东所说，在武力战中，尤其是自己的物质力量弱于敌人的时候，利用舆论宣传动员、争取和组织群众就成为"胜利的最基本的条件"①。因此，在与国民党反动派武力战激烈进行的同时，中国共产党和人民解放军也同样重视舆论战场对武力战场的支持配合，依据战争情形的发展变化，顺时顺势地选择不同的舆论战策略，将舆论宣传工作变成解放战争中有力有效的"软打击"。

一、两条道路、两种命运的抉择

抗日战争胜利后，中国迎来了一个和平建国的宝贵机会，但中国共产党所主张的团结一切爱国民主力量，建设独立富强的新中国的政治诉求，与国民党反动派所希望的恢复战前秩序、继续一党专制的目的产生了尖锐的抵触。中国历史到了两条道路、两种命运的抉择时刻。

抗战胜利之初，蒋介石为争取准备战争的时间，一面加紧军事力量的调动集结，一面邀请中共领导人赴重庆谈判，制造"和平"烟幕。在这样的情况下，

---

① 《毛泽东选集》第二卷，人民出版社 1991 年版，第 513 页。

中共领导人做好了战与和两手准备，向国内外发表声明，认为当前最大的历史任务是"在和平、民主、团结的基础上加以合理解决，以期实现全国之统一，建设独立自由与富强的新中国"，同时接受邀请，赴重庆参与和谈。尽管中共领导人知道，蒋介石展开的谈判不会有实际的政治效果，但仍然将这次谈判视作"教育人民"的机会，在舆论上充分展现了中国共产党争取和平的真诚态度。特别是毛泽东主席以"压倒一切敌人，而决不被敌人所屈服"①的大无畏的革命家英雄气概，形成了强大的宣传攻势。一首《沁园春·雪》的发表，更是在国民党的陪都重庆掀起一股巨大的"毛泽东热"。许多人为毛泽东的领袖气质、超凡才华"竞折腰"，以致蒋介石不得不下令国民党所属文人墨客竞相登场"比诗"。但其立意、胸襟、气场、才情，无一能望其项背。

此外，依托《解放日报》《新华日报》《群众》杂志和新华广播电台等党的媒体，不断揭露国民党破坏停战协定、调动军队、进攻解放区、围攻中原李先念部队等情况，使全国人民、全党同志和党所领导的军队认清真相，在思想上有所准备，并赢得民心。这些舆论宣传的效果无疑是显著的，在内战爆发前后，南京、上海等城市就已经爆发了大规模反战游行。共产党不断通过《解放日报》和《新华日报》的社论，与《大公报》等宣扬"不党"的中间派报刊进行论战，斥责其"小骂大帮忙"的言论性质。

在从抗战胜利到解放战争爆发的过渡阶段，中国共产党积极通过舆论宣传的方式，向中国民众揭露了国民党反动派的内战阴谋，进行了有效的解放战争舆论动员。

二、"一切反动派都是纸老虎"

在解放战争的战略防御阶段，中国共产党面对敌我军事力量相差较大的实际情况，既要应对战争初期我军内部的信心不足和畏惧美国的心态，还要面对民

---

① 《毛泽东选集》第三卷，人民出版社 1991 年版，第 1039 页。

众的疑虑甚至反水（如泰兴地区）。如何利用舆论宣传工作解决这些问题，成为中国共产党必须直面的一个问题。

为解决群众和党内畏惧美国的心理，首先是提高全党，特别是干部正确分析认识战争形势和敌我双方状态的能力。因此，中国共产党向民众和党员说明美帝国主义与国民党的虚弱和宣传人民力量的伟大。其中，最著名的例子就是毛泽东对美国记者斯特朗所说的"一切反动派都是纸老虎"。

1946 年 8 月 6 日下午，在延安杨家岭毛主席居住的窑洞前，毛主席同美国著名记者安娜·路易斯·斯特朗侃侃而谈。在谈到第二次世界大战后世界的格局和中国的战局时，毛泽东发表了"一切反动派都是纸老虎"的著名论断。当时，翻译用了"scarecrow"（稻草人）一词来翻译。毛泽东感到很奇怪，因为他没有听到 paper（纸）和 tiger（虎）这两个他知道的词，于是便问翻译怎么回事。在得知情况后，他立刻表示："不行，我的意思是纸糊的老虎，是 paper-tiger。"[1] 此后，一个英语新词"Paper Tiger"便出现在了大众视野中，并在国内外广泛传播。

解放战争初期，人民解放军在战场上暂时处于守势，亟须通过舆论宣传工作帮助军队重振士气，并注意传达"我军必胜"和"蒋军必败"的观念。比如，《解放日报》和《新华日报》曾多次利用事例和数字说明我军逐渐转被动为主动，就是因为党意识到"第一位的问题是要宣传我们有条件取得胜利，建立坚定的胜利的信心"[2] 的重要性。

三、建立广泛的统一战线

随着战争态势的变化，1947 年 6 月后进入了解放战争的反攻阶段。为了配合军事上的反攻，舆论宣传工作的重心也转移到了扩大统一战线、组织第二条战线的工作上。

---

[1] 曲鸣明：《paper-tiger 毛主席发明的英语单词》，军网 2014 年 5 月 6 日。
[2] 《毛泽东文集》第四卷，人民出版社 1996 年版，第 196 页。

面对国民党反动派对民众新闻舆论的疯狂破坏，中国共产党开始注意对民主党派和蒋管区民众的教育引导，既对蒋介石的和谈阴谋进行揭露，又逐一批驳曾一度在蒋管区流行的"第三条道路"观点，毫不讳言地明确指出"在中国人民和人民敌人的生死斗争中间，没有任何'第三条道路'存在"①。

在反攻阶段，学生运动风起云涌、席卷全国，形成了反抗国民党反动派的第二条战线。中国共产党努力将地下报刊和学生刊物紧密地结合在一起，使之相互配合，有效地扩大了第二条战线反对蒋介石的舆论效力。

随着战事变化，中国共产党敏锐地觉察到民众已经经历了从信任国民党政府到摒弃蒋介石独裁政权的心理过程，因此共产党适时调整舆论内容，如号召"各民主党派、各人民团体及各社会贤达，迅速召开政治协商会议，讨论并实现召集人民代表大会，成立民主联合政府"②。这些舆论宣传工作有效地扩大了反蒋阵营，有利于建立广泛的反蒋爱国统一战线。

四、兵临城下，攻心为上

解放战争之所以能够在短短不到四年的时间取得压倒性胜利，不仅在于人民解放军的巨大战斗力，也在于我们党利用舆论宣传工作消解敌军斗志，使得大量国民党将士投诚或消极抵抗。这一点，在战争的决战阶段尤为明显。

利用国民党内部嫡系部队和"杂牌军"之间的固有矛盾，做国民党高级将领工作，争取其力量。比如，国民党第十一战区副司令长官兼新八军军长高树勋就因我党的积极争取而起义，并通电全国，号召全国人民和国民党军反对内战，同时中共中央及时提出开展"高树勋运动"③向国民党官兵进行舆论的动员宣传。

---

① 《旧中国在灭亡，新中国在前进》，新华社社论1948年5月23日。
② 中共中央党校党史教研室：《中共党史参考资料》（六），人民出版社1979年版，第413页。
③ 毛泽东在1945年12月15日亲笔撰写的《一九四六年解放区工作的方针》一文中明确指出："开展高树勋运动，使大量国民党军队在战争紧急关头，仿照高树勋榜样，站到人民方面来，反对内战，主张和平。为使此项工作切实进行和迅速生效起见，各地必须依照中央指示，设置专门部门，调派大批干部，专心致志，从事此项工作。各级领导机关，则要给以密切指导。"

中国崛起之舆论战

人民解放军了解到国民党在解放战争中"征兵"制度在其军队中产生的负面情绪，因此加强向国军中下层士兵宣传敌俘政策成为催生其厌战、反战情绪的一个重要工作。如淮海战役期间，人民解放军利用广播、劝降书信和火线喊话等方式，仅在陈官庄地区就吸引 14000 余名中下级官兵投诚。[①] 这种舆论攻心战极大削弱了国民党军官兵的斗志，为决战的胜利提供了支持。

通过解放战争中我党舆论宣传工作的历史经验，可以发现，利用舆论武器必须服从于政治、军事、外交等工作的现实需求，根据实际情况制定恰当的舆论战略战术，才能最大限度地发挥舆论战的威力。当今世界，霸权主义、强权政治成为和平与发展的主要障碍。在加强国内舆论导向、打破国外舆论封锁、树立我国舆论形象的斗争中，解放战争中的舆论战是我们打好当前国际舆论战重要的历史经验。

五、宜将剩勇追穷寇

曾为国民党陆军中将的特赦战犯黄维，在狱中 27 年一直苦苦思考，拥有美式武装的数百万国民党大军，为什么在三年多一点的时间就兵败如山倒，败得如此迅速？黄维，非等闲之辈，1904 年出生，作为黄埔一期生，深受蒋介石赏识和器重，20 岁就当上了团长，24 岁成为旅长，34 岁升任军长，44 岁官拜国民党十二兵团司令，在为国民党东征北伐中屡建功勋，参加过武汉保卫战、缅甸反攻等，特别是在淞沪会战号称"血肉磨坊"的罗店战役中表现神勇。就是这样一位功勋卓著的"战将"，却成了共产党"土八路"的手下败将，无论如何他自己都不能"臣服"。因此，在被解放军俘虏后，一直消极抵抗"思想改造"，并为此在监狱中埋头研究"永动机"。黄维本可以第一批释放，由于思想顽固，认罪态度不好，一直到 20 世纪 70 年代，才作为最后一批特赦战犯被释放。黄维特赦后，在 1975

---

① 张学才口述，张学奎、张栋修整理：《淮海战役解放军用"猪肉粉条"劝降国民党士兵》，《解放军报》2009 年 2 月。

年的六七月间曾随有关部门到延安参观。有资料记下了他这次参观后的感受："看见毛主席、周总理解放战争以前住过的窑洞，那是何等的艰苦之所！可共产党的领袖们，就是在这样困难这样清贫的条件下，硬是点燃了燎原的星星之火，指挥军队、率领人民，创建了新的人民政权，中国人民从此站起来了！"①

还有国民党的军官到三大战役中国革命的"最后一个农村指挥所"西柏坡参观。当看到作为解放军军委作战室的三间土房，除了挂着的反映国共双方兵力部署进退的作战大地图外，与普通的农家土屋并无什么不同之处，他惊呆了。这里的简陋不要说跟蒋介石的南京总指挥所相比，就是跟他这一级的兵团司令部的作战室相比也是寒酸至极。这位国民党的军官不由自主地叹息："国民党当败，蒋介石当败！"

也许如果黄维能够看到西柏坡的一切，在他的脑海里还会浮现出这样的情景：1948年9月起，人民解放军经过狂风扫落叶般摧枯拉朽的三大战役，国共双方的力量对比已经发生了根本改变——中国人民解放军已发展壮大至300万正规军，国民党军队已减到290万——主客已经易位。而此时，1949年元旦，蒋介石在金碧辉煌的南京总统府邸举行了新年团拜会，宣读了乞和的《新年文告》。当天的《中央日报》更是巨幅全文刊登。

此文告无非两个目的：一是对"共党"提出政府对和谈之最低条件；二是要制定出蒋"总统"退职后，副总统据以与"共党"和谈的大纲。关心时势的人们在读了此文告后，无不大失所望。文告洋洋洒洒数千言，无半分和谈之诚意，唯见推脱内战之责任，以及以谈待变之用心。但也有不少人为蒋介石的虚假言辞所蒙蔽，对革命到底的信念不太坚定，对现实十分迷惘。在此情形下，已经从西柏坡迁到北京香山的毛泽东主席，于1948年12月30日挥动如椽的巨笔，为新华社写下了《将革命进行到底》的新年献词。文章一开头就开门见山地指出："中

---

① 刘家常，刘人源：《最后的选择》，解放军出版社1999年版，第229—230页。

中国崛起之舆论战

国人民将要在伟大的解放战争中获得最后胜利，这一点，现在甚至我们的敌人也不怀疑了。"在分析战场形势后，毛泽东笔锋一转，又一针见血地指出中外反动派"看到了中国人民解放战争在全国范围内的胜利，已经不能用单纯的军事斗争方法加以阻止，他们就一天比一天地重视政治斗争的方法。中国反动派和美国侵略者现在一方面正在利用现存的国民党政府进行'和平'阴谋，另一方面则正在设计使用某些既同中国反动派和美国侵略者有联系，又同革命阵营有联系的人们，向他们进行挑拨和策动……是将革命进行到底呢，还是使革命半途而废呢……现在的问题就是一个这样明白地这样尖锐地摆着的问题……每一个民主党派，每一个人民团体，都必须考虑这个问题，都必须选择自己要走的路，都必须表明自己的态度。"这振聋发聩的诘问，唤醒了无数迷惘的中国人！

毛泽东号召全国人民、各民主党派、各人民团体真诚合作，采取一致的步骤，粉碎美帝国主义和国民党反动派的政治阴谋，将革命进行到底。

针对一些人存在的模糊动摇的观念，毛泽东深入浅出地讲述了除恶务尽的道理，告诫人们绝不要怜惜蛇一样的恶人。他非常贴切地引用了古希腊的一则寓言："一个农夫在冬天看见一条蛇冻僵着。他很可怜它，便拿来放在自己的胸口上。那蛇受了暖气就苏醒了，等到回复了它的天性，便把它的恩人咬了一口，使他受了致命的伤。农夫临死的时候说:我怜惜恶人,应该受这个恶报！"他尖锐地指出："外国和中国的毒蛇们希望中国人民还像这个农夫一样地死去，希望中国共产党，中国的一切革命民主派，都像这个农夫一样地怀有对于毒蛇的好心肠。"

毛泽东不愧为语言大师和讲故事的高手，以其高超的语言和生动的比喻讲清了深刻的革命道理，教育了许多尚未觉悟的党内外人士和革命群众，促使人们对蒋介石的"求和"重新保持高度警惕。

还需要特别指出的是，文章并没有到此结束，而是充满激情地在文章最后擘画了中国革命的蓝图："一九四九年中国人民解放军将向长江以南进军，将要获得比一九四八年更加伟大的胜利。""一九四九年我们在经济战线上将要获得比一九四八年更加伟大的成就。我们的农业生产和工业生产将要比过去提高一步，铁路公路交通将要全部恢复。人民解放军主力兵团的作战将要摆脱现在还存在的某些游击性，进入更高程度的正规化。""一九四九年将要召集没有反动分子参加的以完成人民革命任务为目标的政治协商会议，宣告中华人民共和国的成立，并组成共和国的中央政府。这个政府将是一个在中国共产党领导之下的、有各民主党派各人民团体的适当的代表人物参加的民主联合政府。"

这是何等的鼓舞人心、振奋精神！毛泽东新年献词的发表，极大地鼓舞了在前线浴血奋战的中国人民解放军将士。各战区指战员纷纷致电中央军委表示战斗决心。而蒋介石政权和其背后的美国主子也发出无可奈何的哀叹。美国驻华大使司徒雷登后来描述说，毛泽东的宣言中有浓烈的火药味；国民政府副总统李宗仁听到此新年献词时，神情黯然地对夫人说："看来，和平之机会已经失去了。"①毛泽东不愧为中国革命的导师，如同站在船头的舵手，每每在革命的关键时刻，总能高瞻远瞩，为革命航船拨清迷雾，发出清晰的指令，给革命群众以极大鼓舞，给敌人以致命打击，为革命指明前进方向。

【典型案例】

解放战争时期我党"舆论战"策略的有效运用

解放战争中，中国共产党的"舆论战"实践有一个鲜明的特色，就是紧密联系实际情况的变动，选择相应的内容与策略对社会进行舆论的宣传。如前文所说，在解放战争的战略反攻阶段，共产党曾敏锐地觉察到，随着战争态势的变化，蒋管区内的民众和知识界对蒋介石的统治产生了显著的心理变化。于是，中共根据这些变化，适时地调整舆论内容，积极地扩大反蒋阵营。

---

① 《1949年元旦，毛泽东的新年献词里说了什么》，中国共产党新闻网2020年1月2日。

中国崛起之舆论战

在解放战争初期,就有文章认为"共产党不能把今天的国民党比作日本,国民党有蒋委员长的威望,有正统的历史,他是在自己的境内戡乱,一切理直气壮",一度使得共产党在蒋管区内,尤其是对知识分子和青年学生的舆论宣传工作难以推进。

但是,从1947年初"抗议美军在华暴行,驱逐美军出境"运动开始,到"反饥饿、反迫害、反内战"运动,这些情况说明蒋管区的群众已经逐渐认清了蒋介石统治集团及其美国后台的反动面目。据此,中共中央指示在蒋管区的舆论工作要以争取中间分子为主,利用合法形式开展斗争,最终赢得了民心民意,使整个反蒋阵营团结在了共产党的旗帜下。曾经质疑共产党的《观察》杂志也开始承认:本来对于政府感觉失望的,慢慢儿地对政府感觉绝望了;本来对于政府感觉绝望的,终于对于政府"不望"了;本来无所谓的人,现在也一点儿"左倾"了;本来稍稍"左"倾的人,现在也一点儿一点儿"左"得厉害了;本来绝对仇视共产党的,现在努力了解共产党了;本来不大喜欢共产党的,现在渐渐对共产党表示同情了。

(整理自《毛泽东选集》第四卷,人民出版社1991年版,第1226—1227页,标题为自加。)

第四节
长夜难明赤县天，百年魔怪舞翩跹
——新中国成立前后的中美舆论较量

在全国大规模内战爆发之时，人民解放军和国民党军队的军力对比确实存在一定的差距，加之从 1946 年春季开始，以美国为首的各国反动派日益加紧反苏、反共、反人民的活动，鼓吹"美苏必战"，制造所谓"第三次世界大战必然爆发"的悲观恐吓舆论，在这种舆论环境中，对处于劣势的中国共产党及其领导的人民革命力量能否打败国民党及其背后的美国的进攻，党内一部分人存在怀疑和顾虑。为了谋求国内和平，许多中间派人士也认为中国共产党应当进一步对国民党和美国采取退让政策。在这一中国共产党人及中国革命战争的关键时刻，需要能够回击美国和国民党嚣张气焰、鼓舞士气、激荡人心的舆论强音。

一、"决定战争胜败的是人民，而不是一两件新式武器"

面对解放战争前后的舆论条件，中国共产党急需一个发声口，来表明自己对这场战争的看法与观点。正如前面所提到的，1946 年 8 月，毛泽东接受了美国记者安娜·路易斯·斯特朗的采访。

他首先从道义层面指出这场内战并不是共产党主动挑起的，"就我们自己的愿望说，我们连一天也不愿意打。但是如果形势迫使我们不得不打的话，我们是能够一直打到底的。"① 这就回应了"要不要打，要打多久"的问题。

其次，毛泽东道破了美国宣传反苏战争、进行舆论攻势的真实意图，消解了这种舆论战的威力。他分析说："这些矛盾，就是美国反动派同美国人民之间的矛盾，以及美国帝国主义同其他资本主义国家和殖民地、半殖民地国家之间的矛盾"，并认为"美国反动派""已经在进攻美国人民了，他们从政治上、经济上压迫美国的工人和民主分子，准备在美国实行法西斯主义。美国人民应当起来抵抗美国反动派的进攻。我相信他们是会这样做的"。②

最后，毛泽东在理性分析的基础上，提出了"人民必胜"的结论。他说："美国人民和一切受到美国侵略威胁的国家的人民，应当团结起来，反对美国反动派及其在各国的走狗的进攻。只有这个斗争胜利了，第三次世界大战才可以避免，否则是不能避免的。"被问到如何应对美国所拥有的包括核武器在内的强大军力时，毛泽东用自己对人民的信仰回答了这个问题："当然，原子弹是一种大规模屠杀的武器，但是决定战争胜败的是人民，而不是一两件新式武器。"③

通过上述以唯物辩证法和唯物史观进行的客观分析，毛泽东得出了一个直到今天依然振聋发聩的结论——一切反动派都是纸老虎。这样有理有据且直白有力的言论，有助于人们认识到共产党对战争的真正看法，形成一种良好的舆论效果。

二、别了，司徒雷登

1949 年 8 月 5 日，在中国共产党带领下的中国人民革命即将取得全国胜利的时候，也是美国驻华大使司徒雷登离华返美的时候，美国政府发表了《美国与中国的关系》白皮书，并将国务卿艾奇逊 7 月 30 日写给总统杜鲁门的信作为该书的序言一起发表。

---

①②③《毛泽东选集》第四卷，《和美国记者安娜·路易斯·斯特朗的谈话》，人民出版社 1991 年版，第 1191—1196 页。

这本白皮书是一部美国对华政策失败的记录和辩护书。它一方面披露了美国侵华和国民党腐败的若干事实材料，承认了中国革命"是中国内部势力的产物，这些势力美国也曾试图加以影响，但不能有效"；另一方面，极力歪曲中国革命发生和胜利的原因，掩盖美国侵华政策的实质，并坚持与中国人民为敌的政策，公然声称，美国将鼓励"中国民主个人主义者再显身手"，以推翻被称为受"外来羁绊"的新中国政权。

白皮书的发表激起了中国人民的极大愤慨。新华社于 8 月 12 日发表以《无可奈何的供状》为题的评论，接着毛泽东又为新华社撰写了《丢掉幻想，准备斗争》（8 月 14 日）、《别了，司徒雷登》（8 月 18 日）、《为什么要讨论白皮书》（8 月 28 日）、《"友谊"，还是侵略？》（8 月 30 日）和《唯心历史观的破产》（9 月 16 日）五篇社论。这五篇社论相互联系又各有侧重，形成了有力的对美舆论的反击。

三、给"相信美国什么都好"的人"浇了一瓢冷水"

毛泽东在社论中历数列强侵华历史，打破了国内部分人对美国的幻想。《丢掉幻想，准备斗争》一文，毛泽东首先从历史的角度列举了帝国主义列强对中国的侵略过程，证明这些侵略行径"替这些人民大众准备了物质条件，也准备了精神条件"，最终会导致帝国主义的灭亡；其次，阐明列强的侵略刺激了中国的社会经济，制造了无产阶级、贫农阶级和新式知识分子阶级，奠定了中共革命成功的阶级基础和民意基础；再次，戳穿了美国在中国继续"捣乱"的图谋，并借此劝说对美国存在幻想的"民主个人主义"知识分子，不要受其蛊惑，要坚持斗争；最后，毛泽东认为，"美国白皮书和艾奇逊信件的发表是值得庆祝的""特别是对那些相信美国什么都好，希望中国学美国的人们，浇了一瓢冷水"，认为"先进的人们应当利用白皮书，向一切这样的人进行说服工作"。

"司徒雷登走了，白皮书来了，很好，很好。"在《别了，司徒雷登》一文中，毛泽东首先点破了美国曾经调停国共争端的根本原因并不是善心大发，而是夺取

中国崛起之舆论战

中国，巩固亚洲战线，"集中力量向欧洲进攻"，以和谈"企图软化中国共产党和欺骗中国人民"；其次，通过解读艾奇逊提出的对华政策，揭示了"美国的所谓'国际责任'和'对华友好的传统政策'，就是干涉中国"，支持蒋介石的目的是"变中国为美国的殖民地"；再次，指明美国没有大量出兵中国"不是因为美国政府不愿意，而是因为美国政府有顾虑"；最后，鼓励"近视的思想糊涂的自由主义或民主个人主义的中国人"要有骨气，不吃"嗟来之食"，也不要恐惧美蒋封锁所制造的困难。在文章末尾，毛泽东感叹道："司徒雷登走了，白皮书来了，很好，很好。这两件事都是值得庆祝的。"

中美友谊，实质是中美反动派的友谊！毛泽东在《为什么要讨论白皮书》一文中，开篇就说，白皮书的发表给中国人一次机会"来详尽地展开讨论这个革命和内外各方面的相互联系……变成了中国人民的教育材料"，使得人民了解了帝国主义和社会主义的本性。接下来，毛泽东就艾奇逊致杜鲁门的信件开头"编纂白皮书的故事"进行了批判，揭露了艾奇逊所说的中美友谊实质上是中美反动派的友谊，而艾奇逊所谓的舆论实质是美国两党操纵的"专门说谎和专门威胁人民的宣传机关"，同时阐明共产党领导的政府专政与民主的辩证关系，即"这个政府是对于内外反动派实行专政或独裁的政府"，而对人民来说则是民主的。

利用事实"打脸"，利用反讽升华。毛泽东在《"友谊"，还是侵略？》一文中，首先引述了艾奇逊所说的"友谊"和"原则"，如用庚子赔款来教育中国学生、二战时废除治外法权、战时战后对中国大规模援助等，直截了当地反驳道："艾奇逊当面撒谎，将侵略写成了'友谊'。"接着，毛泽东列举了美国人"自从一八四〇年帮助英国人进行鸦片战争起，直到被中国人民轰出中国止"的许多侵华事实，戳破了艾奇逊的"友谊论"。最后，毛泽东明确指出艾奇逊所谓的"友谊"实际上就是"杀死几百万中国人"，维护美国在华利益，最终变中国为美国殖民地的企图。值得一提的是，毛泽东在文章中用反讽的笔法对艾奇逊进行了反驳，形成了良好的舆论效果，如讽刺美国人说了许多"友谊"，唯独不谈"不干涉中国内政"。

以唯物史观看问题，驳斥唯心史观"神话"。在《唯心历史观的破产》一文中，毛泽东讽刺地感谢了艾奇逊用美国支持国民党杀中国人的事实和公然宣称要组织推翻人民政府的言论，外加用唯心历史观"胡诌"出来的中国近代史教育了中国人。毛泽东认为，驳斥艾奇逊，"对于那些抱着和艾奇逊相同或者有某些相同的观点的人们，则可能是更加有益的"。毛泽东反驳了艾奇逊提出的人口问题和西方先进思想刺激导致革命的论调，并指出中国人"所以要革清朝的命"不是因为清朝衰落，而是因为"清朝是帝国主义的走狗"的本质；还证明了唤醒中国民众、指引中国革命的西方思想并非西方帝国主义者自诩的、带有侵略性质的"高度文化"，而是马克思主义。

毛泽东通过五篇评论白皮书的文章，以唯物史观的立场，揭露美国政府对华政策的侵略本质及其对中国革命的仇视，批评存在于一部分人中间的对于帝国主义的不切实际的幻想，并对中国近代革命的发生及其胜利的原因作了理论上的说明，这就在社会的思想舆论层面上，让广大中国人民尤其是迷信西方的自由主义与民主个人主义分子认清了真相，促进了中国各阶层的团结斗争，为中国共产党领导下的中国革命成功奠定了关键的舆论基础与群众基础。

第五节

小小寰球，有几个苍蝇碰壁

——中苏论战：舆论斗争的尺度

说到新中国成立后大国间的舆论博弈，就不能不提中苏间围绕意识形态开展的舆论战，特别是中共的"九评"。

1956 年，在苏共二十大闭幕的第二天下午，苏共中央向与会的中国共产党代表团通报了一份秘密报告，详细地叙述了斯大林与 20 世纪 30 年代后期苏联发生的大清洗的关系，直接批判了斯大林。对此持有反对意见的毛泽东指出，斯大林是"一个犯了几个严重错误而不自觉其为错误的马克思列宁主义者"[①]。虽然此事过后，两国通过沟通弥合了彼此关系的裂痕，但却埋下了不和的种子。[②]

在随后的历史中，双方就苏联出兵波兰、炮击金门、中印边境冲突、对美

---

① 《建国以来重要文献选编》第 8 册，中央文献出版社 1994 年版，第 238 页。

② 1963 年 9 月 6 日中共中央在"九评"的第一篇文章中指出，国际共产主义运动中的一系列原则分歧"是从一九五六年的苏共第二十次代表大会开始的"。当然有当代学者认为苏共二十大风波不能算作中苏两国分歧的根源，理由是虽然中共对苏共在斯大林的定性问题上和"和平过渡"的提法上感到不满，但一是中共在这之后对斯大林的评价获得了社会主义国家各党的普遍拥护，也得到苏共中央的认同，中苏存在的这一点分歧很快就弥合了；二是对比布尔加宁在苏共二十大的报告和 4 月份毛泽东发表的《论十大关系》报告就可以明白，中苏两党关于经济建设方针的调整，思路一样，方法一致，就连一些用词都是相同的；三是在当年 9 月份召开的中共八大会议上，中国领导人纷纷指出：苏共二十大是"具有世界意义的重大政治事件"，"制定了许多正确的方针，批判了党内存在的缺点"，对个人神化严重后果的揭露便是"一个重要的功绩"；四是毛泽东关于对斯大林评价的说法，实际上是帮助苏联填补了苏共二十大"秘密报告"的漏洞，有利于社会主义阵营的巩固和团结。（沈志华：《冷战国际史二十四讲》，世界知识出版社 2018 年版）此处将不同观点列出供读者参考。

路线以及核武器合作等多个问题，又出现了意见不协调，甚至发生了言语冲突和不愉快，双边关系的裂痕加深。中苏关系全面恶化的标志性事件是1960年苏联主持召开的布加勒斯特会议。在会上，两党在共产主义运动内部路线上的矛盾直接暴露出来，双方你来我往、唇枪舌剑地争吵起来。会后，莫斯科采取了对中国的报复行动，决定撤走在华的全部专家，把意识形态上的分歧最终扩大到国家关系上。

一、从论战爆发到分歧恶化

1962年四五月间，苏共在伊犁地区进行了大规模的颠覆活动，引诱和胁迫中国公民跑到苏联境内。也在这个时间，国民党在福建沿海不断对大陆进行挑衅。中国领导人认为，这两件事是一种相互呼应。当年9月，印度部队攻击了中国边防哨所，而苏联领导人在这一军事冲突过程中出尔反尔，使得中国领导人再度不满。12月，赫鲁晓夫在苏联最高苏维埃会议上公开指责中国在中印自卫反击战中的行动，这被看作是新的反华浪潮的信号。在莫斯科的指使下，保加利亚、捷克斯洛伐克、意大利等国共产党同样也把批评的矛头指向中共。此后，我国《人民日报》《红旗》杂志发表了一系列回应性批判文章，一场公开论战就此展开。

1963年2月，苏共中央提出停止论战、举行会谈，中共中央表示同意，但双方谁都不愿意让自己国家的最高领袖去往对方国家。同时，苏共中央在给中国的来信中，提出了中共难以接受的国际共产主义运动总路线。6月14日，中共中央对来信做了答复，提出了《关于国际共产主义运动总路线的建议》，并向全世界公开发表。这就相当于把中苏之间的分歧全面公开了，莫斯科对此极为不满。

7月5日，邓小平率代表团赴苏联参加双边会谈，会上双方争执不断。会谈期间，苏共中央突然发表了《给苏联各级党组织和全体共产党员的公开信》作为对中共《关于国际共产主义运动总路线的建议》的答复。中方对此极为不满，批评苏共中央不该在会谈期间发表这封信，将两党在会谈当中的分歧公开化。在这种情况下，中苏会谈无果而终。

二、"九评苏共中央公开信"

1963 年 9 月 6 日至 1964 年 7 月 14 日间，在毛泽东亲自主持下，中共中央发表了九篇评论苏共中央公开信的文章，史称"九评"。这些评论文章全面否定了苏共的理论观点和政策，批判了"赫鲁晓夫修正主义"。与此同时，苏共中央以及追随苏共或与苏共观点一致的其他国家共产党也连篇累牍地发表了一系列批评中共的文章。国际共产主义运动的大论战带来严重的消极后果。1964 年，毛泽东调整国家安全战略，在军事防御战略上，将苏联确立为除美国之外威胁中国国家安全的另一个假想敌。① 此后的 1969 年，中苏矛盾因边界争端谈判的失败而全面激化，中苏关系全面破裂，爆发了严重的边境武装冲突。

三、中苏论战的启示

1997 年，我国组织中苏论战的直接参与者和见证人及有关专家学者，以"在中苏关系破裂方面'中国有什么责任'"为课题，于 1997 年 12 月和 1998 年 4 月举行了两次座谈会，就中苏关系破裂的原因以及 20 世纪 60 年代中苏大论战等问题进行了探讨。通过这次探讨，我们可以了解到在那场国际论战中中国舆论工作的得与失，并为日后此类事件，尤其是与美国之间的舆论斗争过程中的应对方针和策略提供启示。

总结中苏大论战的得失和经验教训，邓小平同志在有关内部谈话和《邓小平文选》中提出了一系列精辟论断："结束过去，开辟未来""多做实事，少说空话""不搞意识形态争论""永不当头""建设有中国特色的社会主义"等。正如有关专家学者所指出的，20 世纪 60 年代的中苏大论战，是在"前提"和"方向"都存在"问题"下展开的一场"空对空""左对左"的"历史悲剧"。尽管文字漂亮、气势磅礴，但却于事于实无益无补，相反还起到了反作用。无论是对中苏两

---

① 沈志华：《中苏关系史研究与俄国档案利用》，《社会科学》2014 年第 8 期。

党、两国，还是对整个国际共产主义运动都产生了严重的消极影响，在这种"左"的舆论氛围下，真理不是越辩越明，而是越辩陷入的"泥潭"越深。中苏双方各执一词，都把自己视作"正统"的马克思主义政党和正确的社会主义道路的代表，视对方为"修正主义"，并以此排队和划线。一些专家特别指出，"大论战"围绕"防修反修"形成的浓厚舆论氛围还助推了"文革"极左思潮的十年浩劫和"全民皆兵"大搞"战备"的极大损耗。也有专家认为，中苏大论战尽管从总体上应该否定，但也有一定的积极意义：一是中国彻底摆脱了苏联的控制；二是打破了苏联在国际共运中的一统天下，使各国政党独立思考，走独立自主的路线；三是为谋求独立美苏之外的国际战略地位的努力创造了条件。

中苏论战给予了我们如下启示：

首先，在舆论宣传中强调中国与其他国家之间要相互尊重、平等相待，遵循主要通过对话、协商、交流的方式进行国与国之间的沟通，体现我国不搞大国主义、大党主义。"尊重各国自主选择的社会制度和发展道路，尊重彼此核心利益和重大关切，走对话而不对抗、结伴而不结盟的国与国交往新路。"①

其次，在对美关系宣传方面，我们舆论工作者要旗帜鲜明地反对美国的霸权主义、单边主义、保护主义行径及其所持的零和博弈、冷战思维，坚决反击美国在所谓"自由民主"、人权、环保、女性权利等议题上对我国的攻击，防止舆论攻势造成国内群众思想混乱，影响大局，从而干扰我国发展进程。同时，要注意控制舆论斗争的尺度，在对外舆论中不与美国直接进行道路之辩，不将舆论力量耗费在关于中美意识形态优劣的无谓论战上，避免让美国少部分对华鹰派政客将中美两国关系拉入极端对抗语态中。

最后，我们还要吸取中苏论战间接导致极左"文化大革命"的历史教训，对

---

① 习近平：《开放共创繁荣　创新引领未来——在博鳌亚洲论坛 2018 年年会开幕式上的主旨演讲》，新华社海南博鳌 2018 年 4 月 10 日电。

中国崛起之舆论战

内防止中美舆论斗争反噬我国深化改革、扩大开放的基本国策；要坚持树立道路自信、理论自信、制度自信、文化自信，明确指出走好自己的路、做好自己的事、发展好自己的国家才是关键，要用发展的事实证明新时代中国特色社会主义制度的优越性。

无论对苏、对美，大国博弈之舆论战一定要在正确"前提"和"方向"下开展，即对国内外大势有正确的判断和把握。如果战略错误，战术再正确，一战一役的胜败得失，都不能改变大方向，都无助于大局最终结果，甚至适得其反，酿成更大的错误和悲剧。

第六节
待到山花烂漫时，她在丛中笑
——改革开放之初，"实践是检验真理的唯一标准"大讨论

1976 年 10 月胜利粉碎"四人帮"，不仅象征着持续十年之久的"文革"内乱的结束，更意味着我国从此进入了一个新的发展阶段，需要着手处理一系列新的历史任务。在经济领域，提高人民群众的生活水平、将党和国家的工作重心转移到经济建设上来，成为一个重要命题。在政治领域，为在历次触目惊心的冤假错案中蒙冤的同志们平反昭雪，成为广大受迫害群众的云霓之望。在思想文化领域内，只有及时纠正"文化大革命"时期形成的极左思想、彻底清除十年内乱残留下来的思想"毒瘤"，才能真正翻开新的历史篇章。

一、时代的呼唤：转轨变型

在这样的历史背景下，以党报为主体的各类新闻媒介积极发挥舆论宣传功能，重新确立解放思想、实事求是的思想路线，为改革开放的历史大业奠定了坚实的舆论基础。其中，始于 1978 年历时三年多的关于真理标准问题的全国性大讨论，对打破思想枷锁、拨乱反正意义深远。

1977 年 8 月，党的十一大召开，正式宣告"文化大革命"已经结束，广大干部和群众要求恢复实事求是的优良传统、解决"文化大革命"遗留问题的呼声越来越高。以聂荣臻、徐向前、陈云为代表的老革命家先后在《人民日报》上发

表《恢复和发扬党的优良作风》《永远坚持党指挥枪的原则》《坚持实事求是的革命作风》等一系列文章。10月，北大青年教师王贵秀写的一张《评市委〈六条〉》的大字报，对"文革"中颁布的《公安六条》进行了批驳。10月7日,《人民日报》发表了《把"四人帮"颠倒了的干部路线是非纠正过来》一文，强调要实事求是，对被审查的干部一个一个地落实政策，对他们的问题应当严肃认真地尽快妥善处理。由此可见，彼时社会各界对"两个凡是"的抵制情绪已经体现在各大媒体的报道中，思想禁锢的解除已迫在眉睫。

二、思想解放的里程碑

作为党的意识形态工作开展的前沿阵地，以党报为代表的新闻媒介充分发挥其"耳目喉舌"的作用，在开展真理标准问题的大讨论中，冲破了社会思想舆论的迷雾。发表在《光明日报》1978年5月11日的特约评论员文章《实践是检验真理的唯一标准》，吹响了解放思想的嘹亮号角，席卷神州大地，引起了对中国历史产生重大影响的真理标准问题大讨论，是中国思想解放史上的里程碑。以党报党刊、党校内部刊物、新华社等主流权威媒体为代表的宣传矩阵的建设，使得真理标准问题的讨论越辩越明，思想禁锢的解除越来越顺应民心民意。

1978年5月11日，《实践是检验真理的唯一标准》发表于《光明日报》

　　主流权威媒体以"逐步推进，张弛有度，分工合作"的方式，稳步推动真理标准大讨论在全国范围内开展。其实，早在《实践是检验真理的唯一标准》发表前，就有过相关的讨论文章。1977年12月15日，中央党校内部刊物《理论动态》刊登的邵华泽的《文风和认识路线》文章就提出了"实践"能否作为检验标准的重要命题。1978年1月9日，《人民日报》也刊载了这篇文章，引发社会各界广泛关注。3月26日，《人民日报》理论部撰写并发表了题为《标准只有一个》的思想评论，开门见山地指出"真理的标准，只有一个，就是社会实践"。4月8日，《人民日报》发表了邢贲思的《哲学和宗教》一文，大胆提出不能把毛泽东思想当作神学教条的观点。文章还指出，不能搞信仰主义、愚昧主义，不能提倡盲目迷信和偶像崇拜；提倡要认真思索、鉴别真伪。《理论动态》和《人民日报》的联动宣传，使得关于真理标准问题的讨论在社会舆论中广泛流传、深入人心。

　　在如此浓厚的舆论氛围中，1978年5月11日，《光明日报》第一版以特约评论员名义发表了《实践是检验真理的唯一标准》的文章。新华社在当天即全文转发，次日，《人民日报》《解放军报》等重要中央媒体转载该文，全国众多省级党报也紧跟步伐。就这样，一场事关党和国家前途命运的讨论热潮席卷神州大地，关于真理标准问题的讨论正式拉开序幕。统计数据显示，以《人民日报》《光明日报》《解放军报》为代表的中央党报在1978年分别有132篇、96篇、53篇有关真理标准问题讨论的文章。① 《黑龙江日报》作为最早参与真理标准问题大讨论的省报，特将《学习》专版改为《实事求是》专版，深入浅出地宣传"实践标准"。

　　由此可见，中国共产党建立的以《理论动态》《人民日报》《光明日报》、新华社和地方党报为代表的舆论宣传战线稳步推动拨乱反正工作的开展，为打破思想枷锁提供了社会舆论动力。

---

① 蔡美华：《党报与真理标准大讨论》，复旦大学出版社2011年版，第81、89、97页。

三、进一步补课

中国共产党在真理标准问题讨论的舆论动态中充分考虑传播效果，建立了从中央到地方相对完善的舆论体系，将艰深宏大的理论命题通俗化，将媒介议程设置与社会现实需求紧密结合，推进了全国范围内真理标准问题大讨论的"补课"，使得思想文化领域内的拨乱反正深入基层、渗透人心，为贯彻落实党的十一届三中全会精神打下了舆论基础。

1978 年 12 月，党的十一届三中全会召开，对历时半年的党报真理标准问题讨论给予了充分肯定。但这并非意味着思想路线问题已被全然解决，邓小平对此做出了正确判断："在我们的干部特别是领导干部中间，解放思想这个问题并没有完全解决……也可以说，还处在僵化或半僵化的状态。"① 基于此，1979 年在全国开展了真理标准问题大讨论的"补课"。此次"补课"宣传既涵盖中央党报，又涉及地方党报。《解放军报》于 1979 年 5 月 21 日发表了《坚定不移地继续贯彻三中全会精神》的评论员文章，指出真理标准问题的相关讨论在部队一些单位进行得不够充分的问题。次日，《人民日报》转载了该文章，明确提出要对真理标准问题大讨论进行"补课"宣传。《工人日报》紧跟步伐，于 6 月 6 日刊登了《排除干扰乘胜前进》的文章。《人民日报》在 1979 年 5 月 22 日至 12 月 22 日期间，共发表了 22 篇有关真理标准问题"补课"的报道和言论。② 7 月，真理标准问题讨论"补课"的宣传辐射到吉林、黑龙江、陕西、甘肃、湖北、广东等多省，这些省市的党报充分阐述真理标准问题讨论的必要性和重要性。新华社地方广播通过通俗宣传的方式，将真理标准问题讨论带入纵深，完善了向广大群众深入进行马克思主义思想路线教育的过程。

真理标准问题的大讨论，重新确立了解放思想、实事求是的思想路线，为

---

① 《邓小平文选》第二卷，人民出版社 1994 年版，第 141 页。

② 蔡美华：《党报与真理标准大讨论》，复旦大学出版社 2011 年版，第 188 页。

全党工作重心的转移奠定了理论基础。在这个重大的历史关头，以党报党刊为代表的新闻媒介肩负着澄清理论是非、引导社会舆论的重大使命，通过大学习、大讨论、大补课，冲破了思想禁锢，清除了意识形态领域内的"毒瘤"。这些思想文化领域内的宝贵营养继而转化为改革开放的先进理念，在神州大地上以饱满的精神面貌、激昂的创新斗志为我国改革开放提供了源源不竭的动力，描绘着我国改革开放的华美篇章。其中，作为改革开放的总设计师，邓小平可以说"居功至伟"，其在《解放思想，实事求是，团结一致向前看》中对中国社会的巨大进步所发挥的显著的历史性推动作用必将为历史所铭记！

【典型案例】

《黑龙江日报》在"真理标准"讨论中求深求活

在整个真理标准的讨论中，《黑龙江日报》作为最早参与讨论的省报，其具体舆论展开过程值得我们关注。在思想比较解放的领导班子的支持下，《黑龙江日报》于1978年8月4日发表了省委书记杨易辰在常委扩大会上就真理标准问题的公开讲话，大胆质疑"文革"的"打倒一切"，强调在实践中检验真理、发展真理。《黑龙江日报》的这次公开表态，一扫全国省报的沉默态势，短短两天时间，几乎所有地方党报均刊载了黑龙江省委表态支持真理标准讨论的新华社通稿，真理标准问题的讨论开始由中央党报向地方党报推进。

此外，为将"真理标准"讨论搞活、搞透、搞深，《黑龙江日报》在精心准备撰文的同时，还积极扩容改版，以便集中资源力量、发挥版面优势带动真理标准问题的深入讨论和学习。一方面，开设《哲学》专版，联系理论和实践两方面进行真理标准问题的正本清源。《黑龙江日报》在1978年10月17日开设《哲学》专版的编者按语中强调："当前，我国思想理论战线围绕着真理标准问题展开了热烈的讨论。这是一场新的马克思主义的思想解放运动……希望各条战线上的同志们关心它、爱护它、支持它，积极为它撰稿，把它办成战斗的、生气勃勃的、革命的思想阵地。"另一方面，为了对教条主义极左路线进行系统清算，《黑龙江日报》于10月11日将《学习》专版改为《实事求是》专版，从此"实事求是"成为竖在版面上的一面鲜明旗帜。在该旗帜的引导下，《不要逼人说假话》《丰收农民喜又忧》《致要"出处"者》等鞭挞弄虚作假现象、揭露农村干部"损农伤农"问题、批判本本主义思想的文章先后见报。该专版的文章既注重理论探讨，又与黑龙江这个农业大省的实际生产建设情况相契合，真理标准问题的讨论显深度、见成效。

（整理自《党报与真理标准大讨论》，复旦大学出版社2011年版，第126—127页，标题为自加，作者为蔡美华。）

第七节
乱石穿空，惊涛拍岸，卷起千堆雪
——推进社会主义市场经济改革过程中的舆论引导

2016 年 2 月 19 日，习近平总书记在党的新闻舆论工作座谈会上发表重要讲话，他强调做好党的新闻舆论工作的"五个事关"①，说明了党的新闻舆论工作的极端重要性。这一点，在 20 世纪 90 年代我国推进市场经济改革的历史进程中就有十分深刻的体现：在改革开放的春风中，四篇署名"皇甫平"的评论文章引发了一场思想交锋，成为继"实践是检验真理的唯一标准"大讨论后新的一轮思想解放的前哨战。新闻媒体在党的领导下，围绕姓"资"姓"社"的问题展开激烈的舆论交锋，在重要的历史关头及时拨正了改革开放和现代化建设的思想舆论航向。

一、姓"资"还是姓"社"

20 世纪 90 年代初的中国社会舆论表面风平浪静，实则暗流涌动。东欧剧变、苏联解体等一系列重大国际事件带来了巨大的震撼和困惑。在国内，1989 年春夏之交发生的政治风波留下的阴影尚未消弭。国务院相继发布《城乡个体工商户管理暂行条例》和《私营企业暂行条例》后，民营企业、私营企业如潮水般不断涌来，但也招致了"扼制私营企业的发展，预防社会主义变颜色"的诘难。

---

① 事关旗帜和道路，事关贯彻落实党的理论和路线方针政策，事关顺利推进党和国家各项事业，事关全党各族人民凝聚力和向心力，事关党和国家的前途命运。

党内外的思想出现纷争，蛰伏多年的"左"倾思想有所抬头，谈"资"色变、谈"私"色变的思想观念禁区无法打破，导致改革不能深入，改革开放迈不开步子。一时间，反和平演变和反对资产阶级自由化的言论占据舆论主流，经济特区被指责为和平演变的温床，改革开放被视为引进和发展资本主义，对改革开放姓"资"还是姓"社"的质问与诘难不绝于耳。

二、"皇甫平"四论改革开放

面对众声喧哗的舆论局面，坚持正确的舆论导向，继续推进党和国家各项事业稳步向前发展，成为在当时的历史环境下党和国家舆论宣传工作开展的重点。

1989 年 11 月，李瑞环代表党中央在中宣部举办的新闻工作研讨班上发表了《坚持正面宣传为主的方针》的重要讲话，将正面宣传作为开展思想政治工作的重要方针，强调"在目前我们遇到暂时困难，不少同志信心不足的时候，坚持这一方针尤为必要"[1]。

1990 年底，邓小平在党的十三届七中全会召开前夕召集个别中央负责同志谈话，强调"不要以为搞点市场经济就是资本主义道路，没有那么回事。计划和市场都得要。不搞市场，连世界上的信息都不知道，是自甘落后"[2]。

1991 年春节，邓小平在视察上海工厂时再次发表一系列有关深化改革的谈话，强调："改革开放还要讲，我们的党还要讲几十年。会有不同意见，但那也是出于好意，一是不习惯，二是怕，怕出问题。光我一个人说话还不够，我们党要说话，要说几十年。"[3]

以上重要讲话精神的提出，使得坚持新闻事业的党性、把握正确的舆论导向成为新闻界的共识，为拨正改革开放和现代化建设的航向提供了舆论建设的指南。

---

① 《坚持正面宣传为主的方针》，中国网—中国国情 2012 年 9 月 13 日。
②③ 《邓小平文选》第三卷，人民出版社 1993 年版，第 364 页、367 页。

在这种情况下，《解放日报》敏锐地意识到了关于深化改革的最新思想具有很强的现实指导性。四篇署名"皇甫平"的评论文章出炉，公开提出不能对改革开放任意进行姓"资"姓"社"诘难的观点，掀起了新一轮思想解放运动，为改革开放的继续深化发展定锚。这四篇评论观点鲜明、层次递进，直面改革开放进程中"和平演变""资产阶级自由化"的质疑，起到了良好的舆论引导作用。

第一篇评论文章发表于1991年2月15日头版位置，题为《做改革开放的"带头羊"》。文章旗帜鲜明地提出"何以解忧，唯有改革"的观点，认为"抚今忆昔，历史雄辩地证明，改革开放是强国富民的唯一道路，没有改革就没有中国人民美好的今天和更加美好的明天"！3月2日，第二篇文章发表，其点睛之笔在于提出了20世纪90年代改革的新思路在于发展市场经济。3月22日，第三篇《扩大开放的意识要更强些》发表，强调"增强扩大开放意识，就要求我们进一步解放思想，抛弃任何一种保守、僵滞、封闭的观念，形成与一个先进的国际城市相称的开放型软环境"。4月12日，第四篇《改革开放需要大批德才兼备的干部》见报，强调改革开放需要大批勇于思考、勇于探索、勇于创新的闯将，要破格提拔对经济体制改革有进取精神的干部。这四篇评论相互呼应，紧密围绕深化改革、扩大开放的主旨，针对姓"资"姓"社"的诘难进行犀利而又理性的抨击，成了推进改革开放进程的先导性舆论。

三、东方风来满眼春

"皇甫平"系列文章发表后，在国内外、党内外反响强烈。新华社《半月谈》杂志于同年4月发表评论，公开表示不能对改革开放任意进行姓"资"还是姓"社"的诘难，一定程度上声援了"皇甫平"系列文章，同时也与报纸上出现的诸如《筑起抵御和平演变的钢铁长城》的评论员文章形成了思想界的激烈交锋。

这样的境况持续到了1992年春天。邓小平在1月18日至2月21日期间视察南方，足迹遍及武昌、深圳、珠海、上海等地，反复强调中国的改革就是要搞市场经济，基本路线要管一百年。《深圳特区报》副总编陈锡添作为邓小平视察深圳的随行记者，记录了邓小平所有的讲话与细节。3 月 26 日，该报发表了陈锡添长达一万多字的长篇通讯《东方风来满眼春——邓小平同志在深圳纪实》，详细阐释了邓小平南方谈话的重要思想，总结了十一届三中全会以来全党的基本实践和基本经验，对这些年来困扰和束缚人民思想的重大认识问题进行了明确回应。《羊城晚报》当天下午即全文转载，随后《文汇报》《中华工商时报》《光明日报》《北京日报》也紧跟步伐转载。3 月 30 日，新华社面向国际社会，全文播发了该通讯，并配合了一则消息进行宣传。次日，《人民日报》在头版位置也转载了这篇通讯。①

1992 年 3 月 26 日，《东方风来满眼春——邓小平同志在深圳纪实》发表于《深圳特区报》头版

真理越辩越明，道路愈争愈清。《解放日报》四论改革开放的评论文章，直面改革难题，有理有据地回应姓"资"姓"社"的质疑，为改革开放指引了航向。《深圳特区报》重大报道《东方风来满眼春——邓小平同志在深圳纪实》，集中阐

---

① 方汉奇：《中国新闻传播史》（第二版），中国人民大学出版社 2009 年版，第 392 页。

述了邓小平南方谈话要点内容，利于统一思想，推动了社会主义市场经济体制改革目标的确立。在以《解放日报》《深圳特区报》为代表的媒体所制造的浓厚舆论氛围中，"坚持改革开放是人心所向，发展市场经济是大势所趋"成了社会舆论的普遍共识，改革开放呈现出其应有的生机与活力。

由此可见，意识形态工作是党的一项极端重要的工作，肩负着为国家立心、为民族立魂的重要职责。在推进市场经济改革的历史进程中，我国的新闻媒体积极担责，通过发人深省的言论、一针见血的文章深刻揭示社会发展中的要害问题。新闻媒体在历史的紧要关头发挥了舆论先导作用，在改革开放和现代化建设的过程中敢为前驱，担当时代的"晴雨表"和社会的"风向标"，为解放思想、深化改革提供了源源不竭的动力。

第二章
新时代，新课题，新挑战
——中国崛起与舆论宣传工作的尴尬

当代世界处于大发展、大变革、大调整的时期，国际格局深刻调整，国际秩序加速变革，在和平与发展的时代主题下，中国不断崛起，与世界的关系也正在发生历史性的变化。

改革开放40多年来，我国以经济建设为中心，不断解放和发展社会生产力，尤其是党的十八大以来，改革开放和社会主义现代化建设取得历史性成就，中国特色社会主义进入新时代。如今，作为全球第二大经济体和第一贸易大国，中国对世界和平与发展做出了突出贡献，随着综合国力和国际地位不断提升，国际社会对中国的关注度也前所未有地提升。

但中国的发展及其对世界的贡献却并未取得与之相应的国际形象，特别是20世纪90年代，随着东欧剧变、苏联解体，国际社会主义发展遭受了极大挫折。苏联解体后，中国作为最大的社会主义国家，成为西方舆论唱衰的主要对象，"中国威胁论""中国崩溃论"等言论甚嚣尘上，中国在国际舆论场中处于非常尴尬的境地。可以这么说，经过艰苦卓绝的革命斗争，中国人民站起来了，解决了"挨打"的问题；经过40多年的改革开放和经济高速发展，中国人民富起来了，解决了"挨饿"的问题；但是在大国崛起的过程中，我们正面对着以美国为首的西方世界在意识形态领域的围追堵截，面对西方媒体的攻击和丑化，我们有力有效的应对手段目前还不多，"挨骂"问题迟迟没有解决。

"木桶定律"有云：一只水桶能装多少水取决于它最短的那块木板，如果这只桶的木板中有一块不齐或者某块木板下面有破洞，这只桶就无法盛满水。一只木桶能盛多少水，并不取决于最长的那块木板，而是取决于最短的那块木板。在中国大国崛起的历史进程中，如何解决"挨骂"问题这块短缺的木板，无疑需要认真地思考。

第一节
少年不识愁滋味
—— 面对西方的无端抹黑，浑身是嘴说不清

1949 年 10 月 1 日，毛泽东主席站在天安门城楼上向全世界庄严宣告：中华人民共和国中央人民政府成立了！新中国的成立，让自鸦片战争以来受尽帝国主义、封建主义、官僚资本主义压迫、奴役、屈辱的中国人民前所未有地扬眉吐气、精神焕发。面对如此划时代的伟大胜利，毛主席仍然非常清醒。他在此前的七届二中全会上告诫全党："夺取全国胜利，这只是万里长征走完了第一步……中国的革命是伟大的，但革命以后的路程更长，工作更伟大，更艰苦。"

一、量小声微

新中国成立初期，我们面对的形势非常严峻：军事上，美国企图围攻我们，悍然发动朝鲜战争，派第七舰队进驻台湾海峡，国民党也在妄图"反攻大陆"；政治上，受到美国的孤立和各种反动势力的威胁；经济上，国民党留下了一个贫穷落后、千疮百孔的烂摊子，可以说是一穷二白。特别是在一段时间，美国等西方国家孤立我们，苏联和一批东欧国家也孤立我们，谁都靠不住，中国只能自己干。

但也不得不承认，尽管新中国成立后经过 30 多年的艰苦奋斗，尽管勒紧裤腰带搞出了"两弹一星"等大国重器，构建了较为完整的工业体系，打下了较为坚实的工业基础，但是政治运动频繁，特别是十年"文革"浩劫，人民的生活仍

普遍贫困，相当多的人甚至还没有解决温饱问题。从这个意义上讲，中国还没有摘掉贫困落后的"帽子"，综合国力不强。

这个时期的国际舆论环境，显然是非常恶化的。尽管我们不时进行论战，偶尔也有震惊世界的惊人之举，但彼时的中国没有太多对外发声渠道，舆论宣传工作与贫穷落后的现实一样，显然是量小声微，处于被边缘化的境地。尽管有时候也有人帮腔，但整体上声量不足，处于被压制的状态。在西方阵营看来，我们属于"共产主义的幽灵"；在苏联及其"小弟们"看来，我们又是所谓的"修正主义"。当时的中国，孤立无援，有苦说不出。

"文革"结束，中国共产党拨乱反正，以前所未有的胆识和勇气，高举思想解放的大旗，带领全党全国各族人民团结奋进不遗余力地推进改革开放，不断开创中国特色社会主义发展的崭新局面，中国在国际舆论被动挨骂的局面才开始好转。

二、不善表达的苦恼

以党的十一届三中全会为起点，经过改革开放连续 40 多年的高速发展，特别是前 30 年经济更是高达两位数的增长，作为有着 14 亿人口、56 个民族的"超级大国"，没有社会动荡，没有民族分裂，没有内乱，认定"民族复兴"的伟大目标，一鼓作气、一往无前，取得了历史性成就。中国改革开放取得的成功，不仅是"亚洲四小龙"这些人口、地域都相对较小的经济体不能相比的，就连"金砖国家"中的印度、俄罗斯、巴西、南非也相形见绌，以至超英越日直追世界头号强国美国，成为世界第二大经济体。即使如今为了经济高质量发展，主动调整发展速度，但中国一年的经济增长总量仍相当于一个中等国家（如土耳其）的经济总量。一组惊艳的数字很能说明中国的"奇迹"：经济总量从 1978 年的 0.37 万亿元到如今的百万亿元，人均可支配收入从 171 元到近 3 万元；国家财政收入从 0.11 万亿元到近 20 万亿元，综合国力显著增强；城镇化率首次超过 60%；高速公路、高速铁路运营里程均跃居世界首位，固定宽带、4G 基站均为世界第一；第一制造业大国、第一货物贸易大国、第一外汇储备大国……

新中国建设 70 多年，尤其是改革开放的 40 多年，使几亿人摆脱贫困，从新中国成立之初 80% 的文盲到如今儿童净入学率达 99.9%，免除农业税，实行九年义务教育免费，建立覆盖城乡的低保制度。70 多年在中国大地上涌出 500 多座新型城市；人工林面积居世界首位，对全球植被增量的贡献比例居世界第一；从深海空间站到量子通信，从 5G 到高速铁路，从第一艘国产航母的服役到"胖五"的成功发射……

正如拿破仑所说，东方睡狮一旦苏醒，世界会为之震动。然而与我们的认知或者说愿望不同，西方世界并没有对一个积贫积弱的国家实现振兴表现出应有的尊重和欢迎，却对我们戒备大于认同、敌意多于善意。中国就像一个不善于表达的少年，尽管"家里有矿"且非常优秀，却被西方大国刻意地忽视优点、放大缺点，有理说不出。

三、软实力

中国，今天已巍然屹立在了世界东方，向世界昭示着中国道路、中国制度的无比自信，然而中国取得的举世瞩目的成就、对世界发展的巨大贡献却并未取得与之相称的国际形象，反而"中国威胁论""中国崩溃论"等言论甚嚣尘上，各种污名化、抹黑中国的言论大行其道，伴随着中美贸易战的激化。为了在贸易战中获得更大的利益，从而从根本上遏制中国的崛起，美国白宫国家贸易委员会主任彼得·纳瓦罗给中国拼凑了一个所谓的"七宗罪"之说："盗窃知识产权""强制技术转让""入侵电脑窃取商业秘密""对美国市场倾销、让美国公司倒闭""大力补贴国企""输入毒品芬太尼""操纵货币汇率"[1]，如果再联系被美国一些政客和媒体炮制的"一党专制""无言论自由""不尊重人权""司法腐败""不尊重

---

① 钟声：《"七宗罪"之说用心险恶——美国一些人的不实之词荒谬在哪里》，《人民日报》2019 年 8 月 17 日。

少数民族和宗教自由"等声音，中国简直一无是处。

面对西方舆论对中国不断"妖魔化""污名化"，中国的声音却显得不那么强，甚至有时"浑身有嘴说不清"。糟糕的叙事，生硬的说教，说了也传不开，说了也很难打动人，反而还被不断质疑。好的动机得不到好的结果，尤其面对西方舆论的强势，中国更显得无力无奈。在国际舆论场中较为尴尬的境地，令我们不得不思考，在我们突出"硬实力"发展的同时，如何更好地补上我们的"软实力"，在大国竞争激烈的博弈中更加注重舆论的影响，主动策划，精心实施，抢占舆论制高点，建设强大的舆论阵地，适应全媒体时代的要求，牢牢地把握舆论的主导权，讲好中国故事，树好中国形象，为我们国家的和平崛起与发展提供良好的舆论环境。

【典型案例】

新疆反恐报道折射出西方媒体报道的固有模式

新疆作为西部少数民族聚居的边陲地区，地域辽阔（166 万平方公里，相当于国土面积的六分之一，相当 9 个广东、10 个江西、11 个山东、12 个安徽、15 个浙江、16 个江苏、46 个台湾，不到新疆不知中国之大）、民族众多（除汉、维吾尔、哈萨克、回、柯尔克孜、蒙古、锡伯、塔吉克、乌孜别克、满、达斡尔、俄罗斯、塔塔尔等 13 个历史悠久民族，还有东乡、壮、撒拉、藏、彝、布依、朝鲜等民族，不到新疆不知中国民族众多）、物产丰富（素有"瓜果之乡""棉花之乡"之称，还是著名的玉石之乡，更是全国四大牧区之一，石油、煤炭储量分别占到全国的 30% 和 40% 以上，不到新疆不知何谓地大物博）、风景壮美（天山南北、民族风情、喀纳斯湖光、那拉提草原、国际大巴扎……不到新疆不知祖国之美）。就是这样一片富饶美丽、各族人民和睦相处、安居乐业的宝地，进入 21 世纪前后，在民族分裂和宗教极端思想的蛊惑下，接连发生了一系列暴恐事件。

据不完全统计，自 1990 年至 2016 年底就发生了暴恐事件数千起，死伤数百人。仅 2009 年的"7·5"事件就造成 197 人死亡、1700 多人受伤。一些场面极为血腥恐怖。也许是担心负面舆情的扩大，也许是担心起到相反的作用，反而助推暴恐活动的升级，总之在对暴恐活动及其打击的报道上一直"低调"处理，甚至只做不说，反而让西方媒体借机肆意炒作抹黑。一些西方政客也借机攻击中国政府实施反恐维稳政策措施，说中国政府在新疆搞的反恐和去极端化教育培训中心是搞种族灭绝，是"沙漠里的集中营"。美国国会还为此专门通过了《2019 年维吾尔人权政策法案》，肆无忌惮地混淆视听、颠倒黑白、干涉中国内政。也许是忍无可忍，也许是明白了主动说比被动应付有更好的宣传效果，2019 年 12 月 5 日、7 日，中国国际电视台（CGTN）接连播出英文纪录片《中国新疆，反恐前沿》和《幕后黑手——"东伊运"与新疆暴恐》。由于首次大量公布了暴恐袭击的原始画面素材，全方位展示暴力恐怖主义和宗教极端主义给新疆带来的伤痛，前一部纪录片在社交媒体上获得数千万次观看，相关话题阅读量超过 3 亿，CGTN YouTube 官方账户上发布当日就超过 16 万次观看，有 1.4 万个点赞和 4500 多条评论。《环球时报》英文版 Twitter 账户 5 日发布的第一部纪录片也有超过 4 万次观看。7 日播出的《幕后黑手——"东伊运"与新疆暴恐》与第一部相互印证，又基于大量暴恐事件的事实，"拨云见日"、深入剖析了"东突厥斯坦伊斯兰运动"（简称"东伊运"）究竟是怎样祸乱新疆的，无数网友为其内容所震撼，其中在 CGTN YouTube 官方账户播出第一部纪录片的评论留言下方点赞最多的评论说："这些人因为反对中国被称为'自由斗士'，在西方国家则被称为'恐怖分子'。"一条在新浪微博上点赞破千的评论说："没有认真看完这 50 分钟的人，就没有资格对中国新疆发表任何无知狂妄的言论。"然而在这铁的事实面前，一些热衷炒作各种涉疆新闻的西方主流媒体却选择性失语、集体沉默。正如《环球时报》记者在报道中所指出的，中方发布的视频铁证如山，西方主流媒体选择刻意屏蔽。

因为它们对新疆的报道已经形成一套固定的模式。在这套模式里，"新疆压制少数民族"的思维已经定型，它们只会按照这套思路去选择材料，任何不同的材料都会被屏蔽。为此，有关传播专家指出，不要把报道中国真相的希望寄托在带有偏见和戴着有色眼镜的西方媒体身上，中国的故事还要靠中国人和中国的媒体自己讲。

（整理自环球网－新浪新闻 2019 年 12 月 9 日，原标题为《新疆反恐纪录片播出 西方媒体选择性失语、集体沉默》。）

第二节
欲说还休，却道天凉好个秋
——西强我弱的国际舆论格局并未根本改变

伴随着中国综合国力的日益增强，人民生活水平的显著提高，中国的国际形象也越来越"亮堂"，中国的"好声音"在世界传播得越来越广泛，越来越受到更广泛的关注。据上海外国语大学中国国际传播研究中心统计，中国共产党第十九次全国代表大会召开期间，国际主流媒体发表报道9300篇，刷新了中共十八大创造的5060篇的纪录。2017年国际媒体有关中国的报道量仅次于对美国的报道，居全球第二位，是美国的1/2、俄罗斯的3.2倍、印度的3倍、英国的2.9倍、德国的2.2倍、日本的1.5倍。[1] 人民日报、新华社、中国日报、环球时报等中国媒体成为路透社、纽约时报等国际主流媒体的重要消息来源，在新时代国际舆论场中的地位日益凸显。

一、西强我弱的国际舆论格局

我们也不能不清醒地看到，在中国声誉日隆的形势下，西强我弱的国际舆论格局还没有根本的改变。清华大学国际传播研究中心分析并得出结论：西方三大通讯社（美联社、路透社、法新社）、五大电视网（ABC、NBC、CBS、CNN、FOX）和六大新闻报刊（《时代》《新闻周刊》《经济学家》《纽约时报》《华盛顿

---

[1] 《2017—2018年中国公共关系面临的国际舆论环境研究》，道客巴巴2019年2月12日。

邮报》《华尔街日报》）构成全球国际新闻主要供应商，并通过对国际问题设置议程和舆论宣传，仍控制着网络舆论的主导权。[①] 全球传媒市场、娱乐市场、文化市场及其影响下的舆论市场，主要控制在西方发达国家几个跨国传媒集团手中。21 世纪初，全球影响最大的 10 个跨国媒体垄断集团，即 AT&T（美国电话电报公司）、美国康卡斯特公司、美国迪士尼公司、美国 21 世纪福克斯公司、美国查特通讯公司、英国汤森路透、美国哥伦比亚广播公司、英国 WPP 集团、美国 Dish Network 公司和美国维亚康姆公司，[②] 形成了以美国为主的国际话语体系和国际舆论霸权。

这些庞大的传媒集团，均属全球媒体的"超级舰队"，业务范围包括电视节目的制作与电影、音乐、印刷品、电视网络、电视台、有线网络、卫星系统等，决定着国际舆论的报道议程，控制着新闻传播和解读的权力。据不完全统计，全世界每天传播的国际新闻中，96% 的新闻由西方五大通讯社发布，而其中仅有 10% ~ 30% 的新闻用来报道发展中国家；美国、欧盟和日本控制了全球 90% 的信息源，美国控制了世界电视节目流量中的 75%。成立于 1848 年的美联社，自称是"世界上历史最长、规模最大的新闻机构"，每天向全球逾 10 亿人提供新闻、图片、视频资料，海外客户遍布全球 121 个国家。[③]

二、互联网霸权

在全球进入以互联网为标志的新媒体时代，美国在互联网上的霸权表现更为突出。美国政府通过一个总部设在华盛顿的名为 ICANN（互联网域名与网址分配公司）的"民间机构"，不仅控制着对全世界网站域名与网址的分配（美国一个大学的网上域名地址比我们一个国家的还多），而且最终控制着互联网上传递的一切信息以及传递信息使用的线路。其中根服务器是互联网运行的"中枢神

---

①③ 总政宣传部外宣局：《怎样看待当今的国际舆论格局》，《军事记者》2010 年 11 月。

② 《2019 年世界十大传媒公司，你知道几个》，企鹅号——魔镜傲娇。

经"，谁控制了根服务器，谁就控制了整个互联网。全球互联网有 13 台根服务器，其中 1 台主根和 9 台辅根服务器在美国，其余 3 台辅根分别在日本、英国和挪威。

由此可见，互联网真正的"根"掌握在包括美国在内的西方国家手里，美国从"根"上把持着互联网的命脉，对其他国家的网络安全构成了潜在的重大威胁。

三、西方媒体骨子里的偏见

国际舆论格局的西强我弱还体现在如下方面。在基础能力上：英语是国际语言，欧美的媒体尤其是英美的媒体，天然是国际主流媒体；欧美的整体实力也在我国之上，军事、科技、人均收入、社会发展水平总体上都优于我国，而人总是天然地更爱听强者、爱听权威的声音。在对新闻的报道和新闻素材的挖掘能力上：西方媒体确实也有非常过人的能力，反应速度很快又非常专业；西方媒体多年来早已经形成的多角度、多侧面、多维度宣传手段，能在各方面对受众施加影响。

除了这些以外，还有最重要的一条，那就是西方媒体有一种很偏执但是很一致的共同价值观，引领着它们几乎步调一致地对我国实施舆论战。这个共同价值观也可以说共同偏见，体现如下。一是对民主自由制度的绝对自信，对非西方道路的鄙视甚至是仇视。西方人非常统一地把世界分为两种，民主国家和非民主国家。对于非民主国家，西方人认为其制度是劣于民主国家的。中国自然肯定是"非民主国家"，再加上是共产党执政的实行社会主义制度的国家，那就更相当于原罪了，必然是邪恶的、专制的，是最好从地球上被消灭的制度，所以要不遗余力地攻击和抹黑。二是白人内心深处的种族主义，潜意识里认为白人是最高等的，其他的种族都是不如白人的。这种潜意识使得它们有意忽视中国的进步和成就，认为中国人现在还留着辫子、戴着斗笠，黄种人天生就比白种人低劣。

可悲的是，对自己国家制度不自信、对西方毫无原则地推崇的国人大有人在，自轻自贱的国人也有不少。特别是有些媒体，最喜欢对中国的思想文化进行批判，喜欢谈论中国人的劣根性，在对内揭露、吹毛求疵方面赤膊上阵，非常有战斗力。

在面对西方媒体对我丑化甚至是侮辱的时候，连发声甚至报道一下都不愿意，更遑论批驳或反击了。

西方媒体一致对外发动舆论战，而我们的一些媒体和知识分子很少愿意为国发声，这是个大问题。

四、失语就要挨骂

伴随着中国的和平崛起和大国间博弈的日趋激烈，国际舆论格局"西强我弱"的局面必须尽快地改变，否则，正如2015年习近平总书记在全国党校工作会议上所指出的："落后就要挨打，贫穷就要挨饿，失语就要挨骂。"

罗马不是一天建成的。要改变长期以来西方的舆论霸权并不容易，需要付出长时间艰苦的探索和努力；需要我们不断地聚集优势资源，做大做强主流宣传平台，同时以多种形式占领新媒体舆论阵地；需要我们培养大批优秀的宣传人才，懂得西方的话语和表达，能真正与西方平等地交流和对话，向越来越多的人施加我们的影响。

【典型案例】

中美关注的女主播辩论，显示出美国对中国有多不了解

北京时间2019年5月30日上午8点20分，美国福克斯电视台女主播翠西·里根与中国国际电视台主播刘欣的隔空对话如期而至。

在辩论前不久，美国《华盛顿邮报》网站5月28日报道称赞接受里根挑战的中国主持人刘欣代表了中国人不卑不亢的立场。

与此前预料的剑拔弩张氛围完全不一样的是，十多分钟的对话始终在温和的气氛中进行。刘欣最后还邀请里根到中国看看，后者愉快地答应了。

里根似乎对中国身为世界第二大经济体却仍然是世界银行最大贷款国感到不解，并问刘欣中国什么时候才能摘去发展中国家身份。

对此刘欣表示，中国虽然是世界第二大经济体，但人均国民收入仍然不到美国的六分之一，与其他一些欧洲国家的差距更大。发展中国家的界定是以人均收入为主要标准的。当然，中国强大之后，正在通过各种途径为国际社会做出更大贡献，比如缴纳更多联合国会费、积极投入维和行动等。

美国福克斯电视台女主播翠西·里根与中国国际电视台主播刘欣连线对话

在此前的隔空对话中，里根指责中国"知识产权盗窃"造成美国每年6000亿美元的损失，遭到刘欣的驳斥。这次对话中，里根改而列出了数件美国公司知识产权遭盗窃的案例。

对此刘欣说，中国政府向来注重知识产权保护，但客观来讲，目前仍然存在一些侵犯知识产权的案例，这在其他发展中国家也很常见，但由此给中国扣上"盗窃"的帽子是不合适的。在中国是有一些侵犯知识产权的案例，但那都是公司的问题，世界上包括美国在内的很多国家的公司都出现过这样的问题，这些仅是个例，不能说美国公司偷了就是美国偷了，中国公司偷了就是中国偷了。刘欣解释道，中国社会对加强知识产权保护是有广泛共识的。

对于里根有关中国是"国家资本主义"的问题，刘欣表示这是误解，中国实行的是"有中国特色的市场经济"，是社会主义市场经济。国有经济在中国发挥着重要作用，但私营经济提供了中国就业和出口的80%，因此说中国是"国家资本主义"完全是误解。

在中美经贸磋商问题上，刘欣表示并不了解内情，但最近的磋商显然遇到了困难，不过中国政府强调贸易战对双方都没有好处，两国应当在平等互利基础上争取达成经贸协议。

里根对此也表示赞同，称"没有人想要贸易战"。

福克斯电视台是特朗普总统最喜爱的电视台之一，也已经成为美国观众最多的电视台，其收看者主要是保守派民众，因此这场对话更是与美国民众的一次直接沟通。

从整场"辩论"可以看出，刘欣团队做了充分准备，回答有理有据、不卑不亢。而里根也一反此前的情绪化言辞，提问和风细雨。

对话的最后，刘欣希望里根有空到中国看看，并愿意陪她"转转"，而里根也欣然接受。

辩论直播结束后不久，里根即发推文："感谢刘欣今晚参加我的节目，讨论中美贸易关系。"

中国崛起之舆论战

里根是福克斯电视台知名主播，其背后更有专业团队。但从里根的提问仍可以看出，包括媒体在内的大部分美国人对中国存在很多误解，比如把中国是全球第二大经济体等同于中国已经是发达国家，把中国存在知识产权侵权行为等同于中国靠"盗窃"成为经济强国。

辩论结束后，在里根感谢刘欣的推文下，不少网友对这次中美女主播"辩论"表达了理性的看法。一位叫 David 的网友说："希望中美两国并肩努力、谋求共识，这对两国和全世界都是好事。巴菲特说过，中美在接下来的一百年里都是超级大国。"

（整理自文汇客户端 2019 年 5 月 30 日，原标题为《一场中美关注的女主播"辩论"，显示美国对中国有多不了解；网友：感谢节目提供了解彼此的好机会》，作者为文汇报驻华盛顿记者张松。）

第三节
兵不血刃，不战而屈人之兵
——苏东剧变中新闻舆论工作的教训

    1991 年 12 月 25 日，失去了苏共的苏联（苏共解散不到 4 个月的时间），也已走到了尽头。伴随着戈尔巴乔夫宣读《告苏联同胞书》的沙哑声音结束，象征着苏维埃社会主义共和国联盟的苏联国旗也从克里姆林宫的上空缓缓降下。一个执政 74 年、有着 2000 多万党员的政党，建国近 70 年、有着 2 万多枚核弹头的红色帝国，就这样在兵不血刃中轰然倒下。就是这样一个横跨欧亚两大洲、有着 15 个加盟共和国，幅员世界第一、有着得天独厚自然资源，经济实力、科技实力和军事实力仅次于美国的最强的社会主义大国，没倒在第二次世界大战德国法西斯的铁蹄下，没被美国及北约的核讹诈和大兵压境所吓倒，却不战而屈，在没有硝烟的战争中堡垒首先从自己内部攻破。苏共自行解散，加盟共和国四分五裂，一个曾令西方恐惧的强大社会主义国家顷刻间"灰飞烟灭"，成为 20 世纪地缘政治的最大转折点。

    对于苏共的垮台、苏联的解体，各种探讨、解释、争议经久不衰、不绝于耳，有苏共内部腐败说、体制僵化说、西方和平演变说等，不一而足。我们仅从国家意识形态和大国的沦亡舆论战略做一些分析和概括。

中国崛起之舆论战

一、思想武装的解除

苏共作为一个以马克思列宁主义思想为指导，以"人民当家做主""实现世界大同"的共产主义目标为最高纲领的政党，号召人民夺取政权，长期执政。但到了 20 世纪 90 年代，苏共总书记戈尔巴乔夫上台，借口改革，提出了一系列"新思维"，也可以简而言之，概括为"多元论""民主化""公开性"，最突出的就是否定马克思列宁主义"一元化"的指导地位。在 1988 年召开的苏共第十九次全国代表大会上，戈尔巴乔夫将"多元论""民主化""公开性"称为三个"革命性创议"，并认为三者的理论逻辑并不是并列关系，即"多元论"是"民主化"和"公开性"理论与实践发展的最终归宿。为推行"新思维"，在苏共十九大后，戈尔巴乔夫以年龄为由，一次性列出了 150 人的所谓反对派名单并予以清除。对鼓吹戈尔巴乔夫"新思维"，对解除苏共马克思主义思想武装，对宣扬资产阶级自由化，曾在美国留学、苏共中央宣传部部长、中央书记处书记雅科夫列夫更是毫不掩饰和更为露骨。上任之初，他就向戈尔巴乔夫建言"民主化""公开性""多元化"将是"改革观念演变"不可或缺的必要环节，[①] 力图论证把苏共分成两个党的必要性，利用各种机会向党内和社会散布颠覆马克思主义和苏联意识形态的言论："在我国的实践中，马克思主义不是别的，而是一种新的宗教，它屈从于专制政权的利益和它任性的要求""马克思列宁主义的教条主义阐释，其危险已足以使任何创造思维甚至经典思维都毁灭殆尽"。[②] 1985 年 12 月，苏共中央出台文件公开否定马克思主义理论和社会主义，称"社会主义思想在许多方面仍然是空想……单一的所有制和单一的权力不是社会主义。它们在古埃及时就已有过"[③]，因此"必须在理论上做出这样的突破，才能制止极权主义和对自由、创造的蔑视，才能结束意识形态的单一化"[④]。正是戈尔巴乔夫、雅科夫列夫等苏共最高领导和分管意识形态的领导的力推和宣扬，苏共的马克思主义的思想理论武装被解除，

①②③④ 马寒：《苏联后期背离马克思主义的意识形态蜕变》，《世界社会主义研究》2017 年第 5 期。

非马克思主义、反马克思主义以及宣扬西方意识形态和价值体系的文章大量涌现，各种诋毁历史、否定社会主义以至公开号召推翻苏共领导地位的声音蜂拥而起。

二、西方反共思潮的涌入

从苏联诞生、苏共执政的第一天起，以美国为首的西方国家对社会主义国家的意识形态渗透就从未放松过。美国对社会主义国家"和平演变"战略的始作俑者杜勒斯在 1953 年美国参议院对外关系委员会做证时就说过，"在我看来，苏联共产主义的威胁不仅是美国面临的最严峻的威胁，而且是我们所谓的西方文明甚至是任何以精神信仰为主的文明，面临过的最严峻的威胁"，还说，"如果我们教会苏联的年轻人唱我们的歌曲并随之舞蹈，那么我们迟早将教会他们按照我们所需要他们采取的方法思考问题"。英国《泰晤士报》为此也毫不掩饰地评论道："这种精神上的毒害给共产主义的未来建设者们造成了严重的腐蚀。"如果说在冷战时期，苏联还注意不遗余力地构建自己意识形态的防线和阵地，那么到 20 世纪 80 年代中后期，苏联的意识形态在戈尔巴乔夫的"新思维"和雅科夫列夫等主管意识形态的领导否定马克思主义和社会主义的核心价值观的推动下，伴随着苏共思想武装解除，西方反马列主义、反共、反社会主义意识形态长驱直入。特别是到 1988 年 12 月，戈尔巴乔夫指示停止对国外敌对电台的干扰，使得"自由欧洲之声""自由之声"等宣传美国民主、自由、人权，大肆攻击马列主义，抹黑污名化苏共，攻击社会主义的电台在苏联广为传播。苏联还决定动用外汇进口西方国家报刊在苏联国内公开销售，允许国内媒体甚至党的媒体公开传播西方国家丑化苏联的消息和文章。苏共在意识形态领域自毁长城、引狼入室的做法，更是加剧了国民思想的混乱，广大党员干部的马列主义信仰和社会主义信念、共产主义理想被无情地侵蚀、动摇甚至摧毁。

美国前总统尼克松更是在《1999：不战而胜》一书中写道："尽管我们与苏联在军事、经济和政治上进行竞争，但意识形态是我们争夺的根源。如果我们在意识形态斗争中打了败仗，我们所有的武器、条约、贸易、外援和文化关系都将毫无意义。"

三、本国媒体的助力

正如有关专家所说，苏联不是败于军事，也不是败于科技或经济，而是败在思想战争，败在意识形态斗争。随着戈尔巴乔夫的上台，随着其"新思维"成为苏共和苏联的指导思想，凡是跟不上形势要求，不能按"新思维"办报、办刊、办台的领导，一律被极力推行"新思维"、主管意识形态的苏共中央宣传部部长雅科夫列夫调离撤换。《新世界》《莫斯科新闻》《共青团真理报》《消息报》等党内宣传舆论阵地几乎无一例外，10种大型文学杂志有7个杂志主编被更换，苏共《真理报》《共产党人》《经济报》等报刊的编辑部也大幅度调整。① 戈尔巴乔夫说："我坚决反对对舆论工具进行任何形式的霸占，坚决反对以任何形式对舆论工具进行垄断。"② 正是在戈尔巴乔夫这位苏共总书记如此"新思维"的指导下，经戈尔巴乔夫批准，于1990年6月颁布的苏联《新闻出版法》公开宣布"新闻自由"，各种组织和私人均有权办报，并扩大办报人的自主权，从此纵容了反对派媒体的大泛滥。在官方的鼓励下，一些对所谓"反思历史"特别激进的报刊如《星火》画报和《莫斯科新闻》逐渐露出其真面目：借否定过去、否定苏共历史、否定社会主义，公然打出向资本主义方向"改革"的旗号。特别是以揭苏共黑幕著称的《星火》画报，发行量一度高达150多万份。在此情形下，苏联很多媒体甚至一些党报党刊也迅速掀起了一股攻击马克思列宁主义，暴露苏联社会阴暗面，揭露苏共丑闻，批判列宁、斯大林等苏共领袖所谓"罪行"，贬低苏联近70年社会主义建设成就的狂潮，而各种反马克思主义、反社会主义者控制的新闻媒体在"重评斯大林"的运动中，更是把挖掘历史、揭露斯大林时期的阴暗面进而全面

---

① 李慎明、陈之骅、吴恩远等：《苏联亡党亡国反思："公开性"与指导思想"多元化"》，《红旗文稿》2012年第5期。

② 李慎明主编：《居安思危：苏共亡党二十年的思考》，社会科学文献出版社2011年版，第123页。

否定苏共作为吸引读者的噱头和手段。再加上国内外反共势力的推波助澜，苏联整个思想战线几乎全部沦为反马克思主义、反社会主义和反共的阵地，报纸、电台、电视台等舆论平台充斥着对苏联共产党、党的领导人和苏联社会主义的诋毁和辱骂。在这样的舆论环境中，苏共党员的思想被搞乱了，苏联民众的思想被搞乱了。当苏共党员和苏联民众逐渐失去了对党和国家的信任，苏共的垮台和苏联的解体也就成了必然。

正如习近平总书记 2013 年 1 月 5 日在新进中央委员会的委员、候补委员学习贯彻党的十八大精神研讨班开班式上的讲话中曾明确指出的："苏联为什么解体？苏共为什么垮台？一个重要原因就是意识形态领域的斗争十分激烈，全面否定苏联历史、苏共历史，否定列宁，否定斯大林，搞历史虚无主义，思想搞乱了，各级党组织几乎没任何作用了，军队都不在党的领导之下了。最后，苏联共产党偌大一个党就作鸟兽散了，苏联偌大一个社会主义国家就分崩离析了。"

第四节

灭人之国，必先去其史

——暗流涌动，一个时期舆论宣传中的历史虚无主义

"灭人之国，必先去其史。"这句话出自清代龚自珍的《定庵续集》。一个民族只有清楚地了解自己从哪里走来，才能更好地思考自己要向何处去。

2013年1月5日，习近平总书记在新进中央委员会的委员、候补委员学习贯彻党的十八大精神研讨班上发表讲话，其中就强调了"灭人之国，必先去其史"的道理。堡垒往往最先从内部被攻破——"灭史"，一方面固然是国内外敌对势力常乐于拿中国革命史、新中国历史来做文章，看似有理有据、论从史出，其实是竭尽攻击、丑化、污蔑之能事；但更重要的是，目前我们国内在思想意识形态领域的情况很复杂，常有一股"历史虚无主义"的暗潮扰动着社会公众对历史事实的认识。

一、何谓"历史虚无主义"

历史虚无主义，是指不加具体分析而盲目否定人类社会的历史发展过程，甚至否定历史文化，否定民族文化、民族传统、民族精神，否定一切的历史观点和思想倾向。[①] 事实上，历史虚无主义本身并非是一个新事物，它是人们认识历史时的一个误区和错误倾向，如在新中国成立初期就有个别人在"左"倾的偏激观

---

① 张首吉、杨源新、孙志武：《党的十一届三中全会以来新名词术语辞典》，济南出版社1992年版。

点下认为，"中国两千多年来一直是个封建社会。譬如生在一个大污泥坑中，谁也免不得沾上一些污泥。岳飞也罢，秦桧也罢，反正都是封建人物。不管什么军事家、政治家、哲学家、文学家……还不都是为封建统治者服务？甚至像黄巢、李自成，那些农民革命领袖，也免不了要当皇帝。唉，一丘之貉。"[1] 但是，作为一种在广泛的社会范围内影响公众对历史认知的思想倾向，历史虚无主义却是在改革开放后才逐渐流行开的。在资产阶级自由化泛滥的过程中，有人一方面极力鼓吹西方文明的优势，神化资产阶级民主制度和经济私有化，另一方面却又极力贬低中华民族的传统文化、民族精神和优秀品德。

二、历史虚无主义的具体表现

2015 年 4 月 6 日，一段轰动的视频在网上热传。视频的主角是中央电视台娱乐节目一位知名主持人，内容是在饭局酒酣耳热之后，他在众人的起哄下唱了现代京剧《智取威虎山》的选段。也许是为了取悦客人，也许是为了展现自己所谓的"才华"，他每唱几句都加一句戏谑性评论，并对新中国开国领袖毛泽东使用了侮辱性词汇，一时间在网上引起轩然大波。这不是所谓"私人场合"的开玩笑，也不是一般的戏谑调侃，而是作为执政党开办的国家电视台著名主持人的"恶搞"，其性质之严重、恶劣可想而知。在观众，尤其是一些党员干部，特别是老党员、老干部的强烈要求下，央视对此做出"顶格"处理：开除并封杀。这也并非个例，一个时期的舆论场中，尤其在网络空间中，充斥着一些"吸引眼球"的言论。这些言论以"颠覆""揭秘"为噱头，对我们认为应当肯定的历史认知进行了恶意的颠覆，具体表现为以下几个方面。

第一，否定革命的历史进步性和历史必要性。现在有一些人认为，"改革是好的，而革命是坏的""革命带来了几次灾难，改良才能解决问题"，等等。我们也常常听到这样的观点：康梁的立宪主张和清政府的"新政"是更稳当的现代化

---

[1] 稽文甫：《关于历史评价问题》，人民出版社 1956 年版，第 2—3 页。

道路，孙中山的辛亥革命中断了这一进程，并给中国带来了更严重的割据混战和灾难。我们说，革命之所以是进步的和必要的，是需要将中国20世纪的革命放置在20世纪的国内国际环境中考虑的，这是当时中国在特殊的国情下想要追求民族独立和人民解放必须选择的道路。

第二，将黄色文明和蓝色文明放置在抽象的对立层面进行简单的褒贬。改革开放大门打开，外面的繁华世界对国人自然充满了吸引力。在这种情形下，中西的巨大差异使历史虚无主义出现了苗头。有人认为，中国文明是已死的、封闭的文明，应当被抛弃。我们应该全盘地接受有活力的、开放的蓝色文明，即西方文明。

第三，对于近代史上的中外关系，秉持着一种"侵略有功论"或"抵抗有罪论"，颠倒是非。近现代以来，在抵御外侮、保家卫国的战争中壮烈牺牲的英雄儿女本是我们应当无限缅怀和敬重的一群人。但是当前有一些网民，甚至有些所谓文史研究者都发出这样的言论，称西方的侵略与殖民是为落后的中国带来先进的技术、理念和生活方式，其益处远远大于弊端；反之，林则徐一意孤行才最终引起鸦片战争，"一边倒"政策是新的闭关锁国，抗美援朝其实完全没有必要……我们虽然可以用辩证的方法去分析中外冲突对中国开放的促进一面，但是将"客观评价"扭曲成"侵略有功"或"抵抗有罪"，完全属于基本是非观念的缺失。

第四，认为旧中国无限美好，而否定中国共产党领导的新民主主义革命、社会主义革命和社会主义建设的成就。目前社会上常常有一些个人公众号发表文章，认为民国的学术氛围何其自由，民国的生活水平何其优渥，等等；而对比新中国则是历数各种政治运动的残酷，否定国家建设的巨大成就，认为"三大改造"操之过急，等等。

第五，集中攻击、诬蔑、抹黑革命领袖和革命烈士，这是历史虚无主义的一个重点。在世界历史上没有哪一个开国的领袖，特别是像毛泽东这样空前的民族英雄遭到如此程度的曲解、恶意误读甚至抹黑。同样，对待邱少云、黄继光等革命英雄的攻击更甚，有人用无知可笑的"物理分析"证明黄继光堵枪眼的"不可能"，有人用恶意扭曲的数学计算说明雷锋事迹的"不可信"，有人用编段子的方式恶搞董存瑞炸碉堡时的视死如归，有"大V"用"道听途说"的口吻造谣江姐生前的"生活不检点"。更有个别网络名人咒骂毛岸英烈士被炸成了"挂炉烤鸭"、邱少云是"半面熟烤肉"、刘胡兰是"神经病人"、欧阳海是塑造出来的假典型等。这一幕，与苏联解体前何其相似，"灭人之国，必先去其史"。

【典型案例】

针对历史虚无主义在传播领域的沉渣泛起，
有识之士撰文疾呼：警惕美国文化冷战八招

美国组织职业写手日夜编撰着成千上万的文章和段子，通过美资背景控制的这些网络平台以及精心打造的"导师"、偶像和"大V"在中国社会广泛传播。每一段、每一篇文章看似"问题不大"，但是如果我们把这些文章集中起来看，就会发现它们日夜侵蚀着中国人的民族自信心。

文化冷战第一招：灭偶像

例如：《笑喷了，数学帝分析雷锋同志拣粪》《拆穿西点军校学雷锋的谎言》《新华网自爆雷锋照片大多为补拍》《"完美军人"欧阳海是怎样塑造出来的？》《经不起推敲的邱少云》《焦裕禄的事迹是两个人拼凑起来的》《"英雄战士"刘学保的骗局》《草原小姐妹遇险和被救的真相》……每天，这些读起来妙趣横生、让人捧腹不已但是却带有明显抹黑、造谣和侮辱性的段子都在摧毁我们的偶像。

文化冷战第二招：换祖宗

例如：《一个印度工程师所写：令人忧虑，不阅读的中国人》《英国人眼中的中国》《中国人在德国吃饭被训斥》，等等。在这些编造的虚假段子和文章里，向中国人日夜劝学、劝俭、劝善、劝勉的对象，全部都变成了外国人。这样的文章在论坛、微博、微信铺天盖地，每天都数以亿计地被人阅读着、深信着。中华文明祖先崇拜的牌坊就这样被悄然偷换成了外国人的塑像。

文化冷战第三招：灭自尊

他们编造或夸张炮制出《中国式过马路》《中国人丢人丢到国外去了》《中国人是世界上少数没有信仰的可怕国家之一》《中国人有十大不可思议》《中国：不遵守规则的世界》等虚假文章，或以点概面的夸张新闻，全面地丑化和诋毁中国人，全面美化外国人。

这些段子甚至连《知音》《读者》这样的传统媒体上也比比皆是。

这种针对一个民族的整体抹黑，在历史上只有希特勒对犹太人干过，而今天美国人也正通过网络如法炮制。

文化冷战第四招：反智识

从《高铁乘务员因辐射流产》的谣言到《全球变暖，北极冰川融化》的骗局，再到《中国雾霾的元凶是煤炭里的放射性物质》《PX项目被环保人士称为断子绝孙工程》《断子绝孙核电站》等。

从厦门PX工厂到昆明PX项目，从钼铜冶炼到启东造纸，从高铁受阻到江门核燃料棒项目被搁置，这些反智文章和段子都起到了巨大的作用。事实上，这些项目都是低污染的产业升级项目。中国的这些项目被打断之后，同样生产这些产品的新加坡、日本、韩国当即联手对中国实行出口涨价政策。

文化冷战第五招：唱衰你

像《中国国情最新数据让人震惊》《中国不敢公开的大数据》《中国即将崩溃》这种文章比比皆是，每年都有大量的文章从经济、政治、产业结构、国情数据等方方面面来论证中国不久之后就要崩溃的文章。这些造谣文章用虚假数据极尽夸张扭曲之能事，在微博、微信和人人网这样的学生网站以及各大论坛疯狂传播。

而写下这些文章的人，同样也得到了微博、微信的大力推荐和包装打造，经常出现在网站首页、各类高端论坛上，向全社会传播一种末世氛围和沉船学说。

文化冷战第六招：亡其史

在他们的倾力推动下，朝鲜战争被描述成了炮灰脑残战争，解放战争被描述成了共产党窃取胜利果实。

他们还编造说，"那些帮助共产党打江山的英雄则被抛弃沦为了乞丐""洋人是解放中国的天使"，甚至"连外蒙古丢失都是因为共产党和苏联的秘密契约所造成的"。欲亡其国，先亡其史，试问在这种长年累月的历史虚无化攻击下，中国还剩下多少民心？

文化冷战第七招：污政府

老百姓关心的话题，有专门的人从事定点抹黑。从"人造假鸡蛋"到"打针西瓜"，从"生蛆橘子"到"国产奶粉"，从"房价"到"医疗"，从"土壤"到"空气"，无一例外遭到了有组织的虚假信息全面丑化和夸大扭曲。

比如对国产奶粉进行了无止境的围攻和推荐，篇篇都有上千万的阅读量。而就洋奶粉发生的肉毒杆菌事件，我们在整个微博反复搜索，却只找到了几篇访问量几乎为零的文章。

实际上西方食品和药品安全问题百出，仅欧洲就曾出现数千个没有胳膊的"海豹儿"，美国政府规定使用瘦肉精是合法的、疯牛病是禁止检测的！美国是激素使用最泛滥的国家，纽约的人均寿命更是低于北京和上海，而且美国的呼吸道疾病人口是中国的 4 倍，每 11 个美国人中就有一个有严重的呼吸道疾病。但中国网民现在大多不知道这些，误以为国外是天堂、中国是地狱。

文化冷战第八招：散鸦片

神化美国体制，丑化中国体制，以达到引发暴乱和"和平演变"的目的。《骆家辉坐经济舱是体制胜利》《小布什自己打伞说明什么？》《美国为什么没有腐败？》《克里给中国官员上了一堂震撼教育课》《克林顿不拿公家一支笔》等文章和桥段比比皆是。

西方社会和西方官员被包装成了一个没有贪腐、亲民圣洁、敬畏百姓、简朴奉公的形象，进而得出结论，"只要中国全盘接受美国的改造"就能将中国社会改造成他们所描绘的样子，而现在最大的阻碍就是中国共产党，因此必须推倒这堵墙。

这十几年来，网络每天都这样"教育"着我们的年轻人，我们就不难明白为什么今天的年轻人对中国的体制、对中国共产党、对中国官员和中国社会如此地不信任了。中国当然有腐败的官员需要我们集体监督和处理，但是美国绝非桃花源。可是在中国的互联网上，正有人长期刻意美化美国官员"伟光正"的形象，并归咎于"体制"，图谋以此激发网民的情绪。

（整理自红色文化网 2015 年 3 月 11 日，原标题为《美国对华文化冷战八大招》，作者为国际关系学者郑文明。）

【典型案例】

大吃一惊！美国针对中国制造新型精神毒品！！！

美国的文化白蚂蚁战略非常可怕。要是有人怀疑美国存在系统的文化侵蚀战略，那他绝对是一个白痴，因为这一点连美国人自己都不否认。成千上万精心打造的桥段，幽默风趣，引经据典，娓娓道来，但是它们合在一起，就构成了可怕的精神毒品。

一个人，一个政党，一个民族，一个国家，如果有人不停地、系统地指责、批评、唱衰，这是很能摧毁自信的一种心理战。美国推动的这种毒品，正在摧毁中国人的国家自信、道路自信、制度自信、民族自信、文化自信、政治自信，甚至个人互信。

最为可怕的是，这种毒品，迎合了中国社会的精英阶层对这个国家爱之深责之切的心情，让他们最先上瘾、上瘾最深、欲罢不能，甚至习惯于用这样的口吻说话、用这样的视角思考、用这样的方式参与新的创作，于是这样的段子越来越多、越来越俏皮、越来越本土化。

曾经与一个老朋友在电话中争吵了三个小时，因为有一段时间，这个朋友转发这样的段子几乎成瘾。后来我决定办一个微信平台，说几句真话。虽然一己之力微不足道，但作为一个知识分子，应该保留一份清醒。

如果我们都听之任之，当我们国家的全面自信被这些段子蛀空，就可能重演苏联的悲剧。一夜之间，一个庞大的国家联盟土崩瓦解，为什么？真正的原因是，人民对苏共、对苏维埃、对政府已经失去了信任。在有人精心挑拨中国人民与党和政府的关系时，呼吁有更多人站出来、发出声音。

我们有不足、有缺点、有问题，确实需要改良、改进、改革，但不能在失去尊严、失去自信、失去团结、失去核心领导力量的情况下来做这些工作。中国人，不要再骂中国、骂祖先、骂圣贤、骂自己了，赶快找回自信，团结起来，奋发前进！

（整理自中智信睿 2014 年 7 月 27 日，作者为老吴。）

三、历史虚无主义的危害

我们之所以要警惕历史虚无主义，原因在于其并不仅限于在知识阶层内流行，更在于它在社会公众之间拥有广泛的市场。尤其是近些年，它利用符合某种大众心理和娱乐习惯的文化消费形式，把核心观点转化为感性的影视形象和抓人眼球的通俗文字，通过互联网、影视作品和通俗读物等向社会大众传播，形成了"戏说""恶搞"等新的叙述方式。

中国崛起之舆论战

如果我们放任历史虚无主义，使之肆意蔓延，则必会产生一系列不良的社会影响：其一，它对中国近现代历史的随意剪裁和解释，会引导大众重新建构起符合其核心观点的历史认知，造成人们在历史知识方面的混乱和对待中国近现代史的不严肃态度；其二，它向社会提供一套完全不同于主流意识形态关于中国近现代历史的话语体系，引导大众怀疑主流意识形态"撒谎"，从而消解大众对主流意识形态的认同；其三，它否定当代中国基本政治制度的历史根基，否定中国共产党对中国发展的历史贡献，抹黑中国共产党的领袖，将逐步瓦解大众对我国政治制度的认同和对中国共产党的信任。

历史虚无主义的出现并不是新近的，我们必须认识到反对历史虚无主义的长期性、复杂性和艰巨性。因此，当前舆论宣传工作一个重要的内容，就是以正确的历史观引导社会公众去认识历史、理解历史和评价历史。如同2013年12月26日习近平总书记在纪念毛泽东同志诞辰120周年座谈会上的讲话所说的那样，"一个民族的历史是一个民族安身立命的基础……我们总结和吸取历史教训，目的是以史为鉴、更好前进。"

第五节
还原新闻舆论的本质
——从站起来、富起来、强起来到赞起来

新中国成立 70 多年来，我们取得了跨越式进步，实现了中华民族"从站起来、富起来到强起来的伟大飞跃"[①]。但反观我国媒体在国际舆论上的音量和传播效果，却和我们在经济上所取得的成就远不相配。这其中固然有客观因素，但同时也反映出作用于我国媒体界的主观因素，如"对于国际受众的了解和把握一直存在不少主观、模糊和偏差之处"[②]。

在美国极力将新冠病毒称为"中国病毒"，并对我发动贸易战及其连带的金融战、科技战、舆论战背景下，目前国际舆论环境状况如何，我国媒体该怎样应对"百年未有之大变局"时期来自西方媒体的舆论攻势，应该朝着什么方向努力以提升我国媒体在国际舆论场的传播力、引导力、影响力、公信力，这是一个急迫的问题。

一、理直气壮地唱响主旋律——中国之治，来自贵州的实践

新中国的发展，新中国的崛起，新中国所取得的"当惊世界殊"的奇迹，不是天上掉下来的，不是偷来的、抢来的，更不是美国的一些政客恬不知耻地说的是美国人给予的，而是中国共产党人带领中国人民艰苦奋战、改革开放干出来的。

---

① 习近平：《在庆祝改革开放 40 周年大会上的讲话》，《人民日报》2018 年 12 月 19 日。
② 刘燕南、谷征：《我国国际传播受众研究的现状与问题探讨》，《现代传播》2012 年第 9 期。

中国崛起之舆论战

正如张维为教授在其专著《中国震撼》一书引言中所讲的："18、19 世纪世界崛起的第一批国家，如英国、法国，其人口都是千万级的；20 世纪崛起的第二批国家，如美国、日本等，其人口是上亿级的；而今天 21 世纪中国的崛起，其人口都是十亿级的，超过两批国家的总和。这不是人口数量的简单增加，而是一个不同质的国家的崛起，是一个五千年文明与现代国家重叠的'文明型国家'的崛起，是一种新的发展模式的崛起，是一种独立政治话语的崛起，它给世界带来的可能是新一轮的'千年未有之大变局'。"

中国没有什么理短的，没有因为自己发展而伤害他人。走向了世界的新中国短短 70 多年特别是改革开放 40 多年突飞猛进的发展，不仅取得了民族独立、国家富强、人民小康，而且对世界经济推动的贡献更高达 30% 以上。我们大可以理直气壮地讲好中国故事，让中国又好又快发展的动人故事成为舆论的主旋律。

笔者作为从贵州省当选的全国人大代表，完全可以以贵州这样一个历史上被称为"天无三日晴，地无三尺平，人无三分银"的贫穷落后的民族地区的巨变，从一个侧面讲讲中国巨变的故事。下面我们从五个巨变看看贵州的现实。

贵州 188 万人通过易地扶贫搬迁住进新房，图为黔西南州晴隆县集中安置点阿妹戚托小镇

——脱贫攻坚取得了历史性胜利。贵州长期贫穷落后，直到 1978 年全省还有 1840 万贫困人口，占常住人口的 68%。2019 年全省贫困人口已减少到百万以下，贫困发生率降低到不足 1%，在全国率先实现省、市、县、乡四级远程医疗，改造农村危房 51 万户，基本解决了 279 万农村人口的饮水安全，世代被贫困围绕的宿命正被彻底改变，千百年来的绝对贫困即将画上句号。

——综合实力显著提升。2018 年全省地区生产总值 1.48 万亿元，是 1949 年的 2377 倍，连续 10 年经济发展速度位居全国前列。传统产业焕发生机，新兴产业发展壮大，连续举办 5 届的贵阳大数据产业博览会成为国际性盛会，苹果、阿里巴巴、腾讯、华为及中国三大电信运营商的数据库和备灾基地纷纷投资建设于贵州。

——民生和社会事业全面进步。2018 年贵州全省城乡居民人均可支配收入分别达到 31592 元、9716 元，分别是 1949 年的 336 倍和 201 倍。"人无三分银"已经一去不复返，各项社会事业长足发展，学校数量由 1949 年的 578 所增加到 20078 所，义务教育全面覆盖，各阶段教育快速发展；医疗卫生服务能力全面提升，医疗机构数量由 1949 年的 65 个增加到 2018 年的 2.81 万个，常住人口平均预期寿命由 1980 年的 68 岁增加到 2018 年的 74 岁。

——以交通为重点的基础设施跨越式发展。1949 年贵州公路仅 1950 公里，没有一条铁路运营。2018 年贵州公路里程达 19.69 万公里，是 1949 年的 101 倍，实现市市有机场、县县通高速、村村通油路，世界排名前 100 座高桥有 47 座建在了贵州，所有行政村都通了动力电，光纤宽带和 4G 网络全覆盖。昔日"地无三尺平"的贵州，如今万桥飞架、天堑变通途，彻底打破了原有闭塞的时空格局。

——生态环境持续向好。贵州是典型的喀斯特地貌，过去石漠化和水土流失严重，1975 年全省森林覆盖率仅为 22.8%，到 2018 年提高到 57%。建成大中小型水库 2634 座、200 多个骨干水源工程。全省中心城市和县级城市环境空气质量优良天数比例达 98% 以上，全省出境断面水质优良率保持 100%。连续 10 届生态贵阳国际论坛响亮发出了可持续发展的"中国声音"。昔日"穷山恶水"的"穷乡僻壤"，如今成为众人向往的山清水秀、空气清新、气候宜人的旅游胜地，近年来每年游客人数都增长 30% 以上。

　　贵州巨变，作为"中国奇迹"的一个缩影，正应了明代刘伯温所预言："江南千条水，云贵万重山，五百年后看，云贵胜江南。"

一批国家重点项目在贵州落地。图为世界目前最大单口径、最灵敏的射电望远镜——"中国天眼"500 米口径球面射电望远镜

二、鞋子舒服不舒服，只有自己的脚知道

　　如果问中国特色社会主义道路在中国行不行得通、人民幸福不幸福、社会安定不安定、国家富强不富强，没有比中国人民自己更有发言权的了。鞋子舒服不舒服，只有自己的脚知道。

　　从 1840 年鸦片战争，英国等西方列强用坚船利炮打开中国大门之后，上百年的近代史，几乎就是一部中华民族遭蹂躏、遭侵略、遭分割的屈辱历史，多少仁人志士不惜抛头颅、洒热血，探寻中国救亡图存、强国富民之路。辛亥革命后，中国尝试过君主立宪制、议会制、多党制、总统制甚至复辟帝制等各种形式，各种政治势力及其代表人物纷纷登场，但都以失败而告终。历史不是没给这些人、这些政治主张机会，无奈与中国"水土不服"而难以行得通。正如习近平所指出的："从近代中国波澜起伏的历史进程中可以清楚地看到：因为不触动帝国主义、封建主义统治根基的改良主义失败了，中国人民才选择了革命的道路；因为走资本主义道路的各种方案尝试全部失败了，中国人民才选择了经过新民主主义走向社会主义的道路；因为其他各种政治力量都无力领导中国人民实现救亡图存和民族独立、解放与复兴，唯有中国无产阶级及其政党中国共产党肩负起了这一历史使命，才使受尽屈辱、濒临危亡边缘的中国进入了历史的新纪元，才向世人彰显和证明了'没有共产党就没有新中国'、'只有社会主义才能救中国和发展中国'的历史真理。"

新中国成立后，以毛泽东同志为代表的中国共产党人为社会主义建设进行了艰苦卓绝的探索，尽管也走了不少弯路，犯下了"大跃进"、反右、"文化大革命"等一系列错误，甚至严重错误，但共产党人为中华民族谋复兴的初心始终不改。党的十一届三中全会后，以邓小平同志为代表的中国共产党人，高举改革开放大旗带领中国人民实现了40多年的高速发展，走过了西方发达国家上百年才走完的现代化历程，真正实现了从站起来到富起来到强起来的几代人的伟大梦想，走出了一条具有中国特色的社会主义的康庄大道！我们有什么理由不为此骄傲和自豪，进而放声高唱呢？！

至于西方政客和媒体攻击我们搞的不是"完全意义上的市场经济"，搞的是"国家资本主义"，实行的是政府干预加市场经济，财政补贴国有企业、竞争不充分、法制不健全、社会不公平、独裁垄断、一党执政、不人道、不民主等，用陕北老农民的话讲："不能因为听拉拉蛄叫就不种地了！""鞋子舒服不舒服，只有自己的脚知道。"美国颇有影响力的皮尤研究中心多年来一直对世界主要国家进行民意测验，了解公众对自己国家现状的满意程度，2005 年对 17 个国家的国民进行的详细调查发现，西方国家的民众对自己国家的状况不满意的比例很大，倒是 72% 的中国人对自己国家的现状表示满意，在被调查的 17 个国家中拔了头筹。相比之下，美国人的满意度是 39%，法国人的满意度是 29%。2010 年皮尤研究中心进行了同样的调查，结果发现中国人还是排名第一，87% 的中国人对自己国家基本满意，而美国人满意的比例是 30%，法国人满意的比例是 26%（见 PEW Global Attitudes Project 网站）。①

历史和现实都向世人证明，只有社会主义才能救中国，只有中国特色社会主义才能富强和发展中国。这是历史的结论，是中国人民自己的选择！

三、要想知道梨子的滋味，只有亲口尝一尝

如果问美式的西方民主好不好、行不行，最好问伊拉克、利比亚、乌克兰等国。无论是被美国用枪炮强行推销的，还是在西方煽动下自己搞"颜色革命"争取的，再也没有比这些国家的人民更有切身体会和更能说明问题的了。

美国派兵"解放"了伊拉克，推翻了萨达姆的独裁政权，送来了"西方民主"，也送来了战乱和"伊斯兰国"恐怖组织，各种血腥恐怖爆炸成了家常便饭，经济一落千丈，民不聊生，巴格达变成了人间地狱。

利比亚的卡扎菲政权在美国强烈介入下于 2011 年被推翻，利比亚人民原以为能过上幸福的日子，可 8 年过去了，国内依然武装冲突不断，国内多个政府组织上百个武装派别打来斗去，安全形势比伊拉克、阿富汗还差。当地流行的一句黑色幽默很能说明一切："我们以为卡扎菲死后，国家会变成迪拜，没想到成了索马里。"

乌克兰在苏联解体后，可以说是西化最激进的国家，为了能快速过上"西

---

① 张维为：《中国震撼》，《南方日报》2011 年 6 月 26 日。

方人"的生活，对原有苏联留下的国有经济实行"休克疗法"，全面推行私有化，在政治上搞三权分立、民主选举，对西方的一套可以说"有样学样"、全盘照搬。即便如此，并没有让乌克兰这个当年在苏联 15 个加盟共和国中综合实力排名第二、资源丰富、工农业和军事实力非常了得的"强国"迅速富强，却在政治家们一个个走马灯似的轮流执政下，迅速滑落到欧洲第二大穷国。国家内乱不断，经济一蹶不振，大批企业破产，底层民众生活惨不忍睹，人均 GDP 仅 2000 多美元，这个昔日盛产美女的国度却成了妓女输出大国。

著名学者张维为说，他曾经走访了世界上 100 多个国家，还没有发现一个发展中国家通过西式民主化实现现代化的，"民主是普世价值，但西方这种民主形式是不是普世价值，还很有争议。"① 他还说，如果西方的制度真的那么好，人家迟早都会来向你们学习，但如果以"普世价值"的名义强行在世界范围内推广，为此而不惜使用武力就过分了，甚至造成灾难。"市场与民主都是人类文明的产物，所有国家都可以结合本国的国情加以采用，而一旦某些人把某种特定的民主模式和市场制度推向了唯一和极端，这就与宗教原教旨主义无异，其信徒会失去理性，结局自然不会好。"②

条条大路通罗马，不管白猫黑猫，抓住老鼠就是好猫，还是小平同志更显英明！

---

① 张维为：《别用西方价值解读中国民主》，人民网—环球时报 2007 年 10 月 19 日。
② 玛雅：《专访张维为：中国道路的历史合法性》，《红旗文稿》2013 年第 6 期。

第三章

兵不厌诈，操纵策划

——现代"舆论战"之种种表现

随着信息时代的到来和大众传媒业的迅猛发展，"舆论战"作为一种古老的宣传策略，又在新的形势下大行其道。尤其是社交媒体的出现与兴盛，使得面向公众的宣传成本降低到了前所未有的程度，针对细分人群精准输送信息，自"舆论战"诞生以来第一次真正成为可实现的选项；而利用人为设置议题、选择性报道与隐瞒真相，乃至于"双重标准"与炮制"假新闻"的舆论操纵手法对公众进行潜移默化的引导，也在某些西方国家的长期实践中被证明的确有其效果。

古人有云：兵不厌诈。现代"舆论战"是没有硝烟的战争。为了对抗隐在幕后的对手，有必要深入探讨研究现代"舆论战"的种种手法与表现。

第一节
假作真来真亦假

大国间的战略博弈，首重对情报的获取、分析和利用。在欺骗与反欺骗、误导与反误导的"暗战"中，谁能先一步获悉对方的真实战略意图，无疑就在博弈中取得了先手优势。在这个过程里，真真假假、以假乱真的舆论战策略能够同时实现战略攻防的目的，在隐藏自身真实意图、实现战略防御的同时，还可以干扰对方判断，迫其在思维方式上走入歧途，从而将博弈主动权拱手让人。美苏争霸时期，美国利用苏联经济结构失衡、无力与美国展开全面竞争而抛出的"星球大战计划"，可谓是混淆视听、瞒天过海的经典战例。

【典型案例】

星球大战计划：战略欺骗还是政治"阳谋"？

1983 年 3 月 23 日，时任美国总统的罗纳德·里根在一次电视演说中，手拿几张 A4 纸，抛出了雄心勃勃的"战略防御计划"。里根宣布，美国将在未来几十年中投资上万亿美元，研发足以抵御洲际弹道导弹的战略防御系统。这一近乎科幻的设想与天文数字般的资金投入，迅速引爆了全世界的舆论话题。在媒体的推波助澜之下，这一计划很快以"星球大战计划"的名字为世人所熟知，甚至将其与研制原子弹的"曼哈顿计划"或"阿波罗登月计划"相提并论。

"星球大战计划"的提出，给当时的苏联领导人造成了很大压力。为此，苏联总统戈尔巴乔夫与里根就此问题曾多次通信。1985年9月，戈尔巴乔夫在给里根的信中写道："我们确信，这样一种互相谅解应当以双方明确表示，要在裁减武器的限度、在地球上停止军备竞赛及防止在空间进行军备竞赛等方面，采取世纪行动的意图来作有机的补充……哪些具体措施应当置于首要地位？自然是那些同有关核武器和空间武器复杂问题的解决相联系的措施。就太空非军事化达成一项协议是最彻底地削减核武器的唯一途径。"

1985年11月，戈尔巴乔夫与里根在日内瓦会晤。戈尔巴乔夫劝说里根放弃"星球大战计划"，里根则辩解道："战略防御计划是发展非核防御力量的一个研究项目，而我们的反弹道导弹条约是允许建立这种防御力量的。"1986年10月，戈尔巴乔夫在冰岛与里根会晤时，再度试图以拆除所有弹道导弹为诱饵，劝说里根放弃"星球大战计划"，同样遭到了断然拒绝。

美国推动"星球大战计划"的坚定决心进一步加剧了苏联领导人的焦虑。1987年12月，不利于苏联方面的《中导条约》签署。1988年，苏联在参加联大会议前，单方面宣布裁军50万，以向西方示好。有观点猜测，在美方连篇累牍的舆论宣传下，戈尔巴乔夫被里根团队的"以无换有"策略所蒙蔽，相信了"星球大战计划"是美国最看重的东西，并试图用苏联的不断让步换取美国放弃"星球大战计划"。为此，他在切尔诺贝利核事故两个月后，接见作家和知识分子代表团时表示，"敌人不怕苏联的核武器，怕的是苏联越来越民主。"

（整理自企鹅号"国家人文历史"2018年2月7日，原标题为《里根铁了心地要搞"星球大战"，美国真的把苏联吓怕了？》，作者为阎滨。）

"星球大战计划"的可信性，至今众说纷纭。随着苏联解体一年半后，克林顿政府于1993年5月13日宣布放弃"星球大战计划"，多数人开始相信，所谓"星球大战计划"不过是美国为将苏联进一步拖入军备竞赛的泥潭炮制的一出经典战略骗局，目的是为苏联的崩塌解体压上最后一根稻草。不过，也有一些观点指出，美国前后在"星球大战计划"上投入了上千亿美元，取得了许多研究成果，计划取消后，简化版本的国家导弹防御系统（NMD）至今仍在发挥作用，认为"星球大战计划"实际是苏联接不接招都会陷入被动局面的"阳谋"。

应该如何看待"星球大战计划"起到的作用呢？

一方面，苏联其实早已看穿美国将苏联拖入经济陷阱的战略意图。戈尔巴乔夫曾指责美国"企图通过军备竞赛在经济上拖垮苏联，给苏联造成许多困难，妨碍提高人民生活水平的计划的执行，从而使苏联人民对领导不满"是犯了"战略性的错误"，并警告称"没有美国做得到而苏联做不到的事情"[1]。可以看出，与部分人一厢情愿的想象不同，苏联方面对于"星球大战计划"军备竞赛的实质与军备竞赛的危害有着非常清晰的认知。

但另一方面，苏联领导层在西方舆论攻势下，对于"星球大战计划"给自身可能带来的安全威胁出现了严重误判。戈尔巴乔夫在苏共二十七大报告中分析，美国的"星球大战计划"有"不可逆转之险"，认为苏联除采取对应措施外，别无选择。[2]

以当前的眼光看来，"星球大战计划"中涉及的种种"黑科技"即使在30多年后的今天也很难列入实战。但对战略远景的误判，对在全球霸权竞争中落后于美国的恐惧，使得戈尔巴乔夫在"全面投入太空竞赛则国力难以支撑"与"坐视美国发展太空武器则陷入战略劣势"的"两难"抉择中顾此失彼，后续应对时昏招迭出，也就不足为奇了。

由此可见，"星球大战计划"的实施，取决于两个关键因素：一是对 20 世

① 《戈尔巴乔夫说冰岛会晤并非徒劳》，《人民日报》1986 年 10 月 16 日。
② 于德惠、赵一明：《关于美国"星球大战"计划的再思考》，《未来与发展》1987 年第 5 期。

纪 80 年代中后期苏联经济形势与政策导向的成功预判，令美国政府在情报战中取得先机。1983 年，中情局组织了一批苏联问题专家，经过 4 年的调查研究，于 1987 年推出了一份预测性报告。这份报告准确地判断出当时的苏联已经没有实力部署导弹系统来反制美国的空基导弹防御系统，因此最有可能采取外交行动，或进一步加大对本国武器控制的力度，来换取美国在"星球大战计划"上的让步。二是对"星球大战计划"成功的宣传，令苏联方面严重高估了美国实行"星球大战计划"的决心与可行度，从而在无力承受全面太空竞赛的情况下，被迫采取一系列让步措施，自身也一步步滑入历史的帷幕背后。

从这个角度看，舆论战在"星球大战计划"战略目标的实现过程中，的确起到了不可替代的作用，甚至让很多人认为"星球大战计划"只是纯粹的战略欺瞒，正可谓"假作真来真亦假"。

无独有偶，2019 年 1 月 17 日，美国总统特朗普在五角大楼宣布，将升级导弹防御计划。① 这份新版《导弹防御评估报告》声称，要通过新型太空传感器来探测弹道导弹发射活动，甚至讨论利用太空拦截器摧毁来袭弹头的可能性。联系特朗普此前下令国防部组建独立于空军之外的第六军种"航天军"，不禁令人再度联想起里根的"星球大战计划"，意图何指，不问可知。面对新时代的大国博弈，舆论战线上的虚实真假，我们应当如何保持战略定力，应对新一轮的挑战？

---

① 《特朗普推新版"星球大战"计划放狠话：若需要美能比谁都坏》，参考消息网 2019 年 1 月 19 日。

第二节
移花接木颠黑白

历史上，总有人信奉"谎言重复一千遍就是真理"。虽然西方世界的物质文明取得了长足进步，但指鹿为马、无中生有者有之，栽赃陷害、颠倒黑白者亦有之。以美国为首的西方国家为入侵伊拉克寻找的借口以及介入叙利亚内战前的舆论准备工作，无不昭示着这一招"移花接木"的成功有效。就像美国国务卿蓬佩奥 2019 年 4 月说的那样："我曾担任 CIA 的局长。我们撒谎、我们欺骗、我们偷窃。我们还有一门课程专门来教这些。这才是美国不断探索进取的荣耀。"①

【典型案例】

伊拉克战争：一瓶"大杀器"，何以服天下？

2003 年 2 月，时任美国国务卿的鲍威尔在向联合国安理会发表的讲话中，明确地将萨达姆政权"隐藏大规模杀伤性武器并积极支持恐怖主义的政权"作为对伊拉克开战的理由。鲍威尔在讲话中提供了包括卫星拍摄的"移动生物研究实验室"在内的诸多"证据"。他手持装有白色粉末小瓶的照片迅速登上西方主流媒体的版面，成为鼓吹对伊拉克开战的重要舆论武器。随后，美国绕开联合国安理会，单方面对伊拉克实施军事打击，并迅速攻入巴格达，一举瓦解了萨达姆的统治。

---

① 《蓬佩奥：我们撒谎欺骗偷窃 这才是美国的荣耀》，央视网新闻 2019 年 4 月 23 日。

时任美国国务卿的鲍威尔在向联合国安理会发表的讲话中出示"证据"

伊拉克战争后,鲍威尔当初在联合国发表的讲话遭到广泛质疑。2005年9月,鲍威尔在接受美国广播公司(ABC)采访时承认,他在联合国发表的有关入侵伊拉克理由的不实言论是个人历史上的污点,他从未看到证据表明"9·11"恐怖袭击同萨达姆政权有任何直接联系。而美国直至2010年8月从伊拉克撤军,历时7年多,最终也没有找到所谓的"大规模杀伤性武器"。俄罗斯总统普京就曾调侃鲍威尔的样本瓶中"搞不好是洗衣粉"。

(整理自中国日报网2003年2月7日,原标题为《美国国务卿鲍威尔5日在联合国安理会上的讲话》;新华网2005年9月9日,原标题为《鲍威尔承认美国侵伊时曾经说谎 称之为历史污点》。)

【典型案例】

叙利亚"白头盔":演技惊动奥斯卡

2016年8月,一张满身尘土与血迹的叙利亚小男孩照片刷爆了互联网。美国国务院称这个孩子是叙利亚内战的"真实面目",《纽约时报》夸张地表示"仿佛整个叙利亚的情绪都在他的脸上"。据拍下这张照片的叙利亚民防组织"白头盔"说，这个孩子是叙利亚政府军空袭北部重镇阿勒颇后在废墟中被救出的。一时间，叙利亚政府与背后的俄罗斯政府承受了巨大的国际压力。

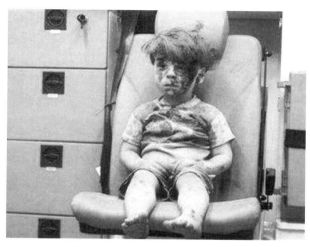

刷爆了互联网的叙利亚小男孩照片

在随后的叙利亚内战中，"白头盔"愈发活跃，有关"揭露"叙政府军使用化学武器、空袭平民的影像与纪录片大量流出，描绘"白头盔"在叙利亚战场上"光辉事迹"的同名纪录短片也一举夺得 2017 年奥斯卡奖，进一步将叙政府推向西方舆论的汹汹抨击。2018 年 4 月 14 日，在"白头盔"提供的证据支持下，美、英、法三国以叙政府使用化学武器为借口（编者注：这个借口是不是很熟悉？），对其悍然发起大规模攻击。

然而，纸终究包不住火。随着发生在叙利亚的舆论战争一点点揭开在世人面前，"白头盔"自导自演，按照"剧本"摆拍伪造视频甚至不惜伤害平民以嫁祸政府军的种种劣迹逐一大白天下，其收受以美国为首的西方国家巨额资助的情况也被公之于众。2019 年 11 月 11 日，"白头盔"创始人梅西耶尔被宣布在土耳其"坠楼身亡"，瞬间引发坊间对于中情局"卸磨杀驴"的揣想。梅西耶尔死亡的个中内情我们暂且难以确知，所以也只需感叹一句：多行不义，岂不自毙？

（整理自《人民日报海外版》2019 年 2 月 23 日，原标题为《起底"白头盔"背后的谎言操盘手》，作者为严瑜；新民网 2019 年 11 月 14 日，原标题为《"白头盔"创始人离奇身亡 但那套卑劣伪善的操作却在香港"还魂"》，作者为杨一帆、卫蔚。）

与美苏争雄的宏大格局相比，21 世纪以来的伊拉克、叙利亚战争只是美国"一超独霸"时代中的两幕插曲。在舆论的战场上，美国为发动这两场战争采取的手段也与当年的"星球大战计划"迥异。

"星球大战计划"成功的关键在于战略欺瞒，所以上到总统幕僚、中到国家机构、下到媒体民众无不以假为真，是为瞒天过海；而发动两场局部战争则只需先手抢占舆论与道义高地，以此炮制出兵借口，因此需要动员的资源相对有限，意图达成的目标也相对简单，能够在国内维持"正义形象"，对外有所交代即可，所谓"师出有名"。

在发动舆论造势的过程中，根据战前国际局势的差异，美国在舆论战场上"移花接木"的具体手法也有所不同。

一曰以势凌人。

伊拉克战争前，震惊世界的"9·11"恐怖袭击、数千无辜平民的死难让美国罕有地蒙上了一层"受害者"的面纱。从阿富汗战争到伊拉克战争，美国以这一形象站在国际社会道义高地之上，居高临下，挟势凌人，故能无往而不利。联合国安理会会议上，鲍威尔以堂堂国务卿之身份，一口咬定萨达姆政权与"基地"组织存在关联，丝毫不给对方辩解余地；将普通的卡车说成是"移动生物研究实验室"，无视世界上可能是唯一的"移动生物研究实验室"正是由美国自己打造；至于那个著名的小小试管中究竟是怎样恐怖的"大杀器"，恐怕也只有天晓得。尽管如此，由于大势在美，伊拉克战争前的舆论动员仍然得以顺利展开，为美军入侵伊拉克铺平了道路。即便数年后，美国入侵伊拉克的借口被证明纯属子虚乌有，数百万伊拉克人民流离失所的悲惨命运却早已无可挽回。

二曰以情动人。

历史自有记忆。叙利亚内战期间，由于美国当年入侵伊拉克时使用的借口漏洞百出，自身公信力大为缩水，故技难以重施，新一波舆论攻势便转而以非政府组织的形式开展。"白头盔"成立后的一系列"救援活动"背后，有着一条完整的传播链条：美英等国出资支持——"白头盔"公布图片、视频等指控叙利亚政府及俄罗斯——西方媒体报道这些素材，在受众脑海中营造出一种既成的"事实"，以激起同情并影响政策的走向。

为了实现这一目的，"白头盔"在社交媒体上的宣传活动紧密围绕"以情动人"展开。作为英国桑赫斯特皇家军事学院的高才生，"白头盔"创始人梅西耶尔曾随英国陆军参与过多场以"人道主义干预"为名发起的战争，深知在和平年代，最能够控诉战争罪恶、触动远离战火的大众泪点的莫过于"儿童受难"。令"白头盔"在西方世界声名鹊起的，正是时年8岁的小奥姆兰头发蓬乱、满身灰尘与血迹的照片；在"白头盔"的宣传网站上，最为夺人眼球的也莫过于各种表现对儿童进行"救治"的视频。有时，同一个孩子在同一天拍摄的多条视频，会分成数次慢慢发布出来，以求从观众处榨取更多廉价的眼泪与同情。战乱后的废墟是他们的舞台，呻吟求助的伤者是他们的道具，他们用自身的存在明确地证实着，社交媒体时代，舆论战场之上，一个个"感人至深"的故事背后潜藏的残酷无情。与此同时，背后的"金主"则甘之若饴，从"白头盔"处流出的因稀缺而尤显"珍贵"的视频，都被用于指责叙政府制造"化武袭击""人权灾难"，成为西方国家干预叙利亚事务的借口。

移花接木、颠倒黑白的舆论战，总是出现在不义战争发动的最前沿。掌握舆论操控权的一方，也许能通过虚假的宣传来为自己赢得一时先机甚至最终得偿所愿，但事实终归是事实，谎言重复一千一万遍也永远无法成为真理。当真相拨云见日、大白天下之时，就是对操弄舆论者信誉最大的打击。伊拉克战争令"洗衣粉"成为国际笑柄，叙利亚战争令奥斯卡奖蒙上无法抹去的污点。我们都对一件事情感到好奇，那就是：当下一起重大国际事件发生之际，扬扬自得的舆论操弄者们，又会用什么样新的方式，被作为反面典型写进后世教科书，又一次将自己钉在人类文明的耻辱柱上？

第三节
换个角度大不同

在中国网民中间，有一句耳熟能详的话，叫作"做人不能太 CNN"。美国有线电视新闻网（CNN）作为这句话的主角，由于在报道 2008 年发生于西藏的打砸抢烧事件时，通过删减画面、偷换概念等种种伎俩歪曲事实、颠倒黑白，遭到了中国网民的一致声讨，其所代表的西方媒体伪善的嘴脸，也在这次事件中得到了更进一步的深刻揭露。

Why would people from China, the world's second-biggest economy, risk their lives to enter the UK?

By Aimee Lewis, CNN

Updated 1:05 PM EDT, Fri October 25, 2019

CNN：作为世界第二大经济体，为什么中国人要冒着生命危险进入英国？

中国崛起之舆论战

其实，"CNN 们"用在舆论战场的武器，远不止颠倒黑白这一件。选择性的偏颇报道，与角度独特、充满偏见的恶意解读，同样可以成为隐藏在暗影中的阴险毒牙。

【典型案例】

穿汉服竟被解读为停止开放

汉服在中国年轻人群体中的日渐盛行，已经成为一种文化现象，并成功引起了 CNN 的注意——对，还是那个 CNN。

2019 年 10 月 13 日，CNN 在其网站发表了一篇题为《着装自豪：卷土重来的中国"旧"时尚》的文章。在 CNN 眼中，汉服的复兴并不仅仅是年轻人喜欢那么简单，背后存在着"政治性"，因为"汉服文化的盛行会削弱中国的民族多样性""汉服正在消除少数民族的文化"。CNN 还推断，从汉服在中国的盛行可以看出"中国开放的大门正在关闭"。

文章发布后，不但网友对 CNN 暗戳戳"夹带私货"的行为极为反感，就连参与搜集资料的 CNN 实习生也表达了震惊不满，称将"即刻提请离职"。不过，最具讽刺性的评论还属一位网友，他表示，"其实 CNN 会黑中国一点都不意外，让我意外的是，他们怎么找到'汉服流行 = 开放的大门正在关闭'这个角度的？这么大的脑洞，该说不愧是 CNN 吗？"

（整理自观察者网 2019 年 10 月 16 日，原标题为《说好写汉服文化，结果 CNN "夹带私货"引众怒》，作者为郭肖。）

CNN 的"想象力"缘何这样丰富？其实，说容易倒也十分容易，只需有一双善于发现"丑"的眼睛、一张舌灿莲花的利嘴和一张修炼有成、刀枪不入的脸皮，一切难题自然迎刃而解。

此处，请允许本书稍微岔开话题，带读者回顾一下一位著名的"公知领袖"的经典言论。

2012 年 9 月 14 日，这位老先生发文批评自己乘坐高铁从南京回北京时遇到的运力浪费问题："整个列车空空荡荡，载客仅约 10%。这样低的客座利用率高铁焉能不赔。这从一个侧面说明我国过分投资，而消费严重不足。国家花大量的钱建豪华设施，但是百姓没有那么多钱去消费，造成能力闲置、浪费严重。"

过了一年，2013 年 10 月 29 日，同样是这位老先生，在乘坐高铁从济南回北京时遇到了一票难求的盛况："济南西站售票厅内所有的窗口和自助售票机统统都排长队，而且移动很慢。我们排了足足半小时，等票拿到手火车已经开走。高铁好在节省大家的旅行时间，可是买票如此之难，令人望而却步。铁路部门对旅客排队已经习以为常，毫不知改进。叫人极为失望。"[1]

如此反复无常的行为令网友大惑不解，高铁究竟应当坐多少人，才能让这位老先生稍微满意呢？更有网友评论一针见血：高铁票价高，他们会说公共交通是福利性质，不应该"攫取暴利"；高铁票价低到亏损，他们又会说"垄断经营"亏损都这么严重，何不私有化？中国发展航天技术时，"公知"大骂：西部人民还在吃苦，为什么要劳民伤财？美国"猎鹰重型"火箭上天，"公知"又大骂：为什么中国航天技术落后美国几十年？总而言之两个"凡是"：凡是中国做的都是错的，凡是西方做的都是对的！

看清舆论场中"公知"的真面目，有助于我们更深刻地理解 CNN 之流"脑洞大开"的找碴行为。归根结底，无论是冷血无情的 CNN，或是难于伺候的老先生，种种类似表现，其实均是现代舆论战的重要一环：选择性报道与偏见性解读。这种"傲慢与偏见"的背后，则是媒体与受众经过长期互相筛选后，思维固化形成

---

[1] 原发在其新浪、腾讯微博，目前账号均已注销。

的"信息茧房"效应。

其一是善于发现"丑"的眼睛。在商业化的浪潮下，媒体与企业、新闻与娱乐的界限越来越模糊，传媒在扮演传声筒与放大镜角色的同时，基于自身立场的选择性报道难以避免；与此同时，部分西方媒体身处所在大国意识形态斗争的最前沿，在对别国进行新闻报道时戴上厚厚的有色眼镜，主动出击，挖掘甚至编造负面消息的冲动也近乎成为一种本能。在这些媒体眼里，新中国成立70周年国庆之际，"盛世大国，人民偷渡"造成的轰动传播效果，显然远远胜过39个破碎的越南家庭与造成这一悲剧的深层次根源（事件一开始，在遇难者国籍还没有定论、遇难原因也尚未确定时，英国BBC等媒体已经自行"确认"遇难者中国人的身份，开始栽赃中国），前者值得大报特报，后者则仅是世界范围内每天发生的无数悲剧中的一例。当对新闻价值的判断不再基于客观、真实、公正的原则，而是越来越受到政治因素与意识形态输出需要的干扰，西方媒体的集体沦落也就成为一种必然。

其二是舌灿莲花的利嘴。西方媒体的偏见不仅体现在对不同新闻事件的选择性报道上，更重要的是体现在对发生在中国的事件别出心裁的"花样解读"：沙漠治沙植树是"破坏地下水资源"，搞垃圾分类是"环保独裁"，汉服复兴是"消除少数民族文化"，公共场所安放摄像头是"监视民众"，移动支付盛行则是"假钞太多难以防范"……凡此种种，无不令人眼界大开。更有甚者，出国游人数减少是"经济下行"，增多是"环境恶劣"；政府调控是"干涉市场"，反之则是"执政不力"……一旦对这类充满偏见、"正反都有理"的诡辩话术有了免疫力，也就不难理解某些力主全面拥抱"西方化"的经济学家对高铁如此不满的原因。

其三是刀枪不入的脸皮。"上得山多终遇虎"，"CNN们"再身经百战，也难免马失前蹄，遇上如"货车藏尸案"一样的尴尬。当新闻媒体赖以生存的客观性、真实性被自己亲手推翻，"CNN们"如何应对这一紧迫的生存危机？曰：习以为常，无须慌忙；见怪不怪，其“怪”自败。

在传播学所定义的“后真相”时代，大众传播日趋分化，情绪前于真相、态度高于事实已成为重要的特征之一。报道者将镜头朝向受众希望看到的方向，经由媒体平台发布，构建出一个经过筛选的“信息茧房”。沉浸在“茧房”中的受众对着经过精心裁剪的“事实”，散播自己的情绪与感受，并与他人形成共振，共同完成一轮传播反馈。在这个选择性失明与选择性遗忘并重的环境中，事实和真相本身就被虚无化，传媒“翻车”的可能性也降到了最低。假使“CNN 们”能够长出足够厚实的脸皮，不为自己仅存的良知所困扰，任你雨打风吹，我自岿然不动，再多的“打脸”恐怕也难奈何他们吧！

第四节
只许州官放火

镜头只对准港警而非暴徒

2019 年下半年香港"修例风波"引发的暴力行为与 2020 年新冠病毒引发的疫情，两起大规模公共事件牵动人心。一方面，比起暴徒对公共设施、爱国爱港人士肆无忌惮的破坏与围攻，更加令人齿冷的是某些组织和团体在涉港问题上赤裸裸的双重标准：但凡"挺暴"言行，皆是"权利自由"；倘若港府举措、媒体报道对黑衣暴徒稍有不利，则立时成了"滥权施暴"与"不实消息"。另一方面，某些人士借疫情之机掀动"仇华"浪潮、迫不及待要中国"向世界道歉"的姿态，亦让人想起 2009 年导致全球近 30 万人死亡的 H1N1 流感疫情期间，美国政府放任病毒散播，同时威胁各国不准禁止美国人入境的手段。翻手为云覆手雨，"只许州官放火，不许百姓点灯"的丑陋嘴脸，让我们再度见识了现代舆论战场上，当新闻赖以为生命的客观、中立等底线被肆意践踏后所呈现出的云谲波诡的奇异场景。

【典型案例】

不问是非，只问立场

2019 年 8 月 13 日晚，《环球时报》记者付国豪在香港机场遭到暴徒非法囚禁和殴打。"香港记者协会"面对暴行轻描淡写却话锋一转，指出"记者事发（编者注：被打）时，均没有佩戴记者证"，"呼吁内地新闻工作者，在港采访大型示威活动时，应该清楚展示其记者证件"。

然而，仅仅不到一个月，香港警方开始重拳打击在街头掩护极端分子施暴甚至直接施暴的假记者时，"香港记者协会"立即发表声明宣称："不宜动辄捉拿假记者，或要求记者在采访时必须配备认可的记者证"，"在香港，当记者没有统一的要求"，并称这是"香港和内地的重大区别"，否则就是侵犯"新闻自由"。有香港新闻工作者就此一针见血地指出，"香港记协"凡事不问是非，只问立场，早已失去捍卫新闻自由、履行社会责任的功能，已沦为反中乱港势力的帮凶，损害的将是香港传媒界整体的利益。

（整理自《大公报》2019 年 9 月 5 日，原标题为《"香港记协"的"双重标准"等于自扇耳光》，作者为屠海鸣。）

【典型案例】

宽于律己，严以待人

2019 年 8 月 19 日，社交网站 Twitter 关停了 936 个在中国内地建立的账号，称这些账号有"官方背景"，通过协调一致的行动传播、放大各种涉港信息，破坏香港示威的"合法性"。9月20日，Twitter再次以同样理由关停4000余个内地账号，给出的理由依旧荒唐："在香港的示威运动中挑拨制造不和""扰乱香港政治秩序"。从Twitter声明中给出的示例不难发现，这些所谓破坏香港暴乱"合理性"的信息，全都是网友自发痛斥暴徒暴力行为、力挺香港警察的内容，甚至有网友因发布一张中国国旗的图片而被封号。

与此同时，大量歪曲事实、攻击抹黑中国的谣言信息却在Twitter上大行其道。在这些描述中，肆意打砸抢烧的暴徒"手无寸铁"，维持秩序的警察反而凶神恶煞；反对暴徒的爱国群众统统是"大陆公安假扮"或被"收买"，动辄动用私刑围攻群众，甚至当街纵火焚烧无辜路人的恐怖主义行径倒成了"和理非"。尤其是丧心病狂的纵火烧人暴行发生后，一个著名的反华"急先锋"竟在Twitter上大放厥词，声称整起事件系"自导自演"的"魔术"。无须问，在Twitter官方看来，这些信息自然全部是"有利于"香港恢复秩序与稳定的。

（整理自观察者网2019年9月21日，原标题为《推特再删4301个中国账号，声称为了"透明开放"》，作者为齐倩。）

【典型案例】

推卸责任，按头道歉

2020年初，新冠肺炎疫情肆虐全球，中国（一度）是受此影响最为严重的国家。然而在病毒来源尚未彻底明晰之际，曾自诩"政治幽默家"的美国福克斯新闻台主持人杰西·沃特斯在节目上发表了一系列"秀下限"的言论。沃特斯解释为何疫情"来源于中国"时称，他们吃不饱很绝望，才吃了未煮熟、不安全的食物，这就是为何科学家认为中国是病毒的源头。沃特斯想要"中国正式道歉"。

对此，中国外交部发言人赵立坚回应称，"中国同其他出现疫情的国家一样，都是病毒的受害者，都面临阻击疫情蔓延的挑战。2009年美国爆发的H1N1流感蔓延到214个国家和地区，当年就导致至少18449人死亡，谁要求美国道歉了吗？"

（整理自新华网2020年3月7日，原标题为《把无知当有趣，该道歉的是这个美国主持人》，作者为刘阳。）

囿于篇幅，我们仅在此详述三个典型案例。事实上，无论是在持续数月之久的香港"修例风波"当中，还是在新冠肺炎疫情蔓延期间，诸如此类的"双标"言行随处可见、比比皆是。西班牙加泰罗尼亚、英国伦敦出现示威骚乱时，此前力挺香港暴力违法活动的一些英美政客和媒体集体"变脸"，或是保持低调乃至沉默，或是谴责"分裂分子"滥用暴力、呼吁政府执法；抗议者在美国纽约戴着口罩冲击地铁、故意破坏时，美国媒体闭口不言"美丽的风景线"，转而集体批判挑战社会秩序的违法事件；"钻石公主"号邮轮在日本靠泊时，由于日方处置迟缓遭到美国媒体的肆意嘲笑，而当"钻石公主"号的姊妹船"至尊公主"号邮轮试图靠泊加利福尼亚州以处置船上疫情时，却被州政府直接断然拒绝……从这样鲜明的对比中，西方一些政客与媒体根深蒂固的霸权逻辑暴露无遗。

长期以来，一些西方国家惯于抱持一种高高在上的视角，以"双重标准"来评判其他国家的人或事，俨然一副"只有我说得"的强权做派。在香港问题上如此，在民主、人权、环保等问题上同样如此，言行不一，口是心非，对跟我立场相同的高举言论自由，对跟我立场相左的人找碴让他闭嘴。同样的恐怖主义行径，发生在西方是"人类公敌"，发生在中国竟成了"绝望呐喊"。随着越来越多人看清了西式"强盗逻辑"的真面目，其背后的荒谬之处也招致越来越多人的反感。我们不妨大胆猜测，近些年来，舆论场上的"公知"大量失势，与这些人竭力标榜的"言论自由"背后的"双标"本质逐渐暴露无疑也有着一定的联系。

人们或许会问：西方政客与媒体莫非真的能对自己身上的问题与话语中的漏洞视而不见、听而不闻，权当从未存在？为何他们口中说出明显违背逻辑、前后不一的言辞却可以坦然以对？善变如此，又何以取信国民？

其实，西方"双重标准"的善变之中，一直有着不变的底色，贯穿着从未改变的"西方中心论"信条：如何判断是非曲直？符合西方利益的就是正确的，否则就是错误的；西方愿意接受的就是正确的，否则就是错误的；和西方站在同一立场上就是正确的，否则就是错误的。观其"双标"言行，概莫能外。

这种一切以自身利益优先、充满侵略性的傲慢做派，同样深刻影响着西方强权思维的信徒们。一位前央视记者在一段采访视频中，曾逼得中科院院士丁仲礼愤怒反问："中国人是不是人？"[①] 如今看来，丁院士的"灵魂质问"精准一击，可能确实触及了信徒们的知识盲区：从"西方中心论"的角度出发，生活在西方中心圈层以外的人可能确实不能算作"人"——或者说，不能算作和西方在生存权、发展权等基本人权方面享有平等地位的"人"——当然，在"西方中心论"的信徒们看来，生存权与发展权也确实不配与"民主、自由"同居"人权"之列。

在此不妨做一个大胆的推论，西式"双标逻辑"的思考方式，可能与深植于一神教思维中强烈的排他性难脱干系。与秉持"人人平等"价值观念的族群不同，一神教对"我"与"异我"（信徒与非信徒）的严格二元划分，使得其较易产生将价值与逻辑判断准则交予宗教信条做出终极裁决的冲动。换言之，"单一标准"概念得以存续的前提，是认同"人人生而平等"这个大原则：既然人人平等，则自然不应当基于群体划分应用不同的标准，如丁院士所说中国人也是人。而一旦从逻辑上根本否认这一原则，双重乃至多重标准的诞生就是顺理成章的：中国人

---

① 《面对面 丁仲礼 钱维宏》：CCTV《面对面》2010 年 3 月 21 日。

既是不同于"我"的"异我"，适用于中国人的"标准"和"我"稍有一点差异，又有何不可？

如此说来，立场先于事实、待人严过律己的西式"双标"不仅是舆论战场上的有力武器，而且简直是根植于一部分人思维深处的本能。不过，这些人的先贤或许早已预见到将有人"借我之名，行不义事"，《马太福音》有言："为什么看见你弟兄眼中有刺，却不想自己眼中有梁木呢。你自己眼中有梁木，怎能对你弟兄说，容我去掉你眼中的刺呢。"不知一些西方政客手捧经卷诵读到此处时，又当做何感想？

第五节
强词夺理理何在

现代舆论战的种种手段花样多变，不仅进可攻、退亦可守，在自身成为舆论炮轰的目标之时，通过东拉西扯、强词夺理，竭力将水搅浑，以达成"背着牛头不认赃"蒙混过关的目的。然而，舆论战法并非万能，操纵人心的企图也未必总能成功，我们且以著名的"棱镜门"为例，看美国是如何在不利于己的证据确凿之下百般抵赖、死不认账，如何在风波稍稍平息之时，立即发动舆论武器"贼喊捉贼"倒打一耙，企图将"监听用户"这盆脏水泼到别人身上，又是如何在国际舆论场上搬石砸脚、沦为笑柄。

【典型案例】
美国"棱镜门"：帷幕背后窥视的眼睛

2013 年 6 月 5 日，美国前情报人员爱德华·斯诺登向媒体抛出了一颗"重磅炸弹"：美国国家安全局（NSA）有一项代号"棱镜"的秘密项目，过去六年间，美国国家安全局和联邦调查局以"反恐"为名，进入微软、谷歌、苹果、雅虎等九大网络巨头的服务器，大规模监控美国公民的电子邮件、聊天记录、视频及照片等秘密资料。早前 3 月，NSA 前雇员也表示美国窃密黑手还伸向了海外，不管资料是从欧洲流向亚洲、太平洋地区还是南美洲，都会被美国的服务器监控到。

斯诺登被"全球通缉"

　　消息一出，举世哗然，尤以德国反应最为激烈，因为连德国总理默克尔的手机都可能在遭监听之列。默克尔的发言人明确指出，美国国家安全局若监听"是对信任的严重践踏"，德国媒体则称其为"所能想象到的最大侮辱"。面对国际压力，奥巴马政府不得不公开承认该计划的存在。然而，承认归承认，美国至今仍拒绝对任何遭到"棱镜计划"监听的国家表示歉意。

　　（整理自新华网 2013 年 6 月 10 日，原标题为《"棱镜门"风波闹大 "告密者"引争议》，作者为孙浩、王丰丰；《环球时报》2013 年 10 月 25 日，原标题为《默克尔私人手机可能被美国监听　德媒称最大耻辱》，作者为青木、萧达、姜波等。）

　　"棱镜门"事发之前，美国政府惯于站在道德制高点上，在网络安全问题上对别国指指点点，把自己打扮成"受害者"的形象，而"加害者"则是时刻隐匿在互联网阴暗角落，对美国"图谋不轨"的俄罗斯网军、中国间谍、朝鲜黑客……为此，近年来，美国政客们不断向民众鼓吹"中国黑客威胁论"，武断地将所谓的"黑客袭击"归结为由中国政府和军方精心策划的"间谍活动"，以此来污蔑中国，争夺舆论高地。

中国崛起之舆论战

"棱镜门"的爆发令美国政府陷入巨大的国际政治旋涡与道德困境当中。人们陡然发现,国际网络安全的"卫道士"原来一直在窃取别国情报、攻击别国网络、监视本国和别国公民,这样的做法显然失去了一个政府应有的底线。面对包括传统盟友在内的国际社会集体发难,美国政府迅速开动宣传机器,上到总统、下到媒体轮番出击,企图在舆论方面扳回一城。观察素来惯于搅风搅雨的美国在被动防御时的狼狈模样,有助于我们更清晰地理解舆论战场上的大国博弈。

一是强词夺理,死不认错。

"棱镜门"爆出后,美国总统奥巴马、国务卿克里以及国家情报总监克拉珀等高官纷纷出面为此事"灭火",在不同场合轮番上阵,反复强调美国在世界范围内的监控是"出于国家利益考虑""各种各样的情报对维护国家安全都有好处""'棱镜'对反恐有功"[1]。奥巴马更是在一档电视深度访谈节目中公开表示,美国的信息攫取行动是"透明"的、"尊重"公众"隐私"[2],竭力将"棱镜计划"包装成打击恐怖主义的"无上利器",丝毫不提美国连年入侵阿富汗、伊拉克、利比亚,疯狂输出"颜色革命",将中东北非搅成一摊浑水,才是恐怖主义猖獗的根源。

二是曲线出击,转移焦点。

"棱镜计划"暴露后,美方眼见证据确凿、难以抵赖,便转而从打击爆料者入手,宣称斯诺登是背叛国家利益、泄露国家秘密的罪犯,怀疑斯诺登"受他国指使",企图将舆论对自己监听行为的重视,转向关注美国追捕侵害国家利益的"叛徒"以及对"大国间谍战"花边新闻的兴趣。美国各大主流媒体陆续展开针对斯诺登的舆论围攻,大肆批判斯诺登所作所为是"该被关进监狱"的"犯罪行为","实属恐怖主义"。

---

[1] 李博雅:《美国"监控门"丑闻升级引发众怒》,人民网华盛顿 2013 年 10 月 24 日电。
[2] 《奥巴马首次为"棱镜门"公开辩护 暗示将引渡斯诺登》,国际在线 2013 年 6 月 18 日。

《纽约客》表示，斯诺登是个该被关到监狱的傲慢的自恋狂，不是在揭发不合法的东西，而是去揭露不符合自己标准的东西。《纽约时报》称，斯诺登的一意孤行致使"众叛亲离"。《赫芬顿邮报》指出，斯诺登自认为比政府中的任何人都明白如何去捍卫这个国家的利益，然后作出草率傲慢的决定。他的所作所为着实不可接受，甚至是犯罪行为。《今日美国》认为，一些美国人或许会很崇拜斯诺登，但他们没有看到这实属恐怖主义者的所作所为。《华盛顿邮报》表态：很多我很尊重的人都说斯诺登是一个英雄，我认为他们真是大错特错。①

到后来，或许"叛国者""恐怖主义者"的罪状已经难以形容斯诺登的"罪大恶极"，美国媒体干脆抛出一顶"双料间谍"的大帽子。2016 年底，美国资深间谍题材作家爱德华·杰伊·爱普斯坦出版了一本名为《美国是如何失去自己的秘密的——爱德华·斯诺登其人其事》的书，书中宣称，一名不愿透露姓名的"前奥巴马总统内阁成员"曾经表示，斯诺登窃密只有三种可能的解释：一是俄罗斯的间谍行动，二是中国的间谍行动，三是中俄的联合行动！

三是贼喊捉贼，倒打一耙。

随着当年轰动一时的风暴热度逐渐减退，人们没有想到的是，始于小布什并在奥巴马治下暴露的"棱镜计划"，到了特朗普政府时期，还能有新一轮的"神展开"。随着中美经贸摩擦从贸易领域烧到科技领域，美国针对华为等中国高科技公司的打压也愈演愈烈。2018 年 10 月 4 日，美国媒体《彭博商业周刊》炮制了一条"轰动新闻"称，包括苹果、亚马逊在内的近 30 家美国科技企业，都被中国军方情报机构利用其产品在华生产之机，植入了一种微型"恶意芯片"，以便秘密访问这些企业内网。一波未平一波又起，美国媒体连续抛出"重磅炸弹"，福克斯商业台称，华为实际上是中国共产党的全资关系企业，华为 5G 设备内藏"安全漏洞"，让华为进入美国或盟国的 5G 网络，将从根本上损害美国国家安全

---

① 《外媒眼中的斯诺登：爱国者？卖国贼？》，搜狐网 2013 年专题《脱美者斯诺登》。

和数百万人的隐私。

美方唱的这一出戏着实令人大跌眼镜,莫非舆论战"自我催眠"的效果太好,误以为世人的记性都和他们一样糟糕吗?"棱镜门"时曾担任默克尔内阁幕僚长的德国经济部部长阿尔特迈尔就在 2019 年 11 月 24 日的一场电视辩论中向华为的质疑者发出"灵魂拷问":"当年不是都在说美国人监听我们吗?我们也没有抵制啊。"德国网民嘲讽地说:"不清楚华为有没有监控用户信息,不过美国监控我们倒是肯定的!"

阿尔特迈尔此言一出,美国驻德国大使格雷内尔立刻跳出来,声称中美无法在道德上相提并论,将美国政府同中国共产党进行比较是对美国的侮辱也是对中国民众的侮辱。中国外交部发言人耿爽对此表示,"在道德层面上美国的确无法同中国相提并论"①。

正可谓:强词夺理,徒惹耻笑;搬石砸脚,自取其辱。机关算尽太聪明,暴露了卿卿本性!

---

① 《外交部:美国无法在道德层面与中国相提并论》,央视新闻 2019 年 11 月 27 日。

第六节
鲜花下的陷阱

大国相争，兵不厌诈，最"诈"不过以一支奇兵深深搽入对手肌体内部，遂行"中心开花"战术，所谓"最坚固的堡垒总是从内部攻破"。具体而言，利用对手国内观念的分歧与利益的矛盾，或扶植吹鼓手，或寻找"带路党"，先以宣传开路，装点一身异彩，塑造自身"文明先进"的伟岸形象，扰乱对手阵脚，令其自惭形秽、自我怀疑；继而以救世主身份出现，大灌"普世"的迷魂药汤，示以空中楼阁，许以美好前程，诱其主动吞下带毒的诱饵，于陶陶然、熏熏然之间武功尽失，任人宰割。

【典型案例】

夏令营中的较量

1992 年 8 月，77 名日本孩子来到了内蒙古，与 30 名中国孩子一起举行草原探险夏令营。在为期两天的夏令营里，中国孩子病了回大本营睡大觉，日本孩子病了硬挺着走到底。日本家长乘车走了，只把鼓励留给发高烧的孩子；中国家长来了，在艰难路段把孩子拉上车。经过长途跋涉，两国孩子胜利抵达了目的地，日本孩子的吼声在草原上震荡，震撼了在场的每一个中国人。天哪！这就是日本人对后代的教育吗？这就是大和民族的精神吗？当日本孩子抬起头时，每个人的眼里都闪动着泪花。全球在竞争，教育是关键，假如中国的孩子在世界上不具备

107

竞争力，中国又焉能不落伍呢？

此处节选原文中关于中日孩子不同表现的几个片段：

——在英雄小姐妹龙梅、玉荣当年放牧的乌兰察布盟草原，中日两国孩子人人负重20公斤，匆匆前进着。他们的年龄在11—16岁之间。根据指挥部的要求，至少要步行50公里路，而若按日本人的计划，则应步行100公里！

——说来也巧，就在中国孩子叫苦不迭之时，他们的背包带子纷纷断落。产品质量差给他们偷懒制造了极好的理由。他们争先恐后地将背包扔在马车上，揉揉勒得酸痛的双肩，轻松得又说又笑起来。可惜，有个漂亮女孩背的是军用迷彩包，带子结结实实，使她没有理由把包扔进马车。男孩子背自己的包没劲儿，替女孩背包不但精神焕发，还千方百计让她开心。他们打打闹闹，落在了日本孩子的后面。

——经过两天的长途跋涉，中日两国孩子胜利抵达了目的地狼宿海。

当夏令营宣告闭营时，宫崎市议员（作者注：应改为日方队长）乡田实先生作了总结。他特意大声问日本孩子："草原美不美？"

77个日本孩子齐声吼道："美！"

"天空蓝不蓝？"

"蓝！"

"你们还来不来？"

"来！"

这几声狂吼震撼了在场的每一个中国人。

（整理自《黄金时代》1993年7月，原标题为《我们的孩子是日本人的对手吗》，作者为孙云晓；《读者》1993年11月，原标题为《夏令营中的较量》，作者为孙云晓；《中国教育报》1993年11月25日，原标题为《夏令营中的较量》，作者为孙云晓。）

《夏令营中的较量》掀起了一场全国范围内的教育"大讨论"

【典型案例】

油纸包裹的良心

19世纪末，德国从清政府手中强租胶州湾，把青岛视为他们在远东的桥头堡，进行了大规模开发建设。100年后，青岛城建人员整修德国人当年留下的下水道时，发现有接口零件损坏，到处找不到合适的，不得已求助德方。德方很快回复说，不用担心，在损坏的零件周围3米范围内，肯定有个地方藏有备件。工程人员细心查找，果然在附近地下一个小箱子里找到了油纸包好的零件，还锃亮如新。德国的百年"良心技术"简直令人难以置信，不知中国百年后有无此技术呢？

中国崛起之舆论战

（整理自网易新闻 2010 年 6 月 4 日，原标题为《青岛古力：一百年前的远见，无法复制的德国经验》。）

【典型案例】

贴在墙上的咖啡

在美国纽约，常去喝咖啡的绅士们进了咖啡馆后，往往会对服务员说："要两杯咖啡，一杯贴在墙上。"于是服务员给客人端上一杯咖啡之后，就会在咖啡馆墙上贴上"咖啡一杯"的标签。之后，喝不起咖啡的穷人或是流浪汉来到这家咖啡店，就会去点一杯"贴在墙上的咖啡"，服务员也会以惯有的姿态恭敬地端上咖啡。美国人对穷人的尊敬让人惊叹，如果移民到美国的都是这种追求文明的人，美国又怎能不发达呢？

（整理自察网 2019 年 6 月 13 日，原标题为《从"贴墙上的咖啡"翻车看几十年无良文人的洗脑轨迹》，作者为坚强。）

1993 年 11 月，《读者》杂志转载了教育专家孙云晓的文章《我们的孩子是日本人的对手吗？》，并将标题改为《夏令营中的较量》。文章广为传播，成为中国当代教育史上的标志性事件。

《夏令营中的较量》的发表如石破天惊，震动了社会，掀起了全国范围内"大反思""大讨论"的序幕，并将"垮掉的一代"的标签牢牢贴在了 80 后身上。日后，这篇文章被评为《读者》创刊 20 年最有影响力的 10 篇文章之一。不夸张地说，哪怕评选中国网络时代以来最有影响力的文章，《夏令营中的较量》也必定有一席之地。

彼时，亨廷顿所述之"第三波民主化浪潮"即将步入尾声，戴尔蒙德预言的"第四波民主化浪潮"正在中东北非等地区潜自酝酿。伴随着互联网在中国兴起，花式繁多的"毒鸡汤"开始在网络空间广为流传。它们领域各异、题材不一、形式多变，精神内核却高度一致，十数年来遮云蔽日、挥之不去，若是没有被按头猛灌过几口，怕是都不好意思说自己上过中文互联网！

挖空心思自我贬抑、拿着放大镜找虱子是"毒鸡汤"的第一个特征。关于《夏令营中的较量》一文是如何用片面、夸大甚至失实、杜撰的情节来论证中国孩子的不堪、中国教育的失败，《北京青年报》曾撰文详细剖析[①]，其中明确指出，《夏令营中的较量》一文中，所谓"按日本人的计划应步行 100 千米""中国孩子趁背包带子断落纷纷偷懒""闭营式上日本孩子狂吼口号震撼中国人"等均属严重失实：负重和步行距离实际是由日方根据儿童体能的各项指标科学制订的，即负重 10 公斤、步行 20 余公里；文中所指"中国孩子把书包扔在车上，而日本孩子一直自己背着"，事实是中国孩子使用的国产书包质量太差而背带断裂，当中国孩子把书包扔进车里后，中国老师说了一句"这马车是拉公用东西的"，孩子们立即把书包重新拿起，有的扛，有的抱，有的用铁丝把带子勒上继续前进；闭营式上，日方队长领喊了两句口号，一句是"日中友好"，一句是"中日友好"，并非"天空蓝不蓝"的狂吼。读者如有兴趣，可自行搜索判断。在这些"毒鸡汤"文章的描述中，中国的文明是野蛮的、文化是落后的、思想是短视的、人民是愚昧的、前途是没有希望的……若遭到驳斥，便会亮出撒手锏，一曰"国民性"，一曰"劣根性"，二者合一，即是柏杨所谓"丑陋的中国人"。有趣的是，柏杨论述"三人成虫"的中国人何以"丑陋"时，常常以"三人成虎"的日本人作为例证，认为中国既是这样大的国家，国民若不丑陋，何以发展不及日本呢？[②]

若是柏杨活到现在，看到"丑陋的中国人"竟能取代日本在亚洲的位置，不

① 何平平、张爱学、常红：《杜撰的"较量"——所谓日本孩子打败中国孩子的神话》，《北京青年报》1994 年 3 月 5 日。

② 据《丑陋的中国人》内容总结，非柏杨原话。

中国崛起之舆论战

知瞠目结舌之余，又该做何解释。当然，以其睿智，即便不动用"人均"这一杀招，想必也一定有办法，毕竟前些年曾经广为流行过"中国人虽然有钱了，但素质仍然低下"，这一理由岂不是现成的吗？

动辄祭出一个集合了所有美好、令人向往的"外国"，是"毒鸡汤"的第二个特征。在这些真假难辨的段子手笔下，通常只有两个国家——落后的中国和幸福宛如天堂的"外国"。"外国"的马桶水可以喝、医疗教育全部免费、孩子轻松快乐就能学会艰深的知识、总统会为了拯救被电线缠绕的麻雀下令切断全国电力……油纸包好的德国备件和美国"墙上的咖啡"不过是众多谣言中较为知名的两例。"德国油纸包备件"自不用提，众多主流媒体早已"掘地三尺"查清，青岛市市区排水系统总长将近 3000 公里，"德国造"排水系统所占比例不到 1/1000，网传"油纸包备件"的说法纯属子虚乌有。[①]

至于"墙上咖啡"，《从"贴墙上的咖啡"翻车看几十年无良文人的洗脑轨迹》一文指出："'贴在墙上的咖啡'这篇鸡汤文的原始出处是 2008 年，意大利某作家写了一本书《待用咖啡》。书中说，意大利那不勒斯的很多咖啡馆里，喝咖啡的人心情好了，就会多买一杯咖啡，然后在墙上贴个标签，等待别人取用。只不过，该书出版没多久，就被人提出质疑了，因为有人到那不勒斯去找这种免费享用的咖啡，但很遗憾没有找到。于是，又有人解释说，二战时期的意大利有这种习惯，后来就消失了。至于为何有人用流行的'换头术'把意大利的那不勒斯换成了美国的纽约洛杉矶，毕竟要把美国塑为'灯塔'嘛。"

有网友对此做过精准总结：美国霸气小护照，德国良心下水道，全民医疗索马里，俄国白送房一套。印度恒河有疗效，日本夏令营呱呱叫，喜迎民主伊拉克，阿富汗自由炮火少。乌克兰个个有选票，不丹生活质量高，若问全球哪里差，

---

① 孝金波、刘燕如：《青岛下水道存百年"德国油纸包"传闻又起》，人民网 2013 年 8 月 23 日。

最大输家我天朝！①

打着为国鼓呼、为民请命的旗号，永远立于不败之地，是"毒鸡汤"的第三个特征。即使中国孩子的"娇弱、无知、麻木"纯属杜撰，然而"希望中国重视教育"的拳拳之心天地可鉴；即使"油纸包裹的备件"子虚乌有，然而"希望中国重视建筑质量"的真挚呼吁发自内心；即使"墙上的咖啡"已沦为笑谈，然而"希望中国重视底层民生"的请命声音振聋发聩……凡此种种说辞，令我们不禁想起曾经一句著名的口号："谣言倒逼真相。"在这种颠倒黑白的逻辑面前，真相如何无关紧要，辟谣无非是"粉饰太平"，至于谣言本身，纵然荒唐到不堪一驳，然而"本意是好的"，也就拥有了道德上的不坏金身，不仅可以促进文明发展，更能推动社会进步。这种贪天之功据为己有的伎俩与脸皮，简直不可理喻。

既然中国是如此的愚陋不堪，而外国又是如此的文明发达，那么拯救中国人民于水火之中，也就成了有志者义不容辞的责任，"公知"群体应运而生。在这一群体的口中，国家和民众之间水火不容——"中国你慢些走，等一等你的人民"；国家的发展必然侵犯百姓利益——"不要大国崛起，只要小民幸福"。他们一手描绘"普世价值"照耀下的光明未来，一手开出"民主宪政"的万能秘方，却闭口不提以"颜色革命"面目出现的"第四波民主化浪潮"席卷下埃及、乌克兰、利比亚、叙利亚等国家纷纷陷入动荡，甚至直接诱发了欧洲难民危机。"万应锭"自然是万试万灵的，之所以医不好人，无非是你得的病不对罢了！

随着中国社会信息化程度不断加深，在互联网时代成长起来的 90 后与 00 后陆续踏上时代舞台，"公知"们的影响力也在日益萎缩，以"毒鸡汤"和网络谣言为输出主力的"中心开花"式舆论战威力大减，这是中国从封闭到开放、从工业时代到互联网信息时代过程中必然的结局。然而，百足之虫，虽死未僵，只要舆论战场仍然存在，野心家就仍然存在，挂羊头卖狗肉式的拙劣伎俩就永远不乏

---

① 林西：《那篇 20 多年前的〈夏令营的较量〉到底讲了什么》，观察者网 2015 年 10 月 25 日。

市场。鲜花盛开道路下的陷阱，总令行者防不胜防；"为民请命"面具后的鬼蜮，尤需读者格外警惕。

第七节
顺之者昌，逆之者亡

美化自身、丑化敌人的宣传策略是国际政治博弈中永恒的命题。从美苏争霸时期两国铺天盖地的舆论大战到今日中美交锋中的舆论攻防，无不凸显出两个旗鼓相当的对手围绕宣传战场的复杂角力。与此同时，被有意无意忽略的另一个层面则引人思考：当舆论天平的两端完全不在同一量级上时，当国际争端的一方在话语输出权上被另一方压制时，将会呈现出怎样的景象？

不同于军事或经济层面的压制，舆论宣传或新闻信息天然具备强大的自我复制倾向。当国际舆论场上的压制成形后，所输出的信息流很容易自动被第三国媒体不加选择地吸收后进行二次生产、扭曲放大，成为民众获取信息的主要来源。比起军事霸权，这种"信息霸权"尤其值得警惕，它警示我们：在信息壁垒客观存在的情况下，在国际社会中全面抹黑一个国家、一种制度是可行的，而受众基于自身根深蒂固的偏见，也往往乐于接受这种经过选择或裁剪后的"真相"。下面，以南美国家委内瑞拉为例，向读者叙述两个存在于不同信息空间中的委内瑞拉。

【典型案例】

委内瑞拉：天堂太远，美国太近

委内瑞拉是世界重要的石油生产与出口国之一，石油储量高居世界第一。20世纪70年代，委内瑞拉曾是拉丁美洲最富有的国家，人均 GDP 几乎赶上当时的美国。

委内瑞拉经济危机：超80%人每天只吃一顿饭

　　然而，成也石油败也石油。委内瑞拉的经济繁荣与国际油价走势息息相关。20世纪80年代初，里根政府采取财政紧缩政策后，美元大幅升值，导致世界主要经济体增长放缓，对原油的需要降低使国际油价大幅下跌，委内瑞拉GDP近乎"腰斩"，陷入了严重的困难。

　　病急乱投医。20世纪80年代，委内瑞拉效仿智利，进行了新自由主义改革，减少政府对经济的干预，并大规模推行私有化。新自由主义政策带来了石油产量的增长，但弊端也逐渐暴露：巨额石油财富被少数人垄断，经济增长乏力，民众生活困顿，贫富差距与两极分化日益加重。1998年大选中，军人出身的查韦斯以反腐败、追求社会平等和维护中下层百姓利益为口号，高票当选总统，并提出建设"21世纪社会主义"，大力推行国有化政策与全民福利。2013年查韦斯去世后，他的铁杆支持者马杜罗当选总统。

　　2004年后，受伊拉克战争等一系列因素影响，国际原油价格一路飙涨，直至 2008 年抵达 147.27 美元 / 桶的历史高点。乘着这一波市场东风，委内瑞拉迎来了短暂的繁荣，然而国民经济对石油出口的依赖度高达 90% 以上，包括食品在内的大部分商品极度依赖进口，也为社会稳定埋下了巨大隐患。2014 年下半年起，国际市场原油价格雪崩式下跌，委内瑞拉石油出口收入锐减。与此同时，针对马杜罗政府，美国自 2014 年起对委经济、金融以及石油、矿业等行业实施了一系列的制裁，并从 2017 年起不断加大制裁力度。委内瑞拉绝大多数美元账户与海外资产都遭到冻结或严格监管，难以通过国际转账来进口各种必需物资，导致委内瑞拉爆发了一系列经济和社会问题：食物、药品等基本生活用品极度短缺，各类商品价格飞涨，货币严重贬值，人民生活水平急转直下。

2019 年 1 月 23 日，委内瑞拉反对党派在首都加拉加斯发起大规模游行，反对党领袖瓜伊多宣称成为该国"临时总统"。随后，美国总统特朗普以及拉美多国领导人相继承认瓜伊多的"总统"身份，引发马杜罗强烈不满，宣布与美断交。不过，截至 2019 年底，瓜伊多在美国支持下发动的数次政变全部失败，未能颠覆经选举产生的马杜罗政府，委内瑞拉局势仍在持续动荡。

（整理自《国外理论动态》2008 年第 1 期，原标题为《委内瑞拉反新自由主义的战略性步骤》，作者为波尔·德·博斯，毛禹权译；微信公众号"中国国家历史"2019 年 8 月 8 日，原标题为《世界石油最多的国家为什么穷困潦倒》，作者为为刀；央视新闻 2019 年 1 月 24 日，原标题为《委内瑞拉宣布与美国断交要求美使馆人员 72 小时离境》，作者为宋晓明。）

综合来看，委内瑞拉如今的局势实际是多重因素共同作用的结果。

从地缘政治角度看，门罗主义在当代阴魂不散，是委内瑞拉难以摆脱"资源供应基地"身份的根本原因。门罗主义所谓的"独享"美洲，本质上是要把美国之外的美洲区域，尤其是拉美地区打造成坚不可摧的"后院"，任何国家的任何政治势力试图从政治和经济制度上改变自己国家的发展方式进而摆脱美国的掠夺和盘剥都是不被允许的。为此，美国在拉美地区直接发动的武装入侵和间接操控的政变多达数百次，支持瓜伊多发动的政变与"颜色革命"不过是最新注脚。

从内部角度看，委内瑞拉产业结构单一、过度依赖原油经济、缺乏内生发展动力等结构性弊端客观存在，"查韦斯主义"的经济模式过于突出公平和政府管制，扭曲了价格和供求的关系，导致经济运行效率较低、物资短缺频发等一系列问题。

从外部角度看，2014 年以来全球油价持续下跌，令采油成本高昂的委内瑞拉"石油经济"遭到重创；美国同步开展的对委经济制裁则更是雪上加霜，国外客户担忧美国的制裁大棒，纷纷停止进口委内瑞拉原油，委内瑞拉外汇储备近乎枯竭，成为引爆通货膨胀的直接导火索。

然而，在以英语系为主体的西方媒体的叙述中，以上因素纷纷隐去，取而代之的是另一个"平行时空"中的委内瑞拉。

在这些叙述中，委内瑞拉历史上从未有过将石油资源与开采权拱手卖给西方公司的买办统治集团，更未曾有过为了推翻买办集团所经历的艰苦斗争，只是一个徒有得天独厚的资源却坐吃山空、咎由自取的"失败国家"。

在这些叙述中，查韦斯上台前，委内瑞拉仍是所谓的"拉美第一富国"，物产丰饶，人民幸福，却在查韦斯与马杜罗两大"罪人"的手中走向衰落；对于委内瑞拉推行"新自由主义"导致的"失落十年"则绝口不提。这种含糊其词的叙述完全无法回答的问题是：倘若奉行"新自由主义"的委内瑞拉如此成功，查韦斯又是如何凭借沸腾的"左翼民粹"上台的呢？

在这些叙述中，国际油价下跌成为委内瑞拉通货膨胀的唯一原因，绝口不提美国的制裁大棒。在 5 年的制裁中，委内瑞拉难以出口石油换汇，物资短缺引发通货膨胀、民生凋敝，当地民众在街头因高昂的食品价格、药品短缺而发生骚乱的图片屡屡成为西方媒体的头条新闻，反过来又被美国作为马杜罗政府"民怨沸腾"的"罪证"，因而需要进一步加大制裁力度，以"保护委内瑞拉人民"。

在这些叙述中，面对委内瑞拉爆发的"人道主义危机"，反对派领导人瓜伊多忧心如焚，在他的请求下，美国提供了价值超过 2000 万美元的"人道主义援助"试图运送入境，却被不顾民众死活的马杜罗政府断然拒绝。这些叙述当然不会提到，美国先后冻结委内瑞拉政府价值上百亿美元的资产，加之拒绝向委内瑞拉出口食品、药品在内的物资，恰恰是委陷入"人道主义危机"的直接原因。

所有这些叙述最终试图强调的重点——委内瑞拉是一个"社会主义国家"。《华盛顿邮报》认为，"社会主义"是造成委内瑞拉所有问题的原因。《芝加哥论坛报》评论认为，"社会主义革命几乎可以毁灭任何国家。"另一篇评论则指出，"独裁社会主义导致委内瑞拉崩溃。"事实上，美国几乎所有主流媒体都在建议关注委内瑞拉的通货膨胀和食品问题，然后重复数十年的冷战宣传中关于"社会主义意味着贫穷"的陈词滥调，进而快速、程式化地描绘委内瑞拉面临的问题。

可以肯定的是，查韦斯的"21 世纪社会主义"从未突破制度阻碍，上升至真正的科学社会主义的高度，仍是在资本主义体制下，寻求某种替代方案的探索。正是由于这些事实在西方媒体关于社会主义和资本主义的讨论中是完全禁止的，人们才会相信西方媒体延续的冷战时期对社会主义本质的扭曲叙述。不仅在政治层面进行颠覆、经济层面进行制裁，还要在舆论层面进行压制，这是否算得上是某种意义上的"顺之者昌，逆之者亡"呢？

格外值得注意的是，正如本节开头所提到的那样，所有这些扭曲的叙述，都可以在国内舆论场上一一找到对应的言论。在西方信息霸权视角的强势冲刷下，这个万里之外的石油国所经历的一切，在当代中国被截取、裁剪、重构，成为茶余饭后的谈资，并进一步异化成对于"社会主义制度"与"公有制经济"指桑骂

中国崛起之舆论战

槐式的批判和抨击。而若是考虑到英语媒体在国际舆论场上所拥有的掌控地位，就很难不产生类似的思考：在我们所难以触及的地方，另一个信息空间里的中国，又正在被一种什么样的叙述描绘出什么样的形象呢？

第八节
欲加之罪，何患无辞

2018 年中美经贸摩擦爆发后，美国迅速开动其宣传机器，围绕经贸、外交、科技等多个领域，在世界范围内掀起了一场舆论大战。其中，美国为了证明其贸易霸凌行为的"正当性"，无视经济运行规律，胡乱指责中国，甚至不惜"无中生有"，煞费苦心炮制中国"危害美国国家安全"的"证据"。一顶顶"大帽子"接连不断朝中国甩来，举止之荒诞，手法之娴熟，想象力之丰富，着实令人叹为观止，正所谓"欲加之罪，何患无辞"。

【典型案例】

"最懂经济"的特朗普

自中美经贸摩擦爆发以来，特朗普政府一直将缩小贸易逆差列为"美国优先"贸易政策的重点。依照特朗普的说法，中美贸易存在 3752 亿美元的逆差，意味着 3000 多亿美元从美国转移到了中国。这么多钱流走了，美国自然是吃了亏。为此，特朗普政府打着"削减逆差"的旗号，悍然向包括中国在内的众多国家举起"关税大棒"，将贸易战火燃遍全球。中国外交部长王毅对此回应表示，好比有人去超市买了 100 元商品，商品拿在手里，却抱怨自己亏损了 100 元，这一逻辑能成立吗？

中国崛起之舆论战

（整理自头条号"长安观察"2018 年 7 月 31 日,原标题为《特朗普觉得美国"吃亏",王毅用一个例子指出那是美国自己有问题》。)

【典型案例】

"无中生友"的纳瓦罗

彼得·纳瓦罗是美国现任白宫国家贸易委员会主任,人称"鹰派中的鹰派",一向被认为是特朗普政府中"极端反华"的代表人物之一。特朗普参选时猛烈抨击中国对美国的"不公平贸易",威胁要把中国列为"货币操纵国",并对中国商品征收高额关税,这些弹药大都来自纳瓦罗的一本书——《致命中国》。纳瓦罗声称,中国通过"重商主义加保护主义",公然仿冒、盗版和偷窃美国的知识产权,同美国进行不公平贸易,瓦解了美国的"制造业基础",试图在经济上逼迫西方世界臣服。特朗普评价:"《致命中国》一针见血。它用事实、数字和洞察力描述了我们同中国的问题。"

在书中,纳瓦罗为了佐证自己的观点,频繁引用"一位朋友"——极度敌视中国的"经济学家"罗恩·瓦拉的言论背书。然而,澳大利亚国立大学荣誉教授泰萨·莫里斯-铃木发现,罗恩·瓦拉（Ron Vara）在现实中并不存在,只是纳瓦罗为了抹黑、诋毁中国而杜撰的人物,至于其名字则是纳瓦罗（Navarro）将自己姓氏的字母调换顺序得来。面对质疑,纳瓦罗不以为然地表示这只是个彩蛋,不属于事实的来源。

不过,被纳瓦罗涮了一把的出版商并不买账。《致命中国》的出版商培生（Pearson）集团就表示,由于使用虚假的关键信源,正在对目前库存的书籍及今后所有再版版本修订,从而提醒读者这本书中含有虚构的人物,以免造成误解。

（整理自《环球时报》2019 年 10 月 18 日,原标题为《真实版"无中生友"!

白宫顾问纳瓦罗承认在书中杜撰"反华专家"》，作者为萧强、王会聪；《南华早报》网站 2019 年 10 月 18 日，原标题为《特朗普的顾问彼得·纳瓦罗撰写的反华书籍被打上"虚构"警示》，作者为戴本德欧文·丘吉尔。）

中美经贸摩擦至今，美国以舆论战配合贸易战，为中国精心罗织下种种"罪名"，主要有以下几条。

第一条"罪名"叫作"中美之间产生巨额贸易逆差"。

本次经贸摩擦，美国的一大借口就是要消除贸易赤字，在上文已有提及。值得格外注意的是，所谓"贸易逆差"其实是一个虚假的议题。

为什么？

二战后以美元为中心的"布雷顿森林货币体系"虽然已经破灭，但由于石油交易的美元计价机制，导致美元地位仍然稳固，国际贸易结算过程中仍然不可避免地需要大量用到美元。在这个意义上，作为世界货币的美元自身就是一种特殊的"商品"，美联储通过"生产"美元，为世界经济持续提供必需的一般等价货币，并通过美国政府财政赤字与美国贸易赤字将美元注入世界经济体系。如果没有了来自美国的巨额贸易赤字，世界经济体系就会因缺乏流动性而萎缩，直到寻求到另一种替代商品（欧元或人民币），将美元从世界货币的宝座上推翻为止。

也许正因如此，美国加征关税至今，对华逆差不降反增，特朗普看起来也并不以为意，毕竟，用他最常用的一个句式来说，"没有人比我更懂经济"。所谓"贸易逆差"不过是"美国优先"策略下对外转移矛盾的无赖借口，揣着明白装糊涂的特朗普先生又焉能不懂？

第二条"罪名"叫作"大肆偷窃美国技术"。

经贸摩擦爆发以来，人们在特朗普和美国官员、美国媒体的口中听到最多也最刺耳的一个字眼，莫过于"偷窃"（steal）。在美国的舆论宣传中，中国"偷"

了美国的技术、"偷"了美国的市场、"偷"了美国人民的工作。不过，这种混杂着赤裸裸的偏见与仇视、毫无"技术含量"的煽动声音仍有一些典型的舆论战手法，值得我们注意。

其一是权威声音站台，增强涉华言论可信度。在经典的公众传播理论中，"谁来说"较之"说什么"更为重要，自中美经贸摩擦爆发以来，美国官员们忠实地践行着这一理论。继总统特朗普亲自上阵后，国务卿蓬佩奥、财政部长姆努钦、美国贸易代表莱特希泽、白宫国家经济委员会主任库德洛悉数"登台"，变着花样地阐述美国贸易保护主义的合理性。甚至美国国家情报总监和中情局高层也频频出镜，从所谓的"国家安全"的角度来宣扬中国是如何"偷窃"了美国技术，并凭借强大的媒体传播资源，力图在外界形成"美方是受害者"的印象。

其二是形式专业唬人，抢占舆论主动权。2018年3月23日，美国发布厚达215页的"301调查"报告，通过貌似翔实专业的论证，最终得出"中国通过政府行为帮助中国企业窃取技术"这一结论。但事实上，这份报告除去通篇有失公正的空洞指责外，就是对中国政府成功推动科技和贸易发展的合理合法行为进行了"经验总结"。然而，美国利用议程设置掩盖了报告本身的不合理性，利用冗杂的长篇大论成功"唬住"了无法仔细研读报告的看客，率先发难，一定程度上获得了舆论主动权。

尤其荒诞的是，在长篇累牍的"中国偷窃技术清单"上，5G技术赫然在列——在5G技术上领先世界的中国企业华为，被美方指责其发展成就是靠"偷窃"美国技术得来。

面对这种痴人说梦般的政治呓语，就连专门反驳的必要亦不存在。外国网友曾编纂了一个笑话，恰好可以在此时派上用场："特朗普：华为偷窃我们的技术！华为：可是这种技术美国并没有啊。特朗普：被你们偷走（stolen），当然就没有了！"

第三条"罪名"叫作"危害美国国家安全"。

近年来，"抖音国际版"TikTok 在美国青少年中间广受欢迎，月活跃量超过 2600 万，引得美国政客们坐卧不宁，有人甚至指责 TikTok "协助外国势力影响总统选举"。美国共和党议员、参议院犯罪与恐怖主义小组委员会主席霍利尤其担忧 TikTok 对美国"信息安全的侵害"，称 TikTok 是"一个被中国共产党渗透的公司""只要共产党敲一下他们在中国母公司的门，数据就按照中国政府的需要随时转移到他们手中"。这还不是最惊悚的，霍利表示 TikTok 的使用者不仅有青少年也有军人，从而得出美国军事机密可能泄露，帮助中国研究人工智能和武器的结论。民主党议员舒默也不甘人后，致信美国陆军部长，要求"考虑国家安全风险"，调整美国陆军用抖音发起的征兵宣传活动。[①] 总而言之一句话，TikTok 的存在严重"危害美国国家安全"，美国人民的心智与隐私马上要被邪恶的网络巨头操纵了！

不难看出，今天抖音在美国所经历的种种剧情，和华为 5G 被污蔑有后门"威胁国家安全"如出一辙。美国在 5G 技术上警惕华为，在社交网络上警惕 TikTok，表面看来都有言之凿凿的理由，实际上除了从意识形态出发的偏狭怀疑外，最关键的原因还是无法接受美国之外的企业在美国市场具有相当的竞争力，以至于影响到美国本土企业的垄断地位。这种对自身经济霸权、科技霸权、话语霸权、意识形态霸权旁落的焦虑心态，同样可以解释美国在主动挑起贸易争端时何以显得如此急躁不安。所有这些扣在中国头上的"罪名"，连同"贸易保护主义""操纵货币贬值""制造'债务陷阱'"等无数指控一起构成的舆论战话术，仍在对中国的海外形象发起猛烈攻击，亟待我们去谨慎应对。

---

① 《美陆军用 TikTok 宣传征兵，国会议员又提国安问题》，网易科技 2019 年 11 月 13 日。

第九节
以偏概全管窥豹

　　无论真实的战场或是舆论的战场，战术重复，总会被抓住破绽；招数使老，则必然失去威力。在各色"鸡汤文"与"人造段子"的长期洗礼下，读者群体逐渐也产生了抵抗力与免疫力，当"德国良心下水道"成为互联网世界经久不衰的"老梗"，其背后的推手也只得暂时偃旗息鼓，重新反思：虚虚实实、真真假假始终是保持攻势力量的要诀，若"鸡汤文"能被打假，历史事件又如何被"打假"？一系列蒙着"真实"画皮的"揭秘""钩沉"由此应运而生，别出心裁解读历史，含沙射影指桑骂槐，一时间受蒙蔽者众。

　　如果说网络的"显微镜"有助于读者辨析真假、拆穿谣言"鸡汤"，那么要用"显微镜"同样认清这类看似不偏不倚、实则以偏概全的"真相"显然无济于事，而且越是看得细微、看得专注越容易堕入思维陷阱。这种情况下，有必要拿出历史的"望远镜"，以真正的宏观历史视角驱散雾霾，破除蒙在这类"真实"上的伪装。

【典型案例】

民国范儿的"悖论"

　　民国出大师，"民国范儿"常被一些粉丝挂在嘴上炫耀，并作为攻击现行体制"不自由""不民主""教育失败"的最好借口。

　　诚然，作家如鲁迅、沈从文、张爱玲、茅盾、老舍，画家如徐悲鸿、齐白石、张大千，国学大师如胡适、季羡林，科学家如钱学森、杨振宁等，这一个个如雷贯耳的民国大师的大名无人能否认其真实的存在。但如果把这些真实事件放在民国这一历史大背景下来看，非但没什么自豪和荣耀，还不能不平添出一种历史的悲怆和"耻辱"。如果认真翻开中华的民国史看看，从总统制、议会制、军政府（北洋政府）、复辟帝制、军阀混战、日本入侵……国不堪弱，民不堪贫，简直就是一部"血泪史"。所谓的"民国范儿"和"民国出大师"是建立在国贫民弱的所谓"上流社会"的精英教育。当时的国力已经衰弱到制造不了国民需要的铁钉、汽油、水泥、火柴，而只能屈称"洋钉、洋油、洋灰、洋火"，文盲率高达80%以上。

正是在这样的背景下，在上海十里洋场的公园，才有"华人与狗不得入内"的侮辱性告示，才有"小日本"入侵"大中国"的屈辱。也许正是面对这样的国家屈辱和民族的疾苦，才成就了大师们的愤怒"呐喊"和发奋求学的"伟业"，正应了"家贫出孝子，国难显忠良"的那句谚语。作为历史唯物主义者和辩证唯物主义者，我们决不能将个人与社会、个体真实和历史真实割裂开来、对立起来，只见树木不见森林，以偏概全，攻其一点不及其余，那样难免陷入历史虚无主义和形而上学的泥潭。

而相比今天，中华人民共和国所取得的"惊天地泣鬼神"的历史伟业和国家综合实力的极大提高和国民素质的全面提升，所谓的"民国范儿"就无不显得黯然失色、相形见绌。

（整理自百家号"资深人士说文史"2018年4月17日，原标题为《直面钱学森之问，民国大师都有哪些，为何有如此多的大师？》。）

西方一些媒体和国内某些"公知""大V"常常攻击中国的"民主""人权"，

中国崛起之舆论战

拿一些中国的突发热点事件炒作说事儿，也是典型的"一叶障目，不见泰山"。正如中国的国家领导人所讲的，中国的民主是全过程的民主，生存发展是最大的人权。笔者作为第十三届全国人大代表，参与一些法律的修订、制订、出台颁布，每一部都经过几上几下广泛征求意见反复修改，从基层群众、专家学者、人大代表，再到全国人大专门委员会、全国人大常委会、全国人民代表大会。而中共中央的重大决议和国务院的重大政策的出台，也都是事前经过各级党组织、各级政府、社会各界、各民主党派的广泛深入讨论，充分征求意见，在一些地区、部门先行试点，取得成功经验，再形成决议和政策在全国推广施行。我们不能因某个领导的腐败，或者局部个别事情的差错，就上升到攻击整个体制，什么"一党专制""公有制垄断""司法腐败""决策不民主""言论不自由"，等等，甚至把一些自然灾害、交通事故都归结到"体制"上，上升到意识形态。民主与否跟"一党"长期执政还是"多党"轮流执政并没有必然的联系。

领导干部的腐败也非"共产党"所独有。相反，党的十八大以来，中共中央大力推行的一系列反腐倡廉的强有力政策措施和制度安排取得了举世公认的显著成绩，仅查处的省部级干部就高达两百多人，从正国级的原中央政治局常委、副国级在职政治局委员到一百多军队将级高官。世界上没有任何一个执政党能像中国共产党这样高度"自律"和"严格要求"。再对比一下美国两党为了自身党派利益而置大众利益于不顾、置是非于不顾而进行你死我活的争斗，就不言而喻、立见高下了。

说到"言论自由"，在以互联网为标志的人人都是媒体的高度信息化的当下，看一下中国如火如荼的商业网站（腾讯、新浪、搜狐、今日头条、抖音、快手等）的覆盖面和影响力，以及 2000 多万个微信公众号和几百万个 App，就不难理解中国网络舆论场的众声喧哗。当然，即使如此，"言论的自由"也不是无边无界，我们同以美国为首的一些西方国家在互联网管理上的根本分歧在于：互联网可以无国界，但互联网管理必须有主权；国家不仅要确保互联网上的信息充分自由流动，还必须确保有序流动。因此，近年来我们才出台了一系列相关的法律法规，如《中华人民共和国网络安全法》《信息网络传播权保护条例》《互联网上网服务营业场所管理条例》和《网络信息内容生态治理规定》《儿童个人信息网络保护规定》《互联网新闻信息服务管理规定》《电信和互联网用户个人信息保护规定》《互联网信息服务管理办法》《互联网用户公众账号信息服务管理规定》《微博客信息服务管理规定》《互联网群组信息服务管理规定》《互联网跟帖评论服务管理规定》《互联网论坛社区服务管理规定》《互联网直播服务管理规定》《互联网信息搜索服务管理规定》等部门规章和规范性文件。

一滴水可以见太阳，一叶也可以障目，就看怎样运用和把握。

第十节
风起互联网

"颜色革命"是西方意识形态斗争的长期策略。从 21 世纪初在格鲁吉亚、吉尔吉斯斯坦、乌克兰等国相继爆发的"颜色革命",到北非中东地区的"阿拉伯之春",到台湾地区的"太阳花"运动和香港特区"占中"事件,再到 2019 年委内瑞拉政局突变与香港特区"修例风波",十余年来,"颜色革命"浪潮波及世界多地,给相关国家、地区和国际政治局势均带来了深远影响。

随着现代通信技术与互联网媒体在全球范围内的兴起,尤其是 2004 年后,以 Facebook、Twitter、YouTube 为代表的社交媒体迅速壮大,社会运动的组织者及幕后操纵者利用互联网媒体发起"舆论战"攻击政府、煽动民众对立情绪,进而掀起"颜色革命"的情形,受到了越来越多的关注,这在香港"修例风波"中体现得尤为明显。看清"黑手",方能从容应对,是舆论战场上不变的命题。

【典型案例】

"阿拉伯之春":社交媒体的胜利

2010 年 12 月,一名与警察发生冲突后自焚身亡的突尼斯小贩的照片在社交媒体 Facebook 上广为传播,引发了突尼斯民众的愤怒,并进一步酿成全国范围内的大规模骚乱,最终导致总统本·阿里乘机出逃。由于茉莉花是突尼斯的国花,因此这次政权更迭被称为"茉莉花革命"。随后,相同或相似的文化背景、语言环境及社会状况使得突尼斯的乱局迅速蔓延到其他阿拉伯国家。在接下来的短短数月内，埃及、利比亚、叙利亚等国相继爆发大规模反政府抗议活动，或导致政府被推翻，或陷入旷日持久的分裂与内战中。这一系列导致上百万人死亡、数百万人沦为难民的社会动荡，被西方媒体称为"阿拉伯之春"。

现代移动通信技术和互联网社交媒体在"阿拉伯之春"中扮演了重要角色。在突尼斯与埃及的抗议活动中，Facebook 等社交媒体成为抗议者组织示威游行的平台。在叙利亚的示威活动中，反对派通过 Twitter 对示威实况进行直播，在短时间内吸引了大量民众参与，直接助推了局势的升级。如一位抗议者所说："Facebook 用来确定日程，Twitter 用来协调行动，YouTube 用来昭告天下。"因此，"阿拉伯之春"也被称为"脸谱革命""推特起义""键盘敲出来的革命"。

（整理自察网 2017 年 7 月 16 日，原标题为《"公民记者"嘴角淌着叙利亚人民的鲜血》，作者为后沙月光；《光明日报》2019 年 9 月 11 日，原标题为《挥之不去的历史阴霾：西方大国操纵"颜色革命"的心态与手法》，作者为田文林。）

【典型案例】

香港"修例风波"：帷幕背后的黑手

自 2019 年 6 月以来，香港反对派及一些激进势力借反对《逃犯条例》为名，进行各种激进抗争活动，并演变为暴力冲突，以青年为主体的"黑衣人"屡屡袭警、大规模破坏公共设施、围攻市民，暴力行径不断升级。在这场乱局中，以网络社区连登讨论区为代表的网络论坛起到了集中抗议者、交流信息、进行网络动员的重要作用，与此同时，加密即时通信软件 Telegram 在抗议者实时联络与发布集结通知的过程中，起到了不可或缺的关键作用，其匿名化、隐秘化、"阅后即焚"等特征为警方搜集证据带来了极大困难。海量经过刻意截取、扭曲、伪造，极富

中国崛起之舆论战

煽动性的信息通过网络社区与通信软件肆意传播涌动，所到之处掀起盲目仇恨的滔天巨浪，推动"反修例运动"在不归路上蒙头狂奔。

（整理自微信公众号"香城魅影"2019年10月29日，原标题为《阴暗网络空间下的"黑色恐怖"》，作者为吴知山。）

社交媒体时代的政治运动背后，通常有着下面所列的两大典型推手。

一是或明或暗介入的外部势力。

2012年，法国出版了一本名叫《阿拉伯革命背后隐藏的一面》的"阿拉伯革命"研究专著，由来自法国、比利时、突尼斯、阿尔及利亚等8个国家的23名学者联合撰写。书中提出了一个在今天看来已是耳熟能详的观点，即美国是"阿拉伯之春"的幕后推手。书中列出了一些大名鼎鼎的美国机构，如美国国家民主基金会、自由之家、美国国际发展署、开放社会学院等（其中多个组织由于在香港"修例风波"中表现恶劣，于2019年12月被中方制裁），详细介绍了美国如何通过培训骨干和互联网手段促成了"阿拉伯之春"。这本书还透露，在2005年至2010年间，上述机构每年投入将近2000万美元，培训了不少于1万名母语是阿拉伯文的"意见领袖"，组成所谓的"网络阿拉伯联盟"，在网络上设置议题、呼风唤雨。

与此同时，在"阿拉伯之春"发生后，西方国家积极为抗议者提供技术帮助，使得抗议活动愈演愈烈。为帮助抗议者保持隐秘联络，美国企业研发出可以为信息加密、实现匿名上网的"洋葱路由服务器"，并免费向伊朗人、突尼斯人、埃及人提供，目的就是让那些"想动摇本国政府统治的异见青年"躲避政府的审查和监视。为确保突尼斯、埃及的抗议者在断网情况下沟通外界，Google、Twitter推出一款名为"对Twitter说"的服务。这项应用允许用户免费上传语音留言，并由系统将语音自动转换成文字，在Twitter发布。可以说，正是借助西方国家的培训与技术帮助，抗议民众才得以有效组织，最终使"阿拉伯之春"的火焰燃遍中东北非。

二是真真假假、虚虚实实，煽动民众对抗政府的极端信息。

在反政府的街头运动中，由于职责所在，警察、宪兵等"国家机器"势必要参与维持秩序，与激进抗议者发生肢体冲突在所难免。抗议者就往往通过制造与"国家机器"间的冲突，蓄意营造紧张情绪，以收获更广泛的同情，并吸引更多人参与抗议。在这个过程中，将冲突事件夸大化、极端化甚至凭空捏造流血事件就成了抗议者煽动民众与政府对抗的重要手段。在 2019 年的香港"修例风波"中，我们就目睹了反对派与真假不明的"黄媒"记者是如何将镜头对准港警的一举一动，再绞尽脑汁起一个耸人听闻的标题，在 Facebook、Twitter、LIHKG 与 Telegram 上大肆传播。

"光头警长"因"对示威者举枪"被当地和西方记者大肆做文章，之后真相才浮出水面——因和同伴走散落单，他被"黑衣人"围殴，无奈举枪

据媒体报道，香港反对派自 2019 年 2 月起，就开始大量招募网宣人员，总数达上万人之多。"修例风波"开始后，反对派的"民宣队"依靠美国强大的资

金支持，在团队内部形成了视频剪辑、设计、策划、文案、制图等明确的分工合作，接连不断地产出大量煽动信息，牢牢把住了国外社交媒体的喇叭。其中，又以所谓"太子站命案"最为典型。2019 年 8 月 31 日，港铁太子站观塘线往调景岭方向的车厢中，有黑衣人与市民发生争执，警方到站拘捕多人。事后，境外社交媒体迅速有传言称"8·31 太子站死人"，更有"六人断头死""三名重伤者不知所终"等骇人言论传播，抗议者在太子站出入口搭起"灵堂"进行"祭奠"的画面反过来又成了其攻击"黑警"的宣传素材。虽然自始至终没有一个人能够指出所谓"死者"究竟姓甚名谁，却并不妨碍抗议者沉溺在自成一体的信息暗房内，难以自拔。

特别需要指出的是，所谓的"假新闻"恰恰能够起到真实新闻所难以起到的动员作用。正是由于"假新闻"无须提供前因后果、无须遵循现实逻辑、无须承担任何责任，反而比真新闻更具"真实性"。毕竟，对于其炮制者和接受者来说，所谓"真相"，也不过是"自己愿意相信的事情"的缩写。

不难看出，在具体的政治运动当中，这两大幕后黑手又往往相互勾结、彼此联动，为了共同的利益兴风作浪。在旷日持久的叙利亚战场上，时刻活跃着"白头盔"的幢幢鬼影，在舆论战中煽风点火；在我们熟悉的香港乱局中，同样有着形迹可疑的"街头革命导师"，甚至臭名昭著的乌克兰"新纳粹"分子向抗议者传授暴动经验。看似"没大台"（没有组织领导）的"修例风波"，实际处处有无形的黑手，这些"冷气军师"在 Telegram 群组内引导网民意见，在现场告诉示威者何时该高喊口号、何时该将手机举过头顶并向路人挥手致意。现代舆论战进化的脚步永不停息，互联网内外的较量还在继续，将这些形形色色、虚虚实实、真真假假的伎俩公之于众，正是我们义不容辞的责任。

第四章

信者，心也！
——中国道路自信的渊源探讨

　　信者，心也！是说一个人相信一件事，是发自内心的、由衷的。中国梦是国家梦、民族梦、人民梦，更是每一个中国人的梦。在近代中国那个内忧外患接踵而至的年代里，无数的仁人志士对"中国往何处去"的追问与探求的背后，既是对国家统一和民族独立的渴盼，更是对国家和人民的自由和发展之路的探索。在社会变革与社会发展中，道路问题是第一位的问题、根本性的问题。道路选择正确与否，直接决定政党命运、国家前途和民族存亡。新中国70多年的历史，从根本意义上说就是我们党领导人民不断探索适合中国国情的社会主义发展道路的历史。新中国成立初期，在政权初建、百废待兴的繁忙日子里，毛泽东就以极大的热情和精力思考和探索我国究竟要走一条什么样的社会主义建设道路的问题。

　　道路关乎党的命脉、国家前途与民族命运。坚定道路自信，是实现中华民族伟大复兴中国梦的必然要求。2018年1月，习近平总书记在学习贯彻党的十九大精神研讨班开班式上发表重要讲话强调："只有回看走过的路、比较别人的路、远眺前行的路，弄清楚我们从哪儿来、往哪儿去，很多问题才能看得深、把得准。"总书记的这一论述，为我们站在新的历史方位上，审视、理解并进一步坚定中国特色社会主义道路自信提供了基本遵循，也为宣传舆论工作更好强信心、聚民心、暖人心、筑同心指明了前进方向。下面，我们就从一场突如其来的疫情展开叙述。

第一节
从新冠肺炎疫情说起

2020 年，又一个庚子年，注定是一个不平凡之年！

在经历了 2003 年 SARS 疫情之后，2020 年我们又遭遇了新冠肺炎疫情，1月 23 日，为遏制疫情进一步蔓延，武汉封城！

2020 年 1 月 25 日，中国农历大年初一，一次特殊的中共中央政治局常委会会议在北京召开。在这个被新冠肺炎疫情笼罩的别样春节，中国高层与全国民众上下同心，共同寻找科学的疫情应对之策。

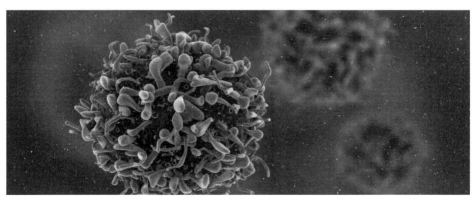

显微镜下的新型冠状病毒

首次在大年初一召开，政治局常委会的这次会议，与放弃休息、舍弃团聚的一线疫情防控者一样，是一次打破惯例的安排。此次会议由中共中央总书记习近平主持，专题研究疫情防控工作，显示了会议的规格、分量和不同寻常之处。

习近平总书记首先代表党中央，向奋战在疫情防控工作一线的全国广大医务工作者和同志们表示衷心感谢，向全国各族干部群众特别是湖北各族干部群众致以亲切问候，向在疫情中失去亲人的家庭致以诚挚慰问。"全党全军全国各族人民都同你们站在一起，都是你们的坚强后盾。""生命重于泰山。疫情就是命令，防控就是责任。"习近平在会议上说，只要坚定信心、同舟共济、科学防治、精准施策，我们就一定能打赢疫情防控阻击战。

会上，中共中央成立应对疫情工作领导小组，直接在政治局常委会领导下开展工作。对下一步的疫情防控，会议也作出明确指示：要分类指导各地做好疫情防控工作；要全力以赴救治感染患者；要依法科学有序防控；要及时准确、公开透明发布疫情，回应境内外关切。

"湖北省要把疫情防控工作作为当前头等大事""坚决遏制疫情蔓延势头"……在长达 1900 余字的新闻稿中，一句句掷地有声的话语，显示出高层对于目前疫情防控的清醒认知，对打赢这场阻击战的决心；"要全力以赴救治感染患者""及时收治所有确诊病人""决不能因费用问题耽误患者救治"等一系列得力安排，则显示出执政者对生命的珍重。①

一、武汉封城

2020 年 1 月 23 日，武汉市发布公告：自当日 10 时起，武汉市城市公交、地铁、轮渡、长途客运暂停运营，机场、火车站离汉通道暂时关闭。武汉宣布正式封城！没有特殊原因，不要离开武汉！

武汉封城！这对于一个有着上千万人口、九省通衢的交通要地，偏偏又遇上中国最重要的节日——春节，几亿中国人要回家过年、走亲串友，要控制疫情简直如天方夜谭，可以说比登天还难！难，也要办！为了控制新冠肺炎疫情，党

---

① 《中共中央政治局常务委员会召开会议 研究新型冠状病毒感染的肺炎疫情防控工作 中共中央总书记习近平主持会议》，新华网 2020 年 1 月 25 日。

中央一声令下，先武汉后湖北，水、陆、空全面"封锁"，对所有小区（村）的居民点，实行 24 小时最严格的封闭式管理。在农村，以自然村组（村屯）为单元实施硬隔离。与此同时，先是解放军陆海空三军医疗队奔赴武汉，随后是各省的对口支援。截至 3 月初，全国已有 300 多支医疗队、4 万多名医护人员从各地驰援武汉，还有东北的大米、大白菜，山东寿光的蔬菜、大馒头，河南的速冻食品，海南的时令水果，云南的鲜花……源源不断地运往武汉、运往湖北各地。世界卫生组织总干事谭德塞评价"中方行动速度之快、规模之大，世所罕见，展现出中国速度、中国规模、中国效率"[1]。

1 月 23 日，武汉宣布"封城"

【典型案例】

火神山建设不完全手册

首先，你需要一个紧急命令：武汉市政、汉阳市政等企业参建，在武汉知音湖畔 5 万平方米的滩涂坡地上，指挥 7500 名建设者和近千台机械设备，向全

---

[1] 《习近平会见世界卫生组织总干事谭德塞》，《人民日报》2020 年 1 月 29 日。

中国崛起之舆论战

体国人和备受煎熬的武汉市民立下军令状——"10 天，建成一所可容纳 1000 张床位的救命医院。"

紧接着，你需要北京中元国际工程设计研究院在 78 分钟内，将 17 年前小汤山医院的设计和施工图纸全部整理完善完毕，然后毫无保留地提交给武汉中信建筑设计院，并由全国勘察设计大师黄锡璆博士反复叮嘱经验得失。

你需要中信建筑设计院在 1 小时内召集 60 名设计人员，同时设立公益项目，联络全国数百名 BIM 设计师共同参与，全力以赴投入战斗：24 小时内拿出设计方案，60 小时内与施工单位协商敲定施工图纸。

你需要武汉航发集团迅速进场开始场地平整、道路以及排水工程施工；同时由两家上市公司高能环境和东方雨虹组成紧急工程建设团队，负责防渗工程、污水处理和医疗垃圾转运设施建设；还要在最困难的时候召唤中铁工业旗下中铁重工，火速增援追赶工期。

你需要国家电网 260 多名电力职工不眠不休 24 小时连续施工。在 1 月 31 日前完成两条 10 千伏线路迁改、24 台箱式变压器落位工作、8000 米电力电缆铺设，并按时开始送电。

你需要亿纬锂能在电力电缆铺设完成前紧急提供静音发电车，以解决通信基站等关键设备的应急供电问题。

你需要华为、移动、电信、联通、铁塔、电子、信科等前后方企业紧密配合、协同作战，在 36 小时内迅速完成 5G 信号覆盖后，还要交付云资源、核心系统的计算与存储设备，并建成与解放军总医院的远程会诊系统。

然后你可以在三棵桂花树后架设一个摄像头开通直播，再召唤几千万个云监工，看着由三一重工、中联重科、徐工机械支援保障的"送灰宗""呕泥酱"们 24 小时忙忙碌碌。

你需要中石油现场加油车，并征用中石化知音大道加油站为项目现场提供油品保障，同时提供方便面、开水、开会场地和临时厕所。

你需要三峡集团鄂州电厂全部生产人员驻厂，为武汉用电提供保证；需要中国铁建高速公路优先放行火神山医院物资；需要宝武钢、浙商中拓、五矿发展提供钢材；需要中国建材提供石膏板、龙骨。

你还得用中国外运送来的食品、中粮集团捐赠的粮油为数千名工人供应一日三餐；需要在一天之内由湖北中百仓储联手阿里巴巴旗下淘鲜达建成一个"无接触收银"超市，为工人和医务工作者便捷、安全地提供生活物资供应。

施工中，你需要华新股份的水泥、河北军辉的防火涂料、正大制管的镀锌圆钢、华美节能的橡塑绝热保温材料、惠达卫浴的 5931 件马桶和龙头、海湾安全的消防报警器、佳强节能等三家企业的 3500 套装配式集成房、新兴际华的球墨铸铁管、永高股份的市政及建筑管道、中国一冶的 4800 套钢构件、株洲麦格米特的 50 套电源设备、上海冠龙公司的 2000 台阀门。

房子建好接下来装修，你需要中建深装的 100 名管理人员、500 名施工人员在 3 天内完成室内外地胶铺设、卫生间和缓冲间地砖铺设以及 200 余间病房的室内装饰任务。

装修完成，信息系统建设，你需要联想集团提供的全套 2000 多台计算机设备和进驻现场的专业 IT 服务团队，TCL 电子提供的全部公共 LCD 显示屏，小米提供的平板电脑，紫光、烽火通信、奇安信提供的网络及安全设备，卫宁健康提供的互联网医院云平台。

专业设备必不可缺，你需要影联医疗、上海信投、东软集团的 CT 设备，潍坊雅士股份的 ICU 病房和手术室专用医疗空调，上海集成电路行业协会的热成像芯片，上海昕诺飞的 930 套紫外消毒灯，欧普照明的专业照明设备，乐普医疗的 2000 支电子体温计与 700 台指夹血氧仪，汇清科技和奥佳华的专业空气净化器，猎户星空的医疗服务机器人，欧亚达家居的物管团队和床铺物资。

以上所有的物资运输，都依赖于顺丰、中通、申通、韵达、EMS、阿里巴巴物流平台等中国物流巨头联合开通的国内及全球绿色通道，免费从海内外各地为武汉运输救援物资。

最后，让专业团队安装好格力空调，等海尔的工程师因为道路封闭背着冰箱赶到现场，把美的饮水机、热水器安置到位。门外，由宇通客车和江铃集团捐赠的几十辆负压救护车已经整装待发。

你想到的，总会有人及时提供；你想不到的，也会有人提供。

价值20万元的文件柜，14家洛阳家具企业连夜赶工，发货后才告诉你"不用买，我们捐"。

8000斤冬瓜、上海青、香菜，是河南沈丘白集镇退伍老兵王国辉驱车300公里，在大年三十直接送到工地的。

1吨"资中血橙"，是并不富裕的四川资中县水南镇农民黄成精挑细选发来的。

400个板凳，是营业不到一年的淘宝店主金辰不忍看到昼夜赶工的工人们席地而坐捐献的。

……

哪有什么"基建狂魔"，只有争分夺秒的"生死时速"。不用无谓的"震惊、喝彩"，只要绝不放弃的咬牙坚持。

屏息，忍痛。全村的龙把最硬的鳞给你，哪怕自己也是伤痕累累。

武汉，挺住。

（整理自微信公众号"共青团中央"2020年2月8日。）

非常之时，行非常之事。武汉封城的决定，必将载入历史！面对突如其来的新冠肺炎疫情，时间已经不允许磨磨蹭蹭、贻误战机了。封城，是不得不做出的选择，也是一定要做的抉择，让一个个移动的感染者，不再四处流动，最大限度防止疫情传播。霹雳手段有时也是菩萨心肠！

火神山医院

最终的实践证明，经过两个月的封城抗疫，在全国人民的大力支持下，武汉疫情得到了有效控制。这说明中央的决定是正确的，伟大的武汉人民的付出是值得的。

一个流动的中国，又逐渐流动起来，中国正在"满血复活"。

二、社会主义举国体制的优势

中国的老百姓之所以听共产党的话、跟共产党走社会主义道路，是因为他们相信，历史和现实一次次证明这样做是正确的。从目前世界其他国家包括美国抗击新冠肺炎疫情的现实情况看，任何一个国家、任何一种管理体制都不可能做到如此全国一盘棋、上下齐心协力，心往一处想，劲往一处使，一次次将"不可能"变成"可能"。这恰恰说明中国共产党的坚强领导，说明社会主义举国体制的优势。也正如小平同志曾指出的："社会主义国家有个最大的优越性，就是干一件事情，一下决心，一做出决议，就立即执行，不受牵扯"。① 习近平总书记更是明确指出："我们最大的优势是我国社会主义制度能够集中力量办大事。这是我们成就事业的重要法宝。"②

【典型案例】

制度优势是我们必定战胜疫情的重要法宝

越是在艰难困苦和重大斗争的时候，越是能够充分理解中国特色社会主义制度集中力量办大事的深刻道理和巨大优势。中国奇迹、中国力量、中国速度再一次让世界瞩目。

奇迹背后是制度优势。人类社会发展史表明，通过科学的制度安排把生产力要素集中起来，聚焦关键点进行优化配置，能够充分激发潜力，达到既定基础和条件约束下的生产力水平上限。正是在以习近平同志为核心的党中央坚强领导下，中国特色社会主义的制度优势把抗疫行动变成了全国上下连成一条心、拧成一股绳的集体自觉。

集中力量办大事，离不开党的坚强有力领导。中国共产党具有强大的政治领导力、思想引领力、群众组织力、社会号召力。环视宇内，没有哪个政党能像中国共产党这样，为了人民美好生活殚精竭虑，也没有哪个政党能像中国共产党这样，全国一盘棋，上下齐心、协力奋进，一次次将"不可能"变成"一定能"！有了中国共产党这个总揽全局、协调各方的领导核心，集中力量办大事就有了主心骨和向心力。

"船重千钧，掌舵一人。"党中央和全党有一个坚强的核心，是能够集中力量办大事的根本保证。在这次抗疫斗争中，习近平总书记作为党中央的核心、全

---

① 《邓小平文选》第三卷，人民出版社 1993 年版，第 240 页。

② 习近平：《为建设世界科技强国而奋斗——在全国科技创新大会、两院院士大会、中国科协第九次全国代表大会上的讲话》，人民出版社 2016 年版，第 4 页。

党的核心，亲自部署、亲自指挥，多次召开会议、多次听取汇报、作出重要指示，要求各级党委和政府及有关部门制订周密方案，组织各方力量开展防控。"始终把人民群众生命安全和身体健康放在第一位"，"把疫情防控工作作为当前最重要的工作来抓"，"只要坚定信心、同舟共济、科学防治、精准施策，我们就一定能打赢疫情防控阻击战"[1]……总书记的话语铿锵有力、温暖人心。

在党中央统一指挥下，党政军民学，东西南北中，万众一心、众志成城，人人奋起、共克时艰！从省到村"五级书记"抓防控，周密制订方案，紧急调配力量，层层传导压力，把党中央、国务院重大决策部署一竿子插到基层、落到一线，使党的强大政治优势、组织优势和密切联系群众优势转化为疫情防控工作优势。做到了哪里有疫情，哪里就有党员、就有党组织坚强有力的领导。

这场气壮山河的疫情阻击战，让人想起毛泽东同志写的七言律诗《送瘟神》。1958年，江西省余江县消灭了流行2000多年的血吸虫病，他闻讯后欣然写下了两首脍炙人口的七律，并写了一段小引："余江县基本消灭了血吸虫，十二省、市灭疫大有希望。""主要是党抓起来了，群众大规模发动起来了。党组织，科学家，人民群众，三者结合起来，瘟神就只好走路了。"

新中国成立初期，在那么困难的情况下，靠着党组织、科学家和人民群众，驱走了导致"千村薜荔人遗矢，万户萧疏鬼唱歌"的血吸虫病这个瘟神。今天，我们已拥有新中国成立70多年以来、改革开放40多年以来特别是党的十八大以来积累的雄厚物质技术基础，掌握了中国特色社会主义制度优势这一法宝，只要坚决听从以习近平同志为核心的党中央统一指挥，凝聚党心、军心、民心，集合人力、物力、财力，把各方面智慧和力量凝聚起来，就一定能打败新型冠状病毒这个瘟神，胜利的日子一定会早日到来。

[1] 2020年1月25日，农历正月初一，中共中央政治局常务委员会召开会议，专门听取新型冠状病毒感染的肺炎疫情防控工作汇报，对疫情防控特别是患者治疗工作进行再研究、再部署、再动员。中共中央总书记习近平主持会议并发表重要讲话。

中国崛起之舆论战

（整理自求是网 2020 年 2 月 7 日，原标题为《求是网评论员：制度优势是我们必定战胜疫情的法宝》，作者为周昭成。）

三、历史性时刻

知名自媒体人牛弹琴发文指出，2020 年 3 月 23 日，对于正在抗击新冠肺炎疫情的中美两国来说都是一个历史性的时刻。这一天，中央应对新冠肺炎疫情工作领导小组会议指出：以武汉市为主战场的全国本土疫情传播已基本阻断。这个振奋人心的消息说明：一是武汉保卫战已进入最后打扫战场阶段，二是中国本土疫情传播已基本阻断了。

相当多的中国人因为中央的最新判断终于有了一种轻松的感觉，大舒了一口气。这是每一个中国人盼了两个多月的好消息。武汉胜，则湖北胜；湖北胜，则全国胜。武汉保卫战取得的胜利告诉我们，尽管仍然需要加强戒备，不能掉以轻心，但这场 2020 年最艰苦的抗击疫情战役，中国拿下来了。这也难怪世界卫生组织要感叹，这是一个了不起的奇迹。

3 月 23 日这一天，在太平洋彼岸的美国也发生了一件大事。为了应对新冠肺炎疫情，美联储使出了"王炸"——无限量、无底线的量化宽松。其实质可以概括为一句话：美联储已经不仅仅是最后贷款人，其正在转变为最后的购买者。不要问他们会买多少，反正要多少有多少，向市场无限量、无底线地提供资金。可以说，美联储押上了全部的赌注。

但市场还在恐慌中。半个月内见证了美国历史上 5 次熔断中的 4 次，美国史无前例最长的 11 年的牛市彻底终结了。即使美联储使出了"核武器"，3 月 23 日道琼斯指数仍然又跌了近 600 点，跌幅 3%。① 用网友的话说，你得病了，看起来很严重，打了好几次摆子。以往抠抠搜搜的政府，一把倒光了钱袋，全部码

---

① 牛弹琴：《历史性时刻！3 月 23 日，中美各发生了一件大事》，中华网 2020 年 3 月 24 日。

在你面前，"孩子，想吃啥买啥去吧。"你的第一反应可能不是感动，而是惊恐："我是得了癌症吧！"

美联储拼了老命不假，但当下最关键的，还是美国政府怎么防控疫情。此时的美国，新冠肺炎病例已超过4万，还有大量的患者因为没有得到检测而没有查出。因为疫情防控不力，特朗普饱受美国媒体和各界诟病，这个时候他就是把美联储骂死，美联储也没有办法。

这两件大事，都将对各自国家进程带来深远影响。在这次疫情防控全球阻击战中，中国之治与西方之乱形成了鲜明对比。疫情不只是对各国政府治理能力的大考，也是对治理体系甚至是政治制度的大考。我们前期经历过犹豫，也遇到了永远无法忘却的悲剧，必须深刻反思。但是反应还算及时果断，我们迎来了一个全新的局面，世界也看到了中国的实力和强大行动力。相比其他国家，我们交卷早也答得好，让世界见证了中国特色社会主义制度的强大优越性。

第二节
"治水社会"的集权管理

中国制度优势渊源何在？我们试图从生产力发展、国家治理体制、文化传承等方面，对中国特色社会主义道路做一探讨。

美国历史学家卡尔·A.魏特夫将东方社会的性质定义为"治水社会"。他认为，中国等东方国家性质与西方的巨大不同，源自东方国家的形成和发展是建立在治水需要的前提下，由于兴修和管理大规模水利工程需要控制全国的人力、物力资源，于是产生了东方的统一君主制国家，并由此使"东方专制主义"成为其社会的基本性质。

一、"亚细亚生产方式"

1957年，卡尔·A.魏特夫出版了著名的《东方专制主义》一书。1896年出生于德国的犹太人魏特夫是研究中国问题的专家，曾于1935年至1937年来华搜集中国社会经济和历史资料。他在1930年左右任德共中央委员，1939年入美国籍，任美国哥伦比亚大学中国史研究室主任和华盛顿大学中国史教授，早期自称是马克思主义者，较早对中国研究感兴趣，并一生主要研究中国问题，撰写了有关中国的大量论文和著作。《东方专制主义》一书采用了马克思的"亚细亚生产方式"概念。魏特夫自称是"治水社会"理论的创始人，用其在《东方专制主义》一书中的话可以概括如下："这种社会形态主要起源于干旱和半干旱地区，在这类地区，只有当人们利用灌溉，必要时利用治水的办法来克服供水的不足和不调时，农业生产才能顺利地和有效地维持下去。这样的工程时刻需要大规模的协作，这样的协作反过来需要械斗、从属关系和强有力的领导"，"要有效地管理这些工程，必须建立一个遍及全国或者至少及于全国人口重要中心的组织网。因此，控制这一组织网的人总是巧妙地准备行使最高政治权力"，于是便产生了专制君主、"东方专制主义"。尽管魏特夫的理论难免有偏激之处，但也不能不说有一定的"道理"，甚至可以从马克思"生产力决定生产关系""经济基础决定上层建筑"的理论说明一些问题。

二、中国是"治水社会"的典范

尽管学界对马克思有关"亚细亚生产方式"的论述一直存有争论，对魏特夫"治水社会"的理论也一直在探讨，但中国作为"治水社会"的典范，从大禹治水到黄河文明、长江文明、开凿大运河、修筑万里长城等，都说明古代中国集权统治的"合理性"，因为中国作为"治水社会"要统筹上下游、跨流域的治理，否则，不要说一家一户，就是一个大家族、一个部落、一方诸侯都不能有效有力地统筹。一声令下，上下联动，一方有难、八方支援，这只有强有力的中央政府才能办到。

魏特夫特别反对主要根据西方多中心社会的经验对东方社会进行研究，而强调只有从地理历史的角度正视经验主义的事实，重视对"东方专制主义"的研究，才能把握住东方社会的本质，这也是一些中国学者所认同的，认为从马克思、恩格斯关于"亚细亚生产方式"理论理解东方社会结构的本质和特点，指出土地国有化、自给自足的村社制度构成了东方社会（特别是中国）的政治经济结构和不同于西方社会发展的历史特点和特殊发展道路。也有学者指出，尽管中国在春秋战国时期就突破了"亚细亚生产方式"，废井田开阡陌等一些措施，确立了土地私有制，土地自由买卖得到了承认，但是中央集权的所谓"专制主义"以及与其相配套的"科举制度"和官员的任命制等都保留了下来且影响深远。历史反复证明，凡是遇到一个有雄才大略的帝王和强势的中央政府，中国国家的统一、社会的治理、经济的发展就得到很好的体现；而遇到一个昏君弱主和软弱无能的"朝廷"，国家就陷入动荡，诸侯割据，军阀混战，民不聊生，外敌入侵。

三、制度自信

历史是传承和发展的。1949 年中华人民共和国成立后，我们建立了人民民主专政的国家制度，就是指工人阶级领导的、以工农联盟为基础的对人民实行民主和对敌人实行专政的制度。1956 年在生产资料社会主义改造任务完成后，我国社会进入了社会主义的初级阶段，人民民主专政的主要任务是把我国建设成为富强、民主和文明的社会主义现代化国家。

人民民主专政的含义是，中国共产党和中华人民共和国始终代表最广大人民的根本利益，追求集中统一领导，为的是维护大多数人的利益，集中力量承担起建设社会主义的时代重任。人民代表大会制度是人民民主专政的政权组织形式，一般在每年的 3 月召开全国人大会议，从各界选出的优秀代表将代表人民来履行职责、参政议政，行使国家权力。

从这个意义上讲，社会主义的中国已不是传统意义上的"集权管理"，而是由人民群众中的优秀代表来集中行使权力。集中和民主的结合，加上严格的问责制，是中国的制度自信。

第三节
家国天下，选贤任能

讲到中国历史的社会治理，人们常用"家国一体"来形容：国是放大的家，家是缩小的国。正如《易中天中华史：国家》所讲到的，尽管中国也是从部落直接变成国家的（夏商到周），但没有像古希腊人那样，炸毁氏族血缘组织，然后按照地区来划分居民，由公民重新组成国家，也没有像古埃及人那样，把图腾变成神。族民变成国民后依旧是四世同堂，照样认祖归宗，因此，就叫天下为家，也叫家天下，或家国体制。

一、家天下是中国人的一大发明

学者易中天认为，家天下是中国人的一大发明：君臣官民都是父子，四海之内皆是兄弟。"它解决了一个西方学者认为两难的问题：要家庭还是要族群。"易中天说，按照西方人的研究，"家庭是族群的天敌。但凡家庭稳固的地方，族群一定松散；如果性交自由，则个体自然成群。因此，要么开放家庭，给个体更多自由；要么发明一种更高级的形式，把家庭融化在其中。中国人的家国体制，就是这样一种'更高级的形式'。"这并不是说这种体制最好，但却可以说是最适合中国的国情。因此，这种制度从西周一直延续到清末，达三千多年，而雅典的民主只存在了二百多年、罗马的共和存在了近五百年，然后是西罗马的"君主制"也是近五百年。正如俗话所说，鞋子舒服不舒服，只有自己的脚知道。在"道路"的选择上，中国的古人并不傻。也正如德国哲学家所言，存在的就是合理的，合理的就是现实的，一种制度能够长期存在一定有它的合理性，而不能简单地归结为民主的就是"先进的"，就是"好的"，君主专制就一定是"落后的"、腐朽的，这要看其历史的功绩和发挥的作用。

与中国封建王朝"家天下"统治的体制相配套的是儒家精英集团参与的国家治理。君臣共治以及被西方社会极力推荐的中国官员选拔任用的"科举制"，无论是唐宋的"宰相制"还是明清的"内阁制"也都说明了这一点。

二、国运昌盛与政治文化传承

著名学者张维为教授在其有关的著作中讲道："中国人历来把国家长治久安、国运昌盛放在一个极为突出的地位。很难想象多数中国人会接受每四五年换一个中央政权这种源于西方的所谓多党民主政治。中国历史上比较繁荣昌盛的朝代都与强势开明的政府联系在一起。"①

张维为认为，中国今天的政党也不是西方意义上的政党，中国的执政党（中国共产党）本质上延续了历史上的统一的儒家执政集团的传统，而不是代表不同利益集团相互竞争的西方政党。中国数千年的政治文化传承有两大不同于所谓西方民主的核心理念：一是得民心者得天下，一是选贤任能。这些话全部说到了"点子"上。

民间就曾有人说，"文革"十年动乱结束后，已七十高龄复出的邓小平只用了"两招"就摆平了中国发展的"大局"，一是实行农村家庭联产承包责任制，把几亿农民从土地上解放出来，为乡镇企业和农民务工进城及城市化发展准备了大量廉价劳动力；二是恢复高考，将成百上千万的上山下乡（回乡）知青送入大学深造，不仅化解了待业失业的社会危机，更为后面的改革开放准备了大量源源不断的人才！

笔者作为恢复高考的新三届（1977 级、1978 级、1979 级）大学生之一，对

---

① 张维为：《中国道路的历史合法性》，《红旗文稿》2013 年第 6 期。

此有着切身的体会。仅自己当年就读的南开大学经济系同班 70 个同学，就出了 4 个省部级干部和一批专家教授。有人说，20 世纪 50 年代出生、恢复高考后进入大学深造的这三届青年人，后来几乎都成了各地各部门改革开放经济社会发展的人才骨干、领军人物，被社会学家称为推动中国改革开放的"新三届"。有人说这一代中国人是最能吃苦（上山下乡回乡）、最具改革开放意识、最具上进精神又最了解国情的"中国精英"！

三、宰相必起于州部

不同于西方通过一人一票"民选"上台、四五年就重新换一次执政党，也不同于西方领导人只要善于演讲和作秀，可能从来没有任何从政经验的明星、商人、教授一夜之间也能一步登天，在中国，宰相必起于州部，将帅必起于卒伍。

2013 年 10 月 14 日，一则《领导人是怎样炼成的》的动漫视频在互联网上发布，很快引爆舆论场。视频时长 5 分多钟，以当总统是全世界很多孩子的梦想，但各国圆梦道路却大相径庭为开头，逐一介绍美国、英国和中国三个国家的领导人产生机制，并将中国的领导人产生机制与英美两国的总统产生机制进行对比，称中国领导人的产生机制为"中国功夫式的长期锻炼、选贤任能"。[1]

视频以一个公务员模样的卡通人物一级一级沿着不同的职位向上跳的过程阐述：在中国，干部是分级别的，一般都要从低级别的基层做起，经过乡科、县处、厅局、省部等逐级晋升，仅仅到省部级为止，从 700 多万干部中脱颖而出成为正部级干部的概率只有 1.4 万分之一，平均所需时间至少 23 年。

视频称，以中国国家主席习近平为例，他从相当于欧美社区的中国最基层一级干起，到县、市，到福建、浙江、上海等好几个省份的一把手，到国家副主席，再到党的总书记、国家主席，至少经历了 16 次大的工作调整，治理过的地区人口累计超过 1.5 亿，这一过程前后用了 40 多年时间。视频中称，2012 年中国共

---

[1] 刘斌：《领导人"卡通片"网上爆红 "复兴路上工作室"到底是谁》，《南方周末》2013 年 10 月 24 日。

产党十八大诞生的中央政治局常委，个个都是这样"一步一个台阶迈上来的。"7个中央政治局常委曾任职的地方占到了中国版图的一大半"，"通过这样的选拔过程，一个党员成为领导人之前，已经自下而上地全方位了解了中国的国情和民情"。

除此之外，视频还涉及干部考核标准调整纠偏以及官员干部接受各方面监督的问题，称"时下中国，5.38亿网民雪亮的眼睛让问题干部无处藏身，淘汰出局"。

这个视频充分说明，中国的选贤任能制度是如何复杂和完善，每一个领导人都是经过层层选拔，通过工作实绩干出来的。只有这样了解基层、知道人民所思所想的领导人，才能真正为人民谋幸福、为民族谋复兴。就像习近平总书记说的那样，人民对美好生活的向往就是我们的奋斗目标。

习近平总书记之所以受到全党的拥护和全国各族人民的爱戴，与其丰富的从政经历和治国理政的英明才干紧密相关：16岁就插队到条件最为艰苦的陕北当农民，由于表现出色，入了党，当选为村支部书记，之后担任县、地、市、省、直辖市和中央领导，直至当选为党和国家最高领导，一级不落，一个台阶不少，经过这样丰富历练的领导人，又怎能不让全党、全军和全国各族人民拥戴、敬佩和追随！再看看中共省部级官员，哪一个不是经过多岗位历练才走到今天这一步，尽管他们中仍会有人犯错跌跤，但比起"一夜间"爆发的"政治红人"要"靠谱"得多。

【典型案例】

人民领袖习近平

"人民对美好生活的向往，就是我们的奋斗目标。"

2012年11月15日，当选为十八届中央委员会总书记的习近平向中国和世界发出庄严宣示。

8年来，他宵衣旰食、夙夜在公，以极大的政治勇气和智慧开启了一场波澜壮阔的改革征程，推动中国实现全方位、开创性的发展，带来历史性成就和历史性变革。

回望来时的路，他不负人民期望，谋民生之利、解民生之忧，在发展中补齐民生短板，促进社会公平正义，让人民有了更多获得感。这些年，习近平深入基层 50 多次，足迹遍布 14 个连片特困地区和广大城乡，致力于打赢脱贫攻坚战。到 2020 年，中国现行标准下农村贫困人口将实现全部脱贫，首次整体消除绝对贫困。这是在习近平亲自谋划和推进下，人类发展世上的一大创举！

他不负党之重托，以顽强的意志品质和勇于亮剑的精神，正风肃纪、反腐惩恶，着力解决腐败这一人民群众深恶痛绝、对党的执政基础威胁最大的突出问题。全面从严治党让党的创造力、凝聚力、战斗力显著增强，焕发出强大的生机与活力，更极大地提振了人民群众对党和政府的信赖与国家未来的信心。

他不负民族之愿，带领中华民族迎来了从站起来、富起来到强起来的伟大飞跃。我们比历史上任何时期都更接近中华民族伟大复兴的目标，比历史上任何时期都更有信心、更有能力实现这个目标。

在人民领袖习近平的带领下，一个伟大的新时代扑面而来！

伟大的时代催生伟大的思想，伟大的思想引领伟大的民族，伟大的民族需要人民的领袖。

中国特色社会主义道路是实现中华民族伟大复兴的必由之路。在新的征途中，党和人民的领路人习近平必将带领中国人民继续阔步前行，开创新时代中国特色社会主义更加辉煌的新天地。

（整理自央视网 2018 年 3 月 3 日，原标题为《央视快评：在人民领袖的带领下》。引用时略有删改。）

第四节
中国知识分子的最高追求

修身、齐家、治国、平天下为历代中国知识分子的最高追求，而一个国家的政治制度的建立、传承和延续，无不与这个国家的政治文化相联系。儒家文化之所以为中国历代统治者所推崇和重用，也无不与儒家文化的核心理念密不可分。

一、"修身、齐家、治国、平天下"

"修身、齐家、治国、平天下"出自《大学》。《大学》讲"大学之道"，论述如何成就崇高德行和人格、怎样成为经国济世的人才。

"修身"为"修齐治平"之始。《大学》特别强调修身："古之欲明明德于天下者，先治其国；欲治其国者，先齐其家；欲齐其家者，先修其身；欲修其身者，先正其心……心正而后身修，身修而后家齐，家齐而后国治，国治而后天下平。""修身、齐家、治国、平天下"概括了修身与社会和谐之间的关系，它包含以下两层含义。

其一，儒家主张"天下为公"，人们应该共担社会责任。既然社会成员都不是孤立的存在，就必须考虑自己的社会性内涵，讲求公共意识和公共道德，不论身处社会基层的民众，还是属于贵族阶层的大夫，乃至国君、天子，都要自觉修身。

其二，由个人而家、国、天下，由身修到家齐、国治、天下平，这是一个具有内在逻辑联系的过程。社会要取得大同与和顺，人们就必须自觉修身，由"明德"而"新民"，进而实现社会的"至善"。这与孔子所说"修己以安人"一致，突出了"修己"或"修身"的价值与意义。

"修身、齐家、治国、平天下"可以视为对"大学之道"的概括，它也是儒家学说的精髓所在。儒家"修齐治平"之道也是自尧舜以来古圣先贤智慧的凝练与总结，因此它才能够在历代士人的心中深深扎根。无数的志士仁人都胸怀天下、心系苍生，他们有崇高的价值信念和高尚的理想追求，如北宋儒学家张载的"为天地立心，为生民立命，为往圣继绝学，为万世开太平"。

二、儒家文化的千年延续

作为儒家鼻祖之一的孟子有言："天下之本在国，国之本在家，家之本在身。""修身、齐家、治国、平天下"之所以历来为中国知识分子的最高追求，是因为知识分子只有把自身的学识修养与家国天下融为一体，从而实现自我的价值超越，在"齐家、治国、平天下"的逐一拓展提高中得到升华、获得验证并进而获得统一，才能最终达到"不以物喜，不以己悲；居庙堂之高则忧其民，处江湖之远则忧其君""先天下之忧而忧，后天下之乐而乐"，实现人生的最高境界。

正如许纪霖教授在《家国天下》一书中所指出的，中国古代的社会政治关系不同于西方国家以契约为核心的"法"来调节，而是以理性的礼乐制度构成基本的社会框架。家国一体的礼乐制，来自西周的分封制，也随之崩坏于西周的分封制，但家国一体都在大一统的秦汉体制中得以延续发扬光大。到汉武帝后，法家的郡县制和儒家的礼乐制合流，董仲舒提出的"三纲"（君为臣纲，父为子纲，夫为妻纲）思想成为之后两千年中华帝国意识形态的核心，宗法家族的父子、夫妇伦理与国家的君臣之道高度同构，王朝的政治关系是家族伦理关系的放大，伦理与政治高度一体化。"家国对于中国人来说之所以神圣，之所以具有不可撼动的现实权威性，乃是因为它是天下价值的人间体现。对家国秩序的遵守，就是对天道的尊重"，而在"现实世界中的文化伦理秩序，个人若要与天下打通，必须经过'齐家治国'，才能达致'平天下'，因而家国成为从自我到天下不可缺少的中间环节，而与出世的佛教、向往天国的基督教不同，儒家的个人良知的实现，必须通过在家族与王朝的公共事务之中从事道德实践"。显然这也与西方社会将个人的独立，自我价值的实现置于集体、民族和国家之上有着根本的不同。

【典型案例】

遍布世界各地的孔子学院

孔子学院是中国国家汉语国际推广领导小组办公室在世界各地设立的推广汉语和传播中国文化的机构。

孔子学院最重要的一项工作就是给世界各地的汉语学习者提供规范、权威的现代汉语教材，提供最正规、最主要的汉语教学渠道。2004年，全球首家孔子学院在韩国首尔正式设立。截至2018年12月，中国已在154个国家和地区建立了548所孔子学院和1193个中小学孔子课堂。现有注册学生210万人、中外专兼职教师4.6万人。

孔子的学说传到西方，是从400多年前意大利传教士把记录孔子言行的《论语》一书译成拉丁文带到欧洲开始的，而今孔子学说已走向五大洲。各国孔子学院的建立，正是孔子"四海之内皆兄弟""和而不同"及"君子以文会友,以友辅仁"思想的现实实践。

遍布世界各地的孔子学院，为推广汉语和传播中国文化、为发展中国与世界各国的友好关系、增进世界各国人民对中国语言文化的理解提供了优良学习条件，产生了积极的推动作用。

（整理自微言教育2019年10月2日，原标题为《国庆带你去看展②：这些新中国教育的"第一次"，先睹为快》。）

三、君子之德风

儒学教人"成人"，具备人的社会性内涵；更教人成为"君子"，成为社会管理人才。孔子说"君子之德风，小人之德草，草上之风必偃"，意思是说"君子的德行好比风，小人的德行好比草，风吹到草上，草就必定跟着倒"。既然责任大，就该要求高；既然是尊贵的人，就应是高尚的人。

党的十八大以来，习近平总书记在多次讲话中谈及中国知识分子"修身、齐家、治国、平天下"的家国情怀。他曾经深情地说道："修身、齐家、治国、平天下，我们这代人自小就受这种思想的影响。"① 他"修其心治其身"，率先垂范、以身作则；治国理政，他夙夜在公、勤政为民、不忘初心、不负期望；心怀天下，他不求一时之利但谋天下之计，践行睦邻友好，促进构建"人类命运共同体"。可以说，习近平总书记的一生也是"修身、齐家、治国、平天下"的生动写照。

当然，"修身、齐家、治国、平天下"，不仅是对在位者或管理者说的，每一个中国人特别是知识精英都以此自警自勉，希望做到品行高尚、家庭和睦、对国家和社会有所贡献，这已然成为我们民族的普遍追求，对于中华民族数千年和睦和平的发展具有巨大意义。

---

① 《习近平总书记的文学情缘》，《人民日报》2016 年 10 月 14 日。

第五节
复古还是扬弃

儒家文化的衰落乃至解体始自清末民初，一是 1905 年科举制度的废除，二是 1911 年终结了持续两千多年的中华帝制。民国政制趋向西化，儒家学说不再是国家的核心价值，特别是随着现代社会的逐步开放、现代市场经济的兴起、人口流动的加速，传统的宗法家族制度日渐式微，儒家的社会基础也土崩瓦解。

进入 21 世纪，伴随着民族复兴、国家强盛，儒家文化也开始了新的复兴。

但复兴并不是复古，而是扬弃！

一、坚决驳斥复古谬论

一条"东北女子国学班"的新闻曾遭遇了刷屏。其缘由是，该女子国学班以学习"国学"为名，向学生灌输"男尊女卑""三从四德"等一套所谓的"礼教"，遭到社会的吐槽和抨击。这也难免，当今社会已进入 21 世纪，在经济全球化、信息高度发达的现代社会，再照搬复古肯定行不通。

《东方专制主义》一书所受到诟病的也是其中有关东方"治水社会"，特别是在中国，共产党政权所谓"专制复辟"的理论。魏特夫宣称："土地国有化政策不但不能终止土地及其耕种者依附于国家的现象，反而使得这种半亚细亚旧制度的残存原封不动，因而助长它复辟"，"中华人民共和国实行大规模蓄水、治水和灌溉计划，从事巨大的交通工程，看样子它已回到了古已有之的半管理制度"。魏特夫不仅错误地把社会主义国家土地国有化政策比附东方国家的王室家族的土地私有制，把社会主义国家的大规模兴修水利比附东方社会的治水，而且没看到社会主义制度可以集中力量办大事的优越性。新中国在一穷二白基础上，在西方社会的严厉制裁封锁下，正是靠着这一制度优势，不仅勒紧裤腰带搞出了"两弹一星"等大国重器，而且正是由于大修水利、大搞农田基本建设，才从根本上改变了农业落后的生产条件，也为后来的家庭联产承包责任制奠定了雄厚的基础。魏特夫更不可能预测到，中国社会主义制度的历史性变革会从高度的计划经济走向社会主义市场经济，农村搞家庭联产承包责任制，整个国家实行公有制为主体、多种所有制经济共同发展的新型经济制度，中国特色社会主义的自我革新、自我完善爆发出了巨大活力；魏特夫更没有看到，改革开放40多年中国经济社会发展高歌猛进所创下的世界奇迹。

二、关键是"良政善治"

说到底，还是一些西方学者"西方中心论""民主至上论"在作怪。

正如张维为教授将一些西方国家至今不承认中国搞的是市场经济讽刺为"市场原教旨主义"一样，也不能把世界上的国家政治制度简单划分为"民主与专制"，认为"民主"的就是好的、"专制"的就是坏的（况且"民主"与"专制"的定义，也是西方人给的）。事实上"坏民主"的例子比比皆是，"好专制"的例子也绝非仅有：德国通过民主选举希特勒上台，带来了世界灾难，还有海地、格鲁吉亚、乌克兰以及美国推翻萨达姆帮助建立的伊拉克政权等"坏民主"的例子，更不要说新加坡、中国等所谓被指"专制"国家的良政善治的例子。就连日本、韩国的复兴，也是长期在日本自民党一党"专制"下和朴正熙的长达18年的"专制"下实现的。

当然，这也绝不是说"专制"就是好的。无论"民主"还是"专制"都是形式和手段，关键还要看是不是"良政善治"，能不能让国家富强、人民幸福起来。

三、在传承中不断弘扬

中国传统文化的复兴也绝不是要复古，重走过去的老路，完全照搬过去一套，而是正如中共中央办公厅、国务院办公厅 2017 年初印发的《关于实施中华优秀传统文化传承发展工程的意见》所指出的，是"不忘本来、吸收外来、面向未来""坚持创造性转化和创新性发展""秉持客观、科学、礼敬的态度，取其精华、去其糟粕，扬弃继承、转化创新，不复古泥古，不简单否定，不断赋予新的时代内涵和现代表达形式，不断补充、拓展、完善，使中华民族最基本的文化基因与当代文化相适应，与现代社会相协调"。

习近平总书记说："历史是一面镜子，鉴古知今，学史明智。重视历史、研究历史、借鉴历史是中华民族 5000 多年文明史的一个优良传统。"[1] 当代中国是历史中国的延续和发展。新时代坚持和发展中国特色社会主义，更加需要系统研究中国历史和文化，更加需要深刻把握人类发展历史规律，在对历史的深入思考中汲取智慧、走向未来。我想，这就是我们今天不断在传承中弘扬的意义。

---

① 《习近平致信祝贺中国社会科学院中国历史研究院成立》，新华社北京 2019 年 1 月 3 日电。

第六节
中国梦，人民的梦

2020 年底，中国将消灭绝对贫困，实现全面小康社会，实现中国梦的"第一步"梦想。

一、中国共产党为什么"能"

全面建成小康社会乃至实现中华民族伟大复兴的中国梦，这不是虚言，更不是妄想，而将是铁一般的事实展现在世人面前。所以，中国人民从来没有像今天这样自信和自豪，中国人民也从来没有像现在这样坚信。在实现中国梦的道路上中国共产党为什么"能"、马克思主义为什么"行"、中国特色社会主义为什么"好"，这也已经被无数铁一般的事实所证明！

中国共产党能不能打仗，新民主主义革命的胜利、新中国的成立、抗美援朝战争的胜利已足以证明。一个成立之初只有 50 多名党员的政党，第一次党代会只有 15 名党代表（其中两名共产国际代表），开会只能偷偷地到上海法租界"隐蔽"举行，为不被发现，会议最后一天又跑到上百里外的浙江嘉兴南湖的一条游船上举行。但就是这样一个"小党"，从此却肩负起了推翻压在中国人民身上三座大山（帝国主义、封建主义、官僚资本主义）的重任，带领饱经苦难的中国人民翻身求解放，以不忘初心、矢志不移的民族大义，经过 28 年的浴血奋战，打败了日本侵略者（不排除其中有国民党一份功劳），推翻了蒋家王朝，夺取政权建立了新中国。新中国刚成立又出兵朝鲜抗美援朝、保家卫国，迫使以美国为首的武装到牙齿的"联合国军"签订停战协定，为新中国的建设赢得了长期和平环境。中国共产党能不能打仗已无须历史再加证明。

中国共产党能不能发展经济，新中国成立之初许多人抱着怀疑的态度，带有偏见的目光，认为中共是"革命党"，是从山沟里打出来的"土包子"，管不了城市，搞不了建设，发展不了经济。但新中国成立70多年的历史，中国共产党人交出了一份令世人惊叹的优秀答卷。即使是新中国成立后前30年的历史，在江宇所著的《大国新路：中国道路的历史和未来》中相关资料也表明，根据《中国统计年鉴》，按不变价格计算，1952—1978年国内生产总值年均增长6.6%；按照经济史学家安·麦迪森的数据估算同期国内生产总值年均增长率，世界为4.6%、亚洲为5.8%、非洲为4.3%、拉美为5.3%、西欧为4.4%。而1952—1980年，中国的工业产值占GDP的比例从21%上升到48%，工业结构从以纺织、食品加工等小规模轻工业为主转变为以重工业和军事工业为主。到1978年中国已成为世界第四大钢铁生产国、第八产油大国，原煤产量跃居世界第三位，棉纱产量跃居世界第一位，发电量居世界第七位。在28年时间里（1952—1980年），全国工业固定资产按不变价格计算增长了26倍多，达4100多亿元，其中化纤、化肥、原油等对于解决吃饭和穿衣问题发挥关键作用的产品增长超过200倍，钢材、水泥、硫酸、化肥等主要工业产品年增长率均达10%以上。这30年，中国基础设施水平也得到大幅度提升：1953年全国基础设施资本存量为202亿元，1978年上升为1113亿元，是1953年的5.5倍。铁路里程、公路里程、客运量、货运量、货物周转量等衡量交通能力的指标，1978年比1952年增长了2—13倍。30年间，修建水库总库容4200亿立方米、人工河渠总长300多万公里、机井220万眼、各类堤防总长16.5万公里。从一定意义上说，正是前30年的建设为改革开放后40年奠定了高速腾飞的基础。

二、"中国梦"与"美国梦"

曾有一个时期，很多中国人痴迷于"美国梦"，把移民美国当作翻身进入发达社会、过上幸福生活的追求。但相当多移民美国的人发现现实并非如此，借用一句时髦的话："理想很丰满，现实很骨感。"正如张维为教授在《中国超越》一书中所写的："过去30年来，世界发生了巨变：假如你生活在中国，你的财富可能已经增加三五倍了；假如你移民去了美国，你的收入可能走了下坡路，你的财富也可能因为赶上了金融危机而缩水四分之一，今天要衣锦还乡都不容易了。"张维为特别引用了美国《纽约时报》专栏作家托马斯·弗里德曼在2008年访问上海、北京、大连后在9月10日的《纽约时报》写下的题为《中美这七年》的文章："当我坐在鸟巢的座位上，欣赏闭幕式上数千名中国舞蹈演员、鼓手、歌手以及踩着高跷的杂技演员魔幻般的精彩演出时，我不由得回想起过去这七年中美两国的不同经历：中国一直在忙于奥运会的准备工作，我们忙着对付'基地'组织；他们一直在建设更好的体育馆、地铁、机场、道路以及公园，而我们一直在建造更好的金属探测器、悍马军车和无人驾驶侦察机……差异已经开始显现。""你可以比较一下纽约肮脏陈旧的拉瓜迪亚机场和上海造型优美的国际机场。当你驱车前往曼哈顿时，你会发现一路上的基础设施有多么破败不堪。再体验一下上海时速高达220英里的磁悬浮列车，它应用的是电磁推进技术，而不是普通的钢轮和轨道，眨眼工夫，你已经抵达上海市区。然后扪心自问：究竟是谁生活在第三世界国家？"

弗里德曼在文章中还写道："你会发现这样一个崭新的事实：就技术发展水平而言，中国的富裕地区，特别是北京、上海以及大连这些城市的现代化地区，如今要比富裕的美国更加先进。高楼大厦的建筑风格更加有趣，无线网络技术更加尖端，道路和火车更加便捷美观。我再次重申，这一切并不是靠发现石油，而是通过充分发掘自身潜能得来的。"

中国崛起之舆论战

弗里德曼最后不无忧心地感叹："我很不愿意对我女儿说，你只有去中国才能看到未来。"

这只是一个美国作家的观察和感叹。前两年我老伴退休后，在女儿陪同下游览了美国、英国等发达国家，回来后就不住地感叹："过去都说美国、英国如何发达，如何不得了，我亲眼一看、亲身体会，跟我们国家北京、上海、杭州等城市比也好不到哪里，甚至还差。"她说坐了纽约、伦敦的地铁，发现又老又旧又狭窄，还没空调。"这两个国家还没有高铁，火车跟我们的高铁比，简直就像老牛拉破车，哐当哐当每小时只有百十公里，又破又慢。很难想象，这就是一些人吹嘘的西方国家的发达。"也许她没能做深度游，也许她看到的只是表面现象，但很能说明问题。目前我们国家的高铁运行里程已达 3.5 万公里，名副其实的世界第一，超过世界其他国家高铁里程总和，完全拥有自主知识产权，并且已开始向国外输出其先进的设备和技术。有消息说，中国高铁很快将提速到每小时 350公里以上，时速 600—800 公里的超高速磁悬浮列车也已试验成功。

【典型案例】

港珠澳大桥，见证中国奇迹

港珠澳大桥是中国境内一座连接香港、广东珠海和澳门的桥隧工程，位于广东省珠江口伶仃洋海域内，为珠江三角洲地区环线高速公路南环段。港珠澳大桥历经 9 年施工建设，于 2018 年 2 月完成主体工程验收，同年 10 月开通运营。大桥东起香港国际机场附近的香港口岸人工岛，向西横跨南海伶仃洋水域接珠海和澳门人工岛，止于珠海洪湾立交。桥隧全长 55 千米，其中主桥 29.6 千米、香港口岸至珠澳口岸 41.6 千米。桥面为双向六车道高速公路，设计速度 100 千米 /小时。工程项目总投资额 1269 亿元。

港珠澳大桥因其超大的建筑规模、空前的施工难度和顶尖的建造技术而闻名世界，获 2019 年度中国建设工程鲁班奖（国家优质工程）。作为中国从桥梁大国走向桥梁强国的里程碑之作，该桥被业界誉为桥梁界的"珠穆朗玛峰"，被英媒《卫报》称为"现代世界七大奇迹之一"。

港珠澳大桥是国家工程、国之重器，其建设创下多项世界之最，非常了不起，体现了一个国家逢山开路、遇水架桥的奋斗精神，体现了我国综合国力、自主创新能力，体现了勇创世界一流的民族志气。这是一座圆梦桥、同心桥、自信桥、复兴桥。大桥建成通车，进一步坚定了我们对中国特色社会主义道路的自信，充分说明社会主义是干出来的，新时代也是干出来的！

（整理自美篇 2019 年 8 月 20 日，原标题为《中国唯一一座连接香港、珠海和澳门的桥隧工程——港珠澳大桥》，作者为张文龙。）

三、明天更美好

2012 年 11 月，中共十八大闭幕不久，习近平总书记带领新一届中央领导集体参观《复兴之路》展览首次提出"中国梦"的理念就在国内外引起了强烈反响。的确，也很难不引起强烈的反响。一个时期以来，似乎只有发达的美国才有资格谈"美国梦"，积贫积弱、一穷二白的中国，何时也能有资格谈起中国梦了？显然，只有中国共产党夺取了政权，建立了新中国，中国人民才从此站了起来。改革开放高歌猛进的 40 年，更使中国一跃成为世界第二大经济体、世界第一工业制造大国、第一贸易大国，国内生产总值接近百万亿元，人均国民收入接近一万美元，中国正从富起来向强起来有力地迈进。

2013 年 3 月 17 日，在党的十八大后召开的十二届全国人大一次会议上，习近平总书记对"中国梦"的内涵做了科学完整的阐述："实现全面建成小康社会、建成富强民主文明和谐的社会主义现代化国家的奋斗目标，实现中华民族伟大复兴的中国梦，就是要实现国家富强、民族振兴、人民幸福，既深深体现了今天中国人的理想，也深深反映了我们先人们不懈追求进步的光荣传统。"

在 2019 年庆祝新中国成立 70 周年大会上，习近平总书记更是向全世界庄严宣告：

70 年来，全国各族人民同心同德、艰苦奋斗，取得了令世界刮目相看的伟大成就。今天，社会主义中国巍然屹立在世界东方，没有任何力量能够撼动我们伟大祖国的地位，没有任何力量能够阻挡中国人民和中华民族的前进步伐。

……

中国的昨天已经写在人类的史册上，中国的今天正在亿万人民手中创造，中国的明天必将更加美好。全党全军全国各族人民要更加紧密地团结起来，不忘初心，牢记使命，继续把我们的人民共和国巩固好、发展好，继续为实现"两个一百年"奋斗目标、实现中华民族伟大复兴的中国梦而努力奋斗！

第五章

进攻是最好的防守

——既要有坚固的盾又要有锋利的矛

　　被动就要挨打，这句话不仅仅适用于军事战争中，舆论较量也是一样。面对日益复杂的国际形势和网络舆论环境，要进行意识形态斗争就要增强主动性，不能仅仅被动应对，四处"救火"而不管"火源"。要敢于亮剑，找准目标主动出击，既要有理有据进行释疑，更要有力有效开展舆论斗争。

　　互联网已成为意识形态斗争的主战场。在这个主战场中，打法、战法和传统媒体时代相比已经发生了截然不同的改变。我们要转变思想，顺应时代潮流，紧跟科技步伐，主动出击，用网络开展网络意识形态斗争。

第一节
狭路相逢勇者胜

无论是苏联解体，还是"阿拉伯之春"，都无一不告诉我们，在和平时期，一个国家和政权的最大风险是政治上的"和平演变"，也就是通过"街头运动"等形式进行"颜色革命"，改变国家政权。而舆论战正是政治上"和平演变"的主要表现形式，是一种政治攻心战。多年来，西方反华势力一直妄图利用互联网"扳倒中国"，声称"有了互联网，对付中国就有了办法""社会主义国家投入西方怀抱，将从互联网开始"。尤其在新媒体时代，西方反华势力与境内反动势力相互勾结，更加频繁地挑战我意识形态安全和政权安全。面对这种情况，我们要敢于亮剑，要敢于表明我方的态度，对对方颠倒是非、混淆黑白、抹黑攻击、挑拨事端的舆论予以坚定的回击。

一、再说 CNN 的偏见

2019 年 10 月，39 个亚洲面孔的人在英国被发现死于集装箱内，举世震惊。但在遇难者国籍还没有定论、遇难原因也尚未确定时，不但英国 BBC 等媒体已经自行"确认"遇难者中国人的身份，美国有线电视新闻网（CNN）也摆出了一副"铁证在握"的姿态，提问中国外交部为什么中国公民在新中国成立 70 周年之际以极端方式离开中国，并在官网发布标题为《作为世界第二大经济体，为什么中国人要冒着生命危险进入英国？》的新闻。

面对这一举世关注的社会性事件，面对西方主流媒体不顾事实的猜测、造谣和抹黑，我国政府敢于亮剑，旗帜鲜明地给予了坚决的回击。我国驻英大使第一时间发布声明表示死者国籍尚未确定；我国外交部发言人华春莹面对 CNN 的问题，揭穿了先入为主地认定遇难者是中国人并将该事件和新中国成立 70 周年相关联的险恶用心，反问"你到底希望得到什么样的答案呢"①。

我国媒体也第一时间表明立场，坚定批驳谬误，揭露西方媒体的邪恶用心。央视发表热评《CNN 记者欠 39 个遇难者家属一个道歉》，直接表明了 CNN 对中国的偏见性报道并不是第一次，将遇难者当作政治工具让人感到恶心。人民日报、新华社、央视等主流媒体纷纷发表评论进行驳斥。

主流媒体的声音带动了民间的舆论场，微信公众号、网民评论等纷纷声讨，对 CNN 的丑恶嘴脸和西方国家的恶意造谣抹黑大力批判，并赞扬因为改革开放以来取得的伟大成就，中国人民已经不偷渡了，反而都是留学生和外国人来中国。

互联网是现实社会的镜像，现实中的许多矛盾会在网上相互叠加、集中呈现，少数别有用心的人利用现实中存在的某些不足，在网上造谣惑众、混淆是非，企图达到不可告人的目的，甚至妄图搞乱社会、颠覆政权。因此，我们要从维护意识形态安全和政权安全的高度出发，严密防范和遏制网上攻击、渗透行为，积极开展舆论斗争，做到旗帜鲜明、寸步不让，毫不含糊地表明立场、发出声音。对经济社会发展中出现的社会热点问题要进行精准引导，对真正的问题不回避、不推脱、真解决，勇于揭露，必要时"刮骨疗毒"，以解决问题为主，不跑偏，不走调。

二、打破"沉默的螺旋"

舆论较量的本质是通过宣传主动传递自己的意识形态，瓦解敌方的信仰和价值观，削弱敌方政府的公信力，让敌方民众对该国政府产生极大的不信任感，进而达到不战而屈人之兵的目的。在这一过程中，抢夺舆论的话语权、改变民众的态度处于核心地位，这是新闻学和传播学最重要的研究方向。学界中对此有很

① 2019 年 10 月 25 日，外交部发言人华春莹在主持的例行记者会上发言。

多理论研究，其中"沉默的螺旋"对我们有重要的启发意义。

"沉默的螺旋"是诺埃勒－诺依曼（Noelle-Neumann）1974 年提出的理论。这个理论认为，人们在表达自己想法和观点的时候，如果看到自己赞同的观点受到广泛欢迎，就会积极参与进来，这类观点就会越发大胆地发表和扩散；而发觉某一观点无人或很少有人理会（有时甚至会有群起而攻之的遭遇），即使自己赞同它，也会保持沉默。意见一方的沉默造成另一方意见的增势，如此循环往复，便形成一方的声音越来越强大，另一方越来越沉默下去的螺旋发展过程。[①]

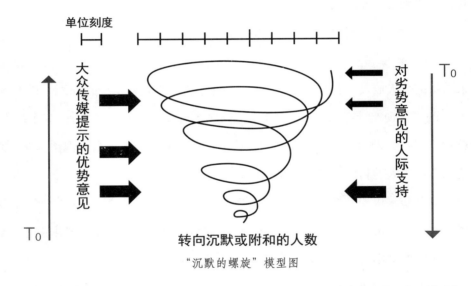

"沉默的螺旋"模型图

由此可见，舆论较量是一对"正与邪"的关系。如果我们不敢于亮剑，不主动发声，不主动加大我方主题的宣传策划，那么网络舆论空间就会被对方占领，被对方牵着鼻子走，疲于应付，被动挨打，丢城失地，成为对方的俘虏。

要打破"沉默的螺旋"，必须依靠和发动人民，只有把群众的力量动员起来，才能影响和带动更多的沉默的大多数。在这方面，各级党员、团员应该带头行动，这个力量是非常大的，如果能真正动员起来，将是决定性的力量。

三、统筹网上网下两个舆论场

当下中国，客观存在着两个舆论场，一个是以主流媒体为代表的官方舆论场，一个是以互联网为基础的新兴媒体舆论场。

2019 年是新中国成立 70 周年，70 年来中国的发展取得了举世瞩目的成就，中国的经济得到大幅度的提升。1952 年，我国的 GDP 是 679.1 亿元[①]；2019 年，GDP 已接近百万亿元大关[②]，绝对值比 1952 年增长了 1300 多倍。在人均 GDP 方面，从 1952 年的 119 元上升到 2019 年的近万美元，增长 500 多倍。人民的生活水平有了很大的提高。笔者在全国人大社会建设委员会任职，多次参加在各省市地区举行的调研活动，涉及就业、社会救助、扶贫等多个方面。在调研中发现，大多数的普通民众生活都过得滋润富足，很是红火，可以说安居乐业、蒸蒸日上。尤其是云南、贵州等贫困地区，作为曾经的西南偏远贫困地区，党和政府通过精准扶贫、到人到户、对接产业，特别是通过易地扶贫搬迁让乡村农民变为城市居民，让曾经深度贫困地区的百姓一跃过上好日子。中国扶贫所取得的巨大成绩使 8 亿多贫困人口脱贫，占到世界脱贫人口的 80% 以上，对人类发展做出极大贡献。但这些成绩的取得，除了官方主流媒体的报道，在众声喧哗的新媒体中却很少形成热点。网络空间一度充斥的是各种社会负面新闻、明星的趣闻逸事、网络"大 V"的话题炒作。因此，就有民众调侃说"上一天网所受到的负面情绪影响得靠看 7 天央视的《新闻联播》才能抚平"。

一时间，两个舆论场所形成的落差甚至对立，严重影响了社会的和谐，撕裂了国家共同的思想基础，特别是国家主流媒体围绕国家大政方针，根据社会发展所策划的主题宣传、主流价值观念的引导，常常被网络媒体和一些网络"大V""解构"、污名化、引偏，甚至颠覆。两个舆论场错位乃至对立不仅直接挑战

---

① 2019 年 9 月 24 日，国家发展改革委副主任兼国家统计局局长宁吉喆在庆祝中华人民共和国成立 70 周年活动第一场新闻发布会上表示。

② 2020 年 1 月 17 日，国家发展改革委副主任兼国家统计局局长宁吉喆在国新办新闻发布会上表示。

我们国家长期形成的党管媒体的原则、底线，导致社会阶层分裂对峙、政府公信力受挫，长期下去，一旦形成"破窗效应"，主流媒体阵地失守，网络乱象盛行，必危及意识形态安全和政权安全。

2013 年 8 月 19 日，全国宣传思想工作会议召开，对中共宣传思想领域可谓是一次划时代的具有里程碑意义的会议。习近平总书记在会上一针见血地指出，互联网已经成为舆论斗争的主战场。在互联网这个战场上，我们能否顶得住、打得赢，直接关系我国意识形态安全和政权安全。习近平总书记的"8·19"讲话，如同穿破迷雾的灯塔，为网络空间治理指明了方向，为各级领导干部服了清醒剂、打了强心针。广大党员干部在网上斗争中要敢抓敢管，敢于亮剑；要当"战士"，不当"绅士"；要把网上舆论工作作为宣传思想工作的重中之重来抓。

加强党对新闻宣传工作的领导，传统媒体和新兴媒体不可偏废，必须打通两个舆论场，同奏时代主旋律，聚合发展正能量。努力寻求传统媒体与新兴媒体的"最大公约数"，抓住共同点、共通点，走媒体融合发展之路，做好舆论引导大文章。党的宗旨是全心全意为人民服务，党交给传统媒体的一项重要任务就是把传递党的声音和反映人民心声有机统一起来，而网络等新兴媒体正是民情民意的最大汇聚平台，其主流同样是向上向善向美，渴望政治清明、社会和谐、民生幸福。党心与民意，就是两个舆论场最大的"交集"，是打通两个舆论场的着力点。

【典型案例】

中国网络诚信大会宣传效果惊人

笔者兼任会长的中国网络社会组织联合会成立于 2018 年 5 月，成立之初我们就力主抓住社会反映强烈的网络诚信问题，推出了中国网络诚信大会，目前已经于 2018 年和 2019 年各举办一届。

我要求中网联高度重视网络诚信大会宣传工作，既要做好传统媒体宣传，也要做好网络和新媒体的宣传，还要积极引导网民参与。按照这个要求，同志们积极工作，既成功举办了大会，也做了非常好的宣传报道，营造了良好舆论氛围。2019 中国网络诚信大会在西安成功举行，传统媒体方面，人民日报、新华社、中央广播电视总台、光明日报、经济日报等主流传统媒体纷纷进行报道；网络及新媒体方面，微博话题"网络诚信"活动周期内阅读量突破 6000 万，活动当天人民网、今日头条等近 80 家平台大会直播，累计观看量突破 1000 万，抖音、快手发布相关视频 400 余条，超 4000 名微博"大 V"、150 多家政务媒体参与讨论。通过传统媒体和新媒体共同发力，两三天各大媒体发布相关报道超过 1300 篇，百度搜索报道数量超 100 万条，迅速在全社会掀起了一场关于网络诚信的热潮，形成了一股强劲正能量！

对于一个刚成立的社会组织，能取得这样的宣传效果难能可贵。

四、对热点问题不回避

经过 70 多年的发展，我国经济取得了巨大的成就，民众生活水平得到了极大提高。但与此同时，原有的阶层不断分化，形成各种不同的利益群体，不同利益群体的不同诉求导致各种社会问题错综复杂，尤其是改革进入深水区以后，社会矛盾日益突出，潜在的社会风险日益增大。

因此，当互联网出现以后，由于传播门槛日益下降，通过互联网进行的社会动员能力越来越强，成为各类风险的传导器和放大器：网下问题在网上集聚、交织、扩散、放大、发酵，网上舆论又反过来诱导、策动、激化网下问题。尤其是一般的社会问题、民生问题、安全事故、交通事故、自然灾害现象等都可能会引起炒作，出现泛政治化和泛意识形态化现象，把个别问题普遍化、社会问题政治化、普通问题极端化，在网上发起意识形态论争，不时引起舆论喧哗，形成舆论风暴甚至溢出网络效应。

中国崛起之舆论战

面对社会动员能力极强的互联网，以及任何细小的社会问题都会引发炒作并被用来进行利益斗争的社会现状，我们在面对、处置社会热点和突发事件时，要敢于担当、勇于回应。谣言止于透明，当我们的政府、我们的党员干部勇于担当，对老百姓关心的话题及时进行回应，对老百姓的情绪及时进行疏导，热点事件引起的舆论旋涡就会逐渐平息。反之，如果迟迟没有回应，将会造成猜测性信息不断增加，各种谣言就会迅速扩散并愈演愈烈。

在回应热点事件时，要注意舆论引导的三个阶段：一要及时召开新闻发布会，抢占舆论制高点和引导先机，增强新闻的首声效应，公布当地政府对处置突发事件的态度，而不是急于下结论，更不能找各种借口推卸责任，或试图掩盖，这样会造成更大的被动；二要随着事件的处置，及时报道采取的措施和取得的成效，这一阶段不要积累到一定程度再一次性总结式地发布，而要及时随时发布，不断给媒体和公众"抛料"，以回应社会关切，解答公众的疑虑；三要公布事件调查结论和善后的处置。

只有这样，才能逐步打消民众的疑虑、揭露事件的事实和真相，并改变民众的态度和舆论的关注度。在这一过程中，要切实维护党和政府的权威性和公信力，逐渐引导民众对事件的关注角度，消除事件引起的民众的愤怒情绪，最终将舆论风暴平息。

【典型案例】

成都市政府部门在成都七中食品安全事件中的积极回应

2019年3月12日，一张微信朋友圈截图被广泛传播，称成都七中实验学校食品安全问题曝光。起因是一名学生长期身体不适，被家长带去北京检查后发现，系因长期吃变质食物导致，于是这名家长"卧底食堂假扮食堂工作人员，终获得问题食材证据"。此后，成都七中实验学校多位家长反映孩子就读的小学食堂有过期、发霉变质、有添加剂的食品，并表示长期吃食堂的孩子出现便秘、口腔溃疡、胃疼等症状。

事件曝光后，网络舆论就像干柴遇上了烈火，在网上炒作沸沸扬扬的成都七中食堂腐烂食品事件似乎成为所有媒体关注的焦点，随着媒体的跟进，大量自媒体也纷纷跟风炒作，大加挞伐，一时间网络上充满了久违的浓浓的"正义感"。

对此，成都市温江区政府积极应对，第一时间发布公告进行调查并及时通报结果。3月12日，成都市温江区市场监督管理局在部分家长的现场见证下，对牛排、肉饼（肉夹馍）、咸蛋黄、蛋挞皮、火腿肠等取样19批次，每批次样品取三份，一份检样、一份备样、一份家长留存样，所取样品均由家长代表在封条上签字确认。检测结果显示，所取样品均在保质期内。3月15日，管理局发布了通报。

此次检测结果回应了网民的关切，取得了部分网民的信任，但并没有完全打消民众疑虑。对此，成都市公安局进行进一步调查和成果公布。3月18日，成都市公安局发布监控视频显示，3名家长于3月12日晚10时强行进入小学食堂，撕破部分食材包装，抛撒踩踏食材，就地取物撒在食材上（鸡翅上撒姜黄粉，毛肚上撒红曲米），改变了食材原有形态，并故意摆拍照片、视频，上传到网上。

监控视频的出现完全打消了网民的疑虑，所有的质疑声音瞬间自动调整为静音飞行模式，再不发一声。一些之前转发数量惊人的帖文也纷纷自行删除或被屏蔽，还有公众号文章被判定为谣言。此事成为舆论引导的一次经典战役。

（整理自微信公众号"警事V语"2019年3月20日，原标题为《成都七中食堂事件惊天逆转，疼的是谁的脸？》，作者为警事V言。）

五、主动出击，精准打击

舆论战作为战争的一种手段，最有效的就是提供精准打击，挤压模糊信息留下的想象空间。

因此，对于一些国际热点的事件，我们有必要主动向境外媒体或者境外民众提供真实情况。

首先，可以减少让人产生猜测的模糊信息的空间，从而在根本上瓦解谣言的产生基础，让敌对势力的谣言或煽动性信息的前提不攻自破。在进攻的同时，获得最好的防守。

其次，提供真实的情况可以揭露敌对势力对我进行歪曲、抹黑、编造的虚假信息。在澄清事实、传播真相、打击谣言的同时，可以揭露对方捏造虚假谣言的丑恶嘴脸，打击对方媒体的公信力和民众的好感度。

最后，这种真实情况的提供不应该是总结性地提供，需要及时地、阶段性地提供相关事实，对敌对势力的谣言形成强有力的对冲，最终赢得意识形态斗争的主动。

【典型案例】

面对中国政府针对新疆问题的摆事实讲道理，西方媒体却沉默了

美国国会众议院于 2019 年 12 月 3 日通过了所谓"2019 年维吾尔人权政策法案"，而在西方媒体上，把新疆描述成"集中营"遍地、"北京方面在当地发起针对少数民族的镇压运动"等打着"人权牌"抹黑中国的反恐与去极端化工作的"老把戏"，相互配合得很密切。

面对这种情况，中国针对外媒和某些政客高度关注的"新疆问题"有一波密集发声。首先，外交部、国家民族事务委员会、全国人大外事委员会、国家反恐办等八部门发出连环回击。近乎同时，CGTN 以两部讲述新疆暴恐的英文纪录片收获了社交媒体上数千万次的观看，相关话题阅读量逾 3 亿。两部短片在不唤起居民"创伤性记忆"的前提下，向国际社会适度公布了恐袭现场画面，旨在

回溯新疆反恐的逻辑起点。很多国外网民对这些视频进行点赞，纷纷评论"之前没有看到过这些画面""CGTN应该多播放一些这些内容""这些人被称为自由战士，只是因为他们在反中。而当他们在阿富汗，他们就被称作恐怖分子。真讽刺。"

这些声音通过多组数据和事实，展现了新疆的真实情况，引发刷屏，并赢得了关注与认可。但一贯热衷于"吃瓜"围看各类涉疆新闻的西方媒体，此番竟选择了集体沉默。正是因为西方涉疆话题是虚假和编造的，在哗众取宠之后只能一哄而散，经不起事实推敲。而以中方独立立场、渠道传播事实，则使涉疆舆论高潮不仅受众甚广、启示也格外多。这种强烈的反差，使得中国这次在舆论场上的连环亮剑，正是对于西方媒体"策略"的突破。

（整理自微信公众号"侠客岛"2019年12月9日，原标题为《中国密集发声，外媒集体沉默，这波交锋有意思》，作者为点苍居士。）

而这种主动地提供情况，不应该仅仅是在突发的重大国际事件中。舆论战是一个长期的过程，其中重大的具有国际影响力的热点事件只是舆论战的一个重要节点或者重要阶段。但是重要节点的胜利需要的是功夫下在平时，更多的工作应该是平时加强对境外民众的"教化"，这种教化并不需要过多地灌输宣传式的、政治性的议题，相反宣传式的、政治性的议题会在开始的时候引起境外民众的反感。我们应该在平时多进行一些事实性的讲述，甚至是境外民众喜闻乐见的社会性乃至娱乐性的议题，通过加强对外交流活动，让境外民众更多地了解中国、理解中国，对中国产生感情。量变产生质变，只有在平时下足功夫，才能达到"润物细无声"的效果。

中国崛起之舆论战

【典型案例】

央视网在境外社交媒体平台推出熊猫频道引围观

2013 年 8 月 6 日，央视网与成都大熊猫繁育研究基地正式合作推出以大熊猫为主要载体的全媒体平台——熊猫频道。熊猫频道建有网站、社区、社交媒体等多种形式的中英双语新媒体集群，每天通过官网、App 客户端、微博、微信、Facebook、YouTube 等海内外平台，向全球网民 24 小时直播生活在中国的大熊猫日常动态，不定期地进行大熊猫野化放归、繁育交配及新生大熊猫亮相等热点事件直播，并策划推出一系列大熊猫主题节目与活动，借助视频、图文生动地展示熊猫故事，传播生态理念和中国文化。据数据统计，仅《HiPanda》一档栏目，总浏览量已超过 23 亿次。

2018 年，熊猫频道更是达到 Facebook 全球主流媒体账号互动率第二；YouTube 平台视频观看量突破 1 亿次，观看时长超过 1.35 亿分钟，账号 24 小时高清直播，平均观看时长达 20 分钟，长期占美国地区观看时长和次数首位。原创视频被包括美国有线电视新闻网（CNN）、美国全国广播公司（NBC）、英国广播公司（BBC）在内的 1300 家境外电视媒体机构使用超 2 万次，传播能量惊人。

熊猫频道建立账号以来，一方面以新媒体化内容打造氛围轻松、易于交流分享的垂直系列账号，借助大熊猫直播、微视频、纪录片等形式，为海外用户特别是年轻用户提供感知中国不同侧面的机会；另一方面，深耕精细化运营，通过对海外同类型高影响力账号的研究对比，深挖目标地区用户属性，进行中、英、日等内容多语化编译，安排专人 24 小时直播互动，建立用户讨论群组，进一步增强观看体验和频道海外影响力。

（整理自广电独家搜狐号 2018 年 11 月 30 日，原标题为《央视网熊猫频道全球粉丝超 2200 万成为"国际网红"》，作者为心喜。）

第二节
主战场要有主力军

当今世界，一场新的全方位综合国力竞争正在全球展开。

习近平总书记 2018 年 4 月在全国网络安全和信息化工作会议上发表讲话指出："谁掌握了互联网，谁就把握住了时代主动权；谁轻视互联网，谁就会被时代所抛弃。"一定程度上可以说，得网络者得天下。

当前意识形态工作 70% 的任务在网上，互联网已经成为意识形态斗争的主战场。从中国共产党革命史看：中国共产党人能不能打仗，新中国的成立已经说明了；中国共产党人能不能搞建设搞发展，40 多年改革开放的高歌猛进也已经说明；但是在互联网时代，在信息革命这一最复杂环境、最复杂因素、最大变量下，中国共产党能不能过了互联网这一关，就成了能否长期执政的最大考验。

一、要有自己的主阵地

在传统媒体时代，电视、广播、报纸就是舆论战的主阵地。谁能把握这三个渠道，谁就能把内容传递到对方那里去，就能把握舆论战的主导权。同时，因为传播渠道有明确的物理界限，即电视广播需要确定的频率，报纸需要实际的人工发行渠道，而且各传统媒体对采编播等流程把关严格，所以，意识形态斗争相对没有那么复杂，内容的制作和播放都处于可控状态。

但是在新媒体时代，人人皆是媒体、时时都能传播，信息呈爆炸状态。新媒体的即时性、多媒体性和互动性、开放性，使得现在网上获取信息成为最主要的方式。

中国互联网信息中心发布的第 45 次《中国互联网络发展状况统计报告》显示，截至 2020 年 3 月，我国网民规模达 9.04 亿，手机上网比例达 99.3%。

另据中国人民大学国家发展与战略研究院主办的《5G 时代中国网民新闻阅读习惯的量化研究》报告，目前我国大陆居民受访者每天获取新闻信息的渠道已经发生根本性变化，受访者每天获取新闻信息 75.25% 来源于微信群、39.02% 来源于抖音、26.61% 来源于今日头条、20.03% 来源于微博，纸媒、电视和其他只分别占到 0.68%、6.56% 和 4.24%。

因为传播门槛的下降，所有信息都在网上，而一根网线沟通所有，人们已无法通过简单的物理分隔将信息排除在外。在网络空间，各种信息纷乱复杂，更加考验领导干部对舆论的管理和引导艺术。

【典型案例】

马其诺防线的启示

马其诺防线是二战时期法国在东部所设立的防御工事，由钢筋混凝土建造而成，辅以各式大炮、壕沟，可谓固若金汤。但后来大家都知道，德国人避开马其诺防线，从左侧迂回到西部方向进攻，占领了法国的北部，使马其诺防线彻底失去了作用，成为"美丽的遮羞布"。在当前意识形态领域，如果我们不把兵力投入网上意识形态的主战场，还死守一些不与时俱进的旧阵地，死守一些传统的做法，就难免顾此失彼，重蹈马其诺防线的覆辙。

马其诺防线形同虚设

主阵地不仅仅是对国内新媒体平台的管理和引导，也要对我国对外的新媒体平台进行打造。我们与西方的意识形态斗争不仅仅发生在国内的微博、微信、抖音等平台，Facebook、YouTube 等境外社交媒体平台也是我们与对方进行意识形态斗争的重要阵地。而社交媒体作为当下获取信息的最重要来源，也是承载网络信息的重要载体，掌握在谁的手中对舆论战的胜败至关重要。因此，我们要大力推进并扶持海外新媒体平台尤其是社交媒体平台的建设。

【典型案例】

Twitter 和 Facebook 等境外社交媒体关闭我大量账号

2019 年 6 月以来，香港不断发生暴力冲突，起因是反对 2019 年 2 月启动修订的《逃犯条例》程序。虽然特区政府多次表示修订《逃犯条例》工作已彻底停止，但他们继续以"反修例"为幌子，得寸进尺、变本加厉，暴力行为不断升级。面对香港暴乱的局势，中国艺人在 Twitter 和 Facebook 上发表"撑警"言论，却遭激进示威者辱骂及人身威胁。对此，饭圈女孩和帝吧网民出征 Twitter 和 Facebook 等境外社交媒体网站，声援爱国明星，发表爱港言论，用言语和实际行动表达对港警的支持。

然而这种爱港言论却被 Twitter 和 Facebook 大规模删号。2019 年 8 月 15 日起，Twitter 和 Facebook 相继宣布，封锁其平台上的大量账号。Twitter 停用了 936 个账号，因它们"散布虚假信息"，目的是"损害香港政治运动的合理性"。Facebook 则移除了 7 个页面、3 个群组和 5 个账号，同样这些账号被指涉及散播关于香港的假新闻。其中有的页面近 15000 名粉丝，另有一个群组有 2200 个成员。两家公司认为，这些账号散播关于香港示威的假信息，且背后由中国官方主导。并于 2019 年 9 月 20 日，再次以"背后有国家操纵"为由永久关停上万个账号，其中中国账号高达 4301 个。与此同时，大量歪曲事实、攻击抹黑香港政府和香港警察的谣言信息却大行其道。

China (PRC)/Hong Kong

In August, we disclosed that we had identified a network of more than 200,000 fake accounts based in the PRC which were attempting to sow discord about the protest movement in Hong Kong. Today, we are publishing additional datasets relating to 4,301 accounts which were most active in this information operation to further public awareness and understanding.

Twitter 声明截图

Twitter 和 Facebook 的行径表明，尽管这两个公司为私人所有，但是美国这种精英公司与美国国家利益绑定的行为是显而易见的。Twitter 和 Facebook 并没有按照他们所标榜的公平、理性、自由、客观的价值观去管理网上言论，而是作为美国的舆论战的重要参与者和服务者为其服务。

（整理自微信公众号"人民日报"2019 年 9 月 22 日，原标题为《荒唐！推特再删 4301 个中国涉港账号》，作者为胡洪江、郑薛飞腾。）

二、舆情就是责任

习近平总书记强调，做好宣传思想工作必须全党动手。各级党委要负起政治责任和领导责任，加强对宣传思想领域重大问题的分析研判和重大战略性任务的统筹指导，不断提高领导宣传思想工作能力和水平。要树立大宣传的工作理念，动员各条战线各个部门一起来做，把宣传思想工作同各个领域的行政管理、行业管理、社会管理更加紧密地结合起来。①

我们制定了《党委（党组）意识形态工作责任制实施办法》《党委（党组）网络意识形态工作责任制实施细则》，要求狠抓网络意识形态工作责任制落实，按照"谁主管谁负责、谁运营谁负责"的原则和属地化管理原则，将相关工作责任落实到机构、到岗位、到人头，真正做到守土有责、守土负责、守土尽责。

落实网络意识形态工作责任制，各级党委领导同志要做主帅负总责。习近平总书记要求各级党委对意识形态工作负总责，切实负起政治责任和领导责任。这是党中央着眼加强党对意识形态工作的领导、维护意识形态安全作出的重大决策部署和重要制度安排。各级党委的领导同志，要主动站到意识形态斗争第一线，组织和带领本地区本部门的队伍积极投身网上舆论斗争，要主动了解互联网上的新情况新动向、了解网上舆情特点。

【典型案例】

"梨代桃僵"

中国传媒大学董关鹏教授曾经讲过一个"梨代桃僵"的例子。一次，他去

① 《习近平出席全国宣传思想工作会议并发表重要讲话》，《人民日报》2013 年 8 月 21 日。

中国崛起之舆论战

东北某地调研，当地一位领导跟他讲，前不久当地发生了件事儿，本来已经处理得差不多了，后来有一个"桃视频"进行了报道，导致舆情扩散，希望他能帮忙协调。董教授怎么也想不起有这么个媒体，后来跟宣传部的同志了解，才知道是梨视频，领导记成了"桃视频"。像这样不主动去了解宣传工作的领导，出现舆情是很难有效处理的，也很难应对复杂多变的舆论战。

（整理自 2019 年 12 月 9 日董关鹏在"社会组织公益传播与品牌建设系列培训班"第一期培训上的讲课。）

三、好钢用在刀刃上

互联网作为意识形态斗争的主战场，我们自然应该大力投入、重兵把守。习近平总书记多次强调，要从维护国家政治安全、文化安全、意识形态安全的高度，加强网络内容建设。他要求"各级党委和政府要从政策、资金、人才等方面加大对媒体融合发展的支持力度"[1]。

现在有些地方，心里也知道，嘴上也一直说，但行动上还是不够，没有真正把更多的人财物投入到网络新媒体上，在经费、编制各方面没有做到重点保障，甚至没有一视同仁。譬如，对于政府在网络上进行政务新媒体运营工作，国务院办公厅曾发布《关于进一步做好政务新媒体工作的通知》，《通知》中对明确主体责任、强化引导回应、完善考核问责等相应的机制构架要求可谓"应有尽有"。但一些地方在执行的过程中存在形式主义作风——将《通知》予以印发传达便匆匆了事。有记者调查发现，除了功能不完善、用户体验差之外，有的政务 App 甚至根本无法运行，点开即闪退。中国软件测评中心曾针对 70 多家国家部委和 32 家省级政府网站政务软件的建设情况进行测试，测评报告显示：超过 40% 的

[1] 《习近平主持中共中央政治局第十二次集体学习并发表重要讲话》，《人民日报》2019 年 1 月 25 日。

186

省部级机构单位的政务软件存在各种链接失败、兼容性差等不可用的问题。

甚至在互联网高度发展的今天，在中央成立中共中央网络安全和信息化委员会并由习近平总书记亲任委员会主任的情况下，极个别地方官员依然没有意识到网络意识形态斗争的重要性和复杂性，不把网信办当回事，甚至认为网信办作用不大。

而在媒体管理中，轻视新媒体或媒体融合的情况也不少见。在媒体中，新媒体部门或人员配置少，或没有编制，或福利待遇较差，或上升空间受阻。优秀的人才依然集中在宣传部门或传统媒体部门，新媒体部门的人才、资金等投入还远远不够。

四、多维度，成体系

要想打好舆论战，不能只靠一两个部门，而是要靠多部门体系化作战，需要打造一个多维度、立体化的舆论战体系。要形成党委做指挥、宣传部门做先锋、党媒做中坚力量、商业媒体是重要组成部分、充分发挥自媒体和网红的传播作用的舆论战体系。

第一，党委做指挥。舆论战本质上是一种政治的战争，并不仅仅是一个部门的事情，而是关系整个党整个国家存亡的问题。这就需要党委强有力的指挥，从全局的角度看待意识形态斗争的复杂性和重要性，加强重大战略性任务的统筹指导，对重要舆论事件和重大问题进行研判分析，统筹协调各部门共同应对，全方位、多角度地处理舆情问题。

第二，宣传思想工作者要当先锋。宣传思想工作者在开展意识形态斗争中始终战斗在第一线，练就了扎实的理论本领，积累了丰富的工作经验，涌现出一批又一批行家里手。如今，互联网成了主战场，宣传思想工作者必须一面守好旧阵地，一面占领新阵地，冲锋在前，打好头阵。

第三，党媒应该成为舆论战的中坚力量。党媒作为党的喉舌，宣传党的理论方针政策，为党发声，是自己的天然责任和义务。党媒工作者的政治觉悟、理论素养相对较高，对党和国家的路线方针政策比较了解，分析看待问题更为客观准确透彻，更具组织性。这是党媒的天然优势。同时作为媒体，党媒比政府部门更加熟悉传播规律，拥有庞大的受众群体，可以说是舆论战的主力军和中坚力量。党媒也是正能量的主要传播者。党媒不像商业媒体，市场和利润并不是党媒的首要目标。因此，党媒更能体现媒体的人民性和社会性属性，更能代表广大人民群众的声音。

第四，商业媒体是重要组成部分。商业媒体在我国是改革开放以后才出现的，采用的是以服务为核心、以市场为主导的经营模式。商业媒体依靠广告收入赢利，因此受众是商业媒体的核心。商业媒体比党媒的受众更多，传播的范围更广，阅读、观看或收听的时长也更长。但是商业媒体因为追求市场利益，追求收视率和点击量，有时候为了吸引眼球会有一些不符合人民利益和舆论战要求的传播行为，为此需要宣传部门进行引导。

第五，充分发挥自媒体和网红的传播作用。自媒体和网红是民间自发形成的一些领域的"意见领袖"。他们不仅有着巨大的粉丝数量（有些网红的粉丝数量甚至远远大于媒体），而且他们对各自的粉丝有着十分重要的影响力。同时，他们本身就是网民中的一员，最贴近网民，了解网民的所思所想，更利于网民接受。因此，管理部门要采取多种手段，转化、扶植和培育一大批理解、认同、赞成党和政府路线方针政策的网红，通过他们来影响网民。

五、争当正能量网红

网上"意见领袖"代表了相当数量拥趸的心声，公众关注度高，对网民情绪和网络舆论影响很大。因此，要倡导政府各部门及党员干部上网、开微博，替党和政府说话，培养我们自己网上的"说话领袖"，占领新媒体这一新的舆论阵地。

现在有一种不好的现象，认为对舆情事件的回应就是宣传部门或者网信部门的事情。出了事情，只让宣传部门进行处理，主管部门却回避。其实舆论引导并不仅仅是宣传部门的事，需要各个部门都参与进来。对于一些专业领域的事，需要专业的部门发声，进行回应。专业的发声会更有说服力，防止别有用心之人对一些事件进行歪曲抹黑。如果不能对一些舆情事件进行很好的回应，损失的不是宣传部门的公信力，而是各主管部门乃至整个政府的公信力。

因此，各部门要增强舆论引导意识，积极上网，主动拉近自己与民众的距离，争当本领域的网红，将工作更多地落实在平时，更好地了解民众的想法和诉求，将党和政府在本行业的方针、路线和政策进行更好的宣传。

【典型案例】
中国历史研究院在微信公众号上发声

为推进中国特色历史学学科体系、学术体系和话语体系建设，积极推动历史学融合发展，2019 年 1 月 3 日，中国社会科学院中国历史研究院成立，统筹指导全国历史研究工作，整合资源和力量制订新时代中国历史研究规划。为讲好中国历史、传播中国文化，中国历史研究院于 2019 年 9 月开设微信和微博公众号，并开设了话题＃人民历史课堂＃,强力出击,反击历史虚无主义,对一些所谓的"大 V"宣称的"李鸿章在万国运动会唱《茉莉花》"、污蔑革命烈士江姐等多种网上扭曲历史、抹黑英烈人物的谣言强力辟谣，对内容一一考证反击。

在辟谣过程中，中国历史研究院没有废话、没有引申、没有评论，本着实事求是的原则，用证据说话、让史料发声，依靠人民群众，采用灵活多样的方式方法，针对历史虚无主义网络内容进行集中辟谣和指正，特别是对美化民国、否定中国共产党功绩、移花接木炒作名人名言、虚无社会主义革命等方面进行揭批，被网友戏称为"没有感情的打脸机器"，被誉为"国家队打假"，是"快乐的源泉"，引发网民好评如潮。

中国崛起之舆论战

（整理自微信公众号"青年文摘"2019年9月16日，原标题为《"国家队"下场打假！网友纷纷围观快乐源泉》，作者为肖健、江南柚子。）

第三节
打造新型主流媒体

媒体融合发展不仅仅是新闻单位的事，要把我们掌握的社会思想文化公共资源、社会治理大数据、政策制定权的制度优势转化为巩固壮大主流思想舆论的综合优势。习近平总书记强调："要抓紧做好顶层设计，打造新型传播平台，建成新型主流媒体，扩大主流价值影响力版图，让党的声音传得更开、传得更广、传得更深入。"[①] 在新媒体时代，就是要通过媒体融合发展，参与进去、深入进去、运用起来，最大限度扩大主流价值影响力，形成网上网下同心圆，使全体人民在理想信念、价值理念、道德观念上紧紧团结在一起。习近平总书记的重要讲话是对全媒体时代特征的高度概括，也是对媒体融合发展态势的深刻洞察。

一、你中有我，我中有你

面对新媒体时代的挑战，面对当下受众接收信息方式发生的改变，我们需要在"策、采、编、发"的生产流程上，充分考虑到"报、刊、网、端、微、屏"的受众区别，因势而谋、应势而动、顺势而为，根据不同分发端的特点，策划组织不同的内容，从而达到媒体间的深度融合，对广大群众进行全范围、大深度、定制化、精准化的传播。

在传播格局发生深刻变革的时代，要大力推进媒体融合发展就要全面推进工作理念、内容建设、话语方式、体制机制的改革创新，在统筹资源、整合力量

---

① 《习近平主持中共中央政治局第十二次集体学习并发表重要讲话》，《人民日报》2019年1月25日。

上实现新突破，在补齐短板、加固底板上实现新作为。只有坚持"改"的精神、"闯"的劲头、"干"的行动，牢牢占据舆论引导、思想引领、文化传承、服务人民的传播制高点，才能真正抓住舆论战中的关键问题，认清网络意识形态斗争的复杂情况，真正打好舆论战。

二、让正能量充盈网络空间

网络的到来，让信息生产得到极大的解放。但是信息量的增加并不意味着有价值的信息也同样快速增长。事实上，因为传播门槛的下降，审核环节缺失，各种低俗、暴力、色情等不良信息在网上广泛传播，大量信息的参考性和价值欠缺，劣质内容较多。在经历过网络的众声喧哗之后，人们发现优质内容依旧是稀缺资源，主流声音依然是刚性需求。高品质的新闻内容依然是吸引用户的决定性因素。

人们这种对于优质内容的需求正是主流媒体所长，政治的权威性、内容的专业性、品牌的影响力是"主流媒体"的优势所在。全媒体时代不管技术如何演化，形态怎样变化，真实理性的新闻准绳没有变，积极向上的价值取向没有变，平实鲜活的文风追求也没有变。主流媒体应该在全媒体时代做好内容的供给侧结构性改革，要着眼于"内容为王"的根本，重视发挥媒体内容生产的优势，紧紧抓住用户对优质内容的需求，把内容建设作为媒体融合的第一要务，大力发展人们喜闻乐见的正能量内容，用权威性、专业性、深度性聚合用户，为用户提供更好、更多、更符合人们需要的内容产品。

身处媒体融合的时代潮流，主流媒体更应在多元中立主导、在多样中谋共识、在融合发展中确立正确的舆论导向和价值标准。坚持党性和人民性相统一，把体现党的主张和反映人民心声统一起来，把服务群众同教育引导群众结合起来，形成网上网下同心圆，发现更多生动反映新时代历史性巨变的时代榜样、人民楷模、中国故事，使全体人民在理想信念、价值理念、道德观念上紧紧团结在一起，让正能量更强劲、主旋律更高昂，正是主流媒体的职责所在、使命所系。

三、打造平民化话语体系

但是在坚守正能量内容的同时，也要进行话语体系的改革。要努力推动理念、内容、形式、方法、手段等创新，不断推出深入浅出、喜闻乐见的新媒体作品，达到"随风潜入夜，润物细无声"的传播效果。日裔美籍学者弗朗西斯·福山曾这样评价中国："没有想到一个国家发展得如此之好，但叙事却如此之差。"很长一段时间，我们在网上宣传和舆论引导方面采取了很多措施，取得了很好的成效，但也存在不少问题。比如，一味按照老办法、老调调、老习惯来做宣传，讲大道理多过讲故事，尽管内容很好，但群众不爱听、不爱看，这就是色香味不够，没办法吸引到网民。我们的网上正面宣传不仅要追求到达率，还要追求阅读率，更要追求点赞率。

进入新媒体时代，信息的极大发展给了受众更大的选择权，同时网络平台的兴起也给传统主流媒体带来更加激烈的竞争。相对于"说教式"的一些传统媒体的"宣传"，新媒体的叙事方式更加活泼，故事性更强，也更加贴近民众，甚至很多就是网民自己创造的词汇，很容易拉近作者和受众的距离。

要做好新型主流媒体，需要向新媒体学习，借鉴成功经验，创新叙事方法，努力推动观念、内容、形式、方法、手段创新，多运用讲故事、举事例、摆事实的方式，用大白话、大实话和群众语言表达思想、凝聚共识，增强作品的可读性、吸引力和感染力。要贴近人民群众生活的场景感、贴近党和政府政策的福利感、贴近时代发展的成就感，努力推出有思想、有温度、有品质的作品。

【典型案例】

学者演讲被吐槽

"你讲得很有意思，但多少有点像中共的宣传。"在哈萨克斯坦首都努尔苏丹的哈佛大学亚太与国际关系年会（HPAIR）上，我用了半个小时讲述《全球

中国崛起之舆论战

崛起的中国资本：机遇与挑战》后，一位年轻人站起来彬彬有礼地说道。

当面对一群获取信息能力极强的全球青年精英时，中国对外讲述故事的确需要有更多的细节、数据、叙事与角度，从各个角度为国家形象的塑造与深化提供新的供给。

近年来，中国对外传播事业推进的速度很快，在各个领域都取得了一定的效果，在全球各大论坛上，越来越多地出现中国主讲者的身影，欧美大报或主要电视台时不时会出现中国知名人士的撰文与采访，等等，但中国对外交流已出现"供给不足"的迹象。对那些极度关注中国发展、捕捉信息能力超强的全球精英而言，目前在舆论场上传播的中国故事"存量"是远远满足不了他们需求的。

中国故事应突出更多"去政治化"的内容，在文化、金融、教育、科技、环境、探险、时尚、旅行等各个方面构筑一个更为立体的中国形象。一位南非人在浙江莫干山开了全球顶级的民宿，一些90后在区块链、数字货币领域领世界之先，一位中年长跑者连续400多天从南极跑到北极，内蒙古1万平方公里的沙漠在20年内变成绿洲，失火被毁的巴黎圣母院的重建方案出自中国人之手，一位深圳市民登顶了全球所有8000米以上的14座高峰，一位11岁云南小女孩足球踢得令多位世界足球先生惊叹，一位失去双臂的女孩生活完全自理成为"网络红人"，有种叫"陈皮"的药材比黄金还贵……中国每天都有成千上万精彩的故事发生，只要展现一个丰富多彩的国家，本身就是成功、稳健制度的最好证明。

（整理自《对外传播》2019年第9期，原标题为《讲好中国故事，需要更多供给侧改革》，作者为王文。）

四、技术驱动内容

渠道制胜，内容为王。可以说技术和内容互为支撑，共同构建了媒体的核心竞争力。技术是传播方式的重要变革形式。印刷术的改进产生了报纸，无线电的出现产生了广播，虚拟信号的发明产生了电视。作为传播的载体，每一次技术革新都推动着媒体产品的重大改革。技术创新推动媒体形态、传播方式加速演变，技术要素为新闻采集、生产、分发、接受和反馈打开了想象空间。可以说，信息技术是互联网的创新高地。

而在媒体融合中，技术是最基础的部分。媒体融合首先是技术上的融合，只有在技术上将各个媒体技术融合到一个平台，媒体融合才能够实现。媒体融合要首先从融科技入手，抓住新科技、新技术的特点，进行媒体平台搭建，发展适合新的技术传播的媒体内容生产和分发。作为接触最新鲜事物，同时也是对传播渠道高度依赖的媒体，应该是新技术的尝试者和实践者。要主动拥抱技术变革，以技术变革带动理念变革，以理念变革带动内容生产变革。通过新的技术，更快、更广泛、更精准、更有效地传播内容。

在 4G 成为普遍应用、5G 已经到来的今天，谁先拥抱技术，谁就占领了未来媒体发展的制高点。大数据分析、云计算、H5、短视频、AR 等新技术为受众带来全新的体验，能够对新闻信息进行立体的展现，这种体验给受众带来的冲击和信息量是传统媒体无法比拟的。任何无法跟上技术潮流的媒体，都必将被时代抛弃。

其实，当下我们部分主流媒体已经实现了 5G、8K、AR/VR、云计算、人工智能的深度介入，涌现出一大批站位高、视角广、形态新的现象级产品。比如，人民日报围绕"我爱你中国"的主题推出全媒体策划，截至 2019 年 10 月 8 日网络观看互动量超 10 亿次；H5 产品《56 个民族服装任你选》页面浏览量近 2 亿，用户生成照片超 7.38 亿张……一个个新颖的设计，一次次精心的互动，成为全媒体时代守正创新的典型案例。

H5 作品《56 个民族服装任你选》页面

五、做实基础，有的放矢

在新媒体时代，因为版面、频率、电视频道信号等传统媒体受限因素的消失，信息的传播不再是传统的"传""受"模式，受众的主体地位开始显现，而媒体内容的极大丰富也让受众前所未有地拥有了对媒体信息的接受与传播的选择自由。在新媒体时代，决定受众看什么的不再是传播者，而是受众自己。

如何说服受众，改变他们的态度，认同己方的观点和政治立场，是舆论引导的核心。大数据和算法推荐为代表的人工智能技术的发展，让精准化的信息传播成为可能。通过受众以往的使用媒体信息的数据大量积累，通过大数据的分析、挖掘，以此了解受众的信息偏好，媒体就能在数据分析的基础上，有效地将不同信息进行不同分配，通过精准地发送消息为受众提供个性化的信息服务，增大信息传递的有效性，增加用户黏性和媒体品牌好感度。

为此，包括传统媒体在内的所有媒体都要努力运用大数据等最新传播技术，加强用户群体特别是信息消费活跃群体的研究，精确掌握用户信息的接受心理、信息消费习惯。同时针对不同群体采取定制化的供给策略，重视开发搜索、订阅、推送等最新功能，为不同年龄、不同职业、不同兴趣爱好、不同文化层次甚至不同性别的受众提供定制化的信息服务，最大限度地满足不同用户群体个性化、定制化的消费需求。

在目前的移动互联网产业中，精准传播的实践尚处于起步阶段。对于精准传播而言，一方面，需要内容数据资源的规模足够庞大、类型足够丰富，才能够满足大量用户的个性化信息需求，实现千人千面的精准传播；另一方面，从互联网时代到移动互联网时代，要针对大数据进行有效分析，真正找到用户的特点和使用信息偏向，实现用户画像从整体的"类"到个体的"人"的精准化进步。而在这一过程中，必须重视基础数据的准确和真实。如果基础数据是虚假的，再高级的算法技术，再高级的云计算、量子计算也都没用，出来的结果也会被扭曲、被"暗算"。因此，一开始各大媒体就要把原始数据的基础打得更扎实、更牢靠。

【典型案例】

网民追康辉Vlog根本停不下来

2019年11月9日，央视新闻官方微博推出主持人康辉的第一支Vlog视频，内容是康辉出远门的准备工作，引爆全网。该Vlog在发布一小时后即登上新浪微博热搜榜第一名。仅仅3天时间，"康辉的第一支Vlog"微博话题阅读量突破2亿；"康辉的Vlog"微博话题总阅读量突破1.5亿、总点赞量230万、总转发量15万、总评论量8万，微信平台总阅读量110万；《康辉的第一支Vlog》视频在哔哩哔哩平台投放仅一天播放量便突破 100 万，创造播放纪录。

《康辉的 Vlog》系列微视频节目由总台新闻中心时政部、新闻新媒体中心推出，以新闻主播自拍视频方式，展现总台记者报道"重大国际新闻"的全程，拉近了普通观众和国际时政新闻之间的距离，提升了报道的亲切感。

2019 年 9 月，在习近平总书记向中央电视台建台暨新中国电视事业诞生 60 周年致贺信一周年之际，中央广播电视总台全面启动高质量发展改版工作。改版突出"台网并重、先网后台、移动优先"理念，努力在"5G+4K/8K+AI"全新战略布局下推进内容供给侧结构性改革。

事实上，央视通过 Vlog、B 站、抖音等新媒体平台，精准地对年轻人进行定向传播，成功抢占了年轻人注意力。除 Vlog 外，截至 2019 年 11 月，已有"央视新闻"等 14 个央视官方站号入驻 B 站，"央视新闻"在抖音粉丝也有 3946.9 万人。其中央视新闻"主播说联播"的一系列节目更是深受抖友热爱，每集平均点赞量超 100 万。

央视能够在新媒体平台取得成功的关键原因是"入驻"并非电视内容的平台转移，而是针对移动互联网平台的"私人订制"。央视抓准年轻人的喜好和收看习惯，用最接近年轻人的方式重塑了自己的品牌。

（整理自微信公众号"央视广告经营管理中心"2019 年 11 月 14 日，原标题为《〈康辉的 Vlog〉引爆全网，总台新闻新媒体改革成效立竿见影》。）

六、活学活用，增强互动

媒体融合不仅仅是传播渠道在技术上的互相融合、内容和内容的互相融合，更是传播者和受众的互相融合。互联网的出现，降低了传播门槛，为受众赋予了传播的功能。而社会化媒体的出现，更是让受众与受众之间互相连接，彼此相互作用，产生更大的影响。在这种情况下，网民不再是传统意义上的受众，而变为了拥有传播权和选择权的用户，他们可以主动参与传播过程。

可以说全媒体时代的信息无处不在，人人皆能接收，人人皆可传播，这就在很大程度上为舆论带来了发展方向性上的挑战，而新闻舆论工作正是媒体工作的重中之重。纵观近几年来的重大事件新闻报道，不乏反转情节的出现。在以互联网为依托的巨大的舆论场内，人们可以自由发表自己的观点，当某种观点在新闻的互动评论区获得较多认同，就会随之容纳为新闻本身的一部分，在一次又一次对个体受众的传播过程当中，引导、影响着受众对新闻的看法和对待新闻事件的态度，从而改变了新闻的"议程设置"。

主流媒体在媒体融合中，应该利用网民的这种议程设置，在产品的制作、播出、评论等环节中吸引网民加入，增强受众在互动中的积极性和参与感，鼓励他们表达出自己的观点。一方面，通过这种互动，可以进行新闻的二次创作，用用户的留言和感受对原有的新闻进行补充和修饰，让新闻更接地气，而且通过互动环节的策划、主动设计话题，也有利于吸引网民的注意力。另一方面，更为重要的是，这些互动都是用户的直观感受，通过数据分析，可以从用户的这些感受中发现用户的兴趣点和痛点，寻找到用户真正需求的东西，从而决定新闻产品的制作方向。

第四节
坚持移动优先策略

随着互联网的迅猛发展，舆论的传播主体、传播方式、传播渠道、传播影响与以往相比发生了根本性的变革。由于舆论环境发生变化，传统媒体占比下降，主流媒体舆论压舱石的作用大为降低。因此，必须谋事而动、顺势而为，切实把移动优先的策略应用好、发展好。

一、善用新媒体，攻守要兼备

随着智能手机和4G、5G的快速发展和应用，移动端因为其便捷性、实时性、泛在性已经成为网民最主要的社交平台。公交、地铁等经常能够看到刷手机的人，可以说一切都在屏上，无时不在屏中，人们随时随地都在使用移动互联网。移动互联网已经成为新闻消息来源、评论二次传播和舆论发酵的主要策源地。要赢得舆论战，让主流声音占据舆论高地，我们必须做好攻守两方面的工作。

攻要营造正能量的舆论环境。宣传部门要切实落实移动优先战略，要善于利用移动互联网做好宣传引导工作。我们的党报党刊等主流媒体要做好媒体融合，切实做好新型主流媒体，打造主流媒体的移动传播新平台；要大力弘扬爱国主义，加大关于热点问题权威性、专业性的正能量内容的供给；要利用好当前智能手机覆盖率高、个人化等特点，根据不同的用户进行精准化传播，让正能量的声音不仅更加泛在，也更有效果。

守要防止意识形态渗透。纵观中东"颜色革命"等，无不是以网络作为突破口，进行意识形态渗透。在网络上人人都能发声，这固然让网络变得丰富多彩，但是也造成网络上的内容鱼龙混杂、泥沙俱下，别有用心之人利用互联网造谣传谣，大肆宣扬历史虚无主义，攻击抹黑我政府，用这种方式，瓦解社会主义核心价值观，瓦解民众尤其是青少年的爱国情怀，削弱国民对政府的公信力，动摇我执政基础和合法性。党和政府要建立综合治网体系，形成党委领导、政府管理、企业履责、社会监督、网民自律等多主体参与，经济、法律、技术等多种手段相结合的综合治网格局。网信部门更要坚决依法治网、依法管网。对于恶意抹黑造谣，攻击社会主义制度，破坏社会稳定的，该封号封号，该落地查人落地查人。严守阵地，敢于亮剑，敢于斗争，确保网络空间的天朗气清。

【典型案例】

面对新冠肺炎疫情，中美两国在新媒体平台的较量

2020 年开年之初，在湖北尤其是武汉肆虐的新冠肺炎疫情引起国内外高度关注。中国其他省份和其他国家纷纷对湖北进行援助，共同抗击疫情，中国网民也对给予援助的日本等国表示感谢。然而，在这一过程中，有国家在网络上浑水摸鱼，企图混淆视听。援助之初，网上有很多舆论呼吁感恩美国，因为据说美国将要向中国派遣医疗队伍以及捐赠防疫物资，云云。甚至美国国务卿蓬佩奥也在几天内多次在 Twitter 上对美方为抗击疫情提供的协助表示"自豪"。美国驻华大使馆更是在微博上对蓬佩奥的 Twitter 内容进行转发，意图引起中国网民对美国的感谢，增加对美国的好感度。

然而这些捐赠目前都是"云捐赠"和网络秀，根据外交部公布的消息，截至发稿时，中国并没有收到任何美国政府实际对疫情的捐赠，一切都还停留在口头。在 2020 年 2 月 5 日的外交部例行记者会上，外交部发言人感谢了一大批给予中国援助的国家，但唯独没有美国。环球时报等媒体纷纷在新媒体上对事实真

相进行报道，揭露美国的虚假援助，让广大网民了解美国的虚假嘴脸。

（整理自环球网 2020 年 2 月 11 日，原标题为《美国政府真要援助中国一亿美元抗疫？露馅了！》，作者为耿直哥；外交部官网 2020 年 2 月 5 日，原标题为《2020 年 2 月 5 日外交部发言人华春莹主持网上例行记者会》，作者为外交部。）

二、抢占首发权，争夺主导权

在舆论引导中，谁能做到首发，谁就能第一时间把握舆论的主导权。而当前，移动端已成为人们获取信息的第一落点。移动互联网的特性使传播无处不在、无时不有。因此，借助移动端进行信息的第一时间发布，必将成为新闻发布的重要环节。

在抢占首发权的时候，一定要注意传播的内容质量，不能为了抢占而抢占。一方面，在发布消息时要注意新闻事实的准确性。要注意基本的新闻不得有误，关键的时间、地点、数据等方面必须准确，否则错误的信息不仅对舆论引导没有任何帮助，反而会降低媒体的公信力。另一方面在回应舆论关切时要注意回应的及时性和内容的统一性。在社会性舆论事件中，空洞的回应无法解答民众的质疑、平息民众的情绪，要阶段性地调查清楚情况，做到回应言之有物，真正地回应民众对舆论事件的关切点。否则不仅没有为舆情事件灭火降温，反而容易陷入更大的被动中。

因此，抢占首发不仅仅是速度上的第一时间发布，更要通过抢占首发寻求网民的情感认同。这就要求我们在首发之后更要有持续的、深入性的报道，要找准舆论焦点、社会热点、情感痛点，而不是将"假大空"的、生硬的、高高在上的报道第一时间放在网上，这并不是真正的"移动优先"。

三、发动自组织，防止负面性

在网络世界，网民从来都不是孤零零的个体。作为现实的映像，网民部分地将现实世界中的社会关系带入网络之中。他们在网络中和现实中的亲戚、朋友进行互动和交流。网民根据自己的兴趣和爱好等浏览自己关心的内容，并与其他网民互动，彼此对对方的观点有一定的了解，这让网民处于一种比较松散的群体中。虽然大家并不知道彼此真正的身份，但是对对方的观点和所处的角色都有一定的了解，这种"半匿名"的特点让网民处于一个或多个的网络自组织中。

网络自组织在舆论战中有非常重要的作用。作为群体中的一员，群体的意见和观点就好像给网民披上了一层"舆论铠甲"，符合群体意见的观点会得到强化，与群体意见不一致的观点会被群体弱化。这种群体的"过滤器"会影响舆论战中的传播效果，成为舆论战阵地的"护城河"。同时，自组织在特殊节点上会展现出强大的组织动员能力，它能组织数量庞大的网民对某些议题或观点进行集中的评论或声援，从而对舆论引导有巨大的推动作用。

要发挥网络自组织在舆论引导中的作用，就要紧紧抓住三个点。一是触及情感痛点。网络自组织不是专业的传播或者媒体组织，它们由网民通过兴趣或者爱好组成，并不会对所有话题都感兴趣并参与其中，只有触及网络自组织的情感痛点（比如涉及爱国、偶像、兴趣等话题），网络自组织才会展现出组织的特征，参与到舆论中来。二是抓住传播节点。网络自组织和传统组织不一样，他们的信息流动并不是通过上下级等组织结构进行，而是通过社交网络进行。因此，社交网络中的节点对于自组织十分重要，这些网络自组织的"意见领袖"（但并不是传统组织中的领导）与自组织中的其他人相差不大，不过他们对组织中的其他人联系得更为广泛和密切、号召力更强，是网络传播的关键节点。三是集中火力靶点。网络自组织整体结构相对松散，人员构成复杂，如果不进行引导，会造成目标和行动不一致，以至于影响传播效果乃至被对方利用的情况。通过自组织内部的分工，统一行动、统一素材，能够迸发出极为强大的战斗力。值得注意的是，这里的引导是自组织内部"意见领袖"的引导，而不是政府进行的引导，当然，必要时政府和宣传部门可以进行指导。

然而，网络自组织是一把双刃剑。一方面，网络自组织能够迅速且无所不在地突出话题和观点，从而构建良好的舆论氛围。但是另一方面，网络自组织的强大的社会动员能力将会给我们的舆论引导带来更大的挑战。因此也需要重视网络自组织的作用，防止带来负面影响。

【典型案例】

饭圈女孩和帝吧青年出征境外网站，引发新媒体舆论场攻防战

2019 年 8 月，香港"港独"分子的"反修例"事件愈演愈烈，许多内地和香港艺人发声支持香港警察。正因如此，王嘉尔、张艺兴、赖冠霖、吴谨言等众多发表"撑警"言论的艺人，几乎都遭到了"港独"分子的辱骂攻击和人身威胁，如曝光艺人住址和在港行程安排，甚至扬言去机场堵人等。

"港独"分子"反对中国"的"港独"言论和对偶像的谩骂黑评，引发了饭圈女孩（某个明星的粉丝群体）强烈不满，她们放下彼此之间过往恩怨，在 2019 年 8 月 14 日当晚团结起来，联合出征各大海外社交平台，"狂怼"示威者以及发表过"港独"言论的海外账号。饭圈女孩们呼吁光靠骂无法解决问题，应该用外国人能够接受的方式，理性解释事情的经过，还原各种暴力冲突事件的真相。她们分工合作，制作爱国文案和图集，熟练切换多个账号迅速占领热评，疯狂为"阿中"（饭圈女孩对中国的爱称）"盖高楼"。

饭圈女孩的行动极大地激发了内地青年网民的爱国热情，帝吧（百度贴吧李毅吧，在百度贴吧里面粉丝数排名第一）也加入了网络爱国护港行动，发布爱国爱港言论，向国外网民解释真相是什么，在评论区贴满五星红旗，迅速在外网

上刮起了一股"红色风暴"。

面对饭圈女孩和帝吧青年的强势出击，Twitter 和 Facebook 等境外社交平台连续两次发布声明，以"违反 Twitter 价值观和平台操作政策"和"背后有国家操纵"为由删除并永久关停数万账号。但是，从 Twitter 声明中给出的示例不难发现，这些所谓破坏香港暴乱"合理性"的信息全都是痛斥暴徒暴力行为、力挺香港警察的内容。这也导致在饭圈女孩和帝吧青年的行动中，大量爱国爱港账号被封。

不过饭圈女孩和帝吧青年并没有放弃爱国行动，在他们的共同努力下，最终境外社交媒体充满了爱国爱港的言论，重点涉港板块有数十万评论，强大的舆论压力让许多"港独"媒体关掉在社交网络平台上的评论功能，个别"港独"媒体甚至不敢发布新内容。

（整理自微信公众号"中央政法委长安剑"2019 年 8 月 17 日，原标题为《饭圈出征！帝吧出征！是什么让年轻人一夜长大？》，作者为长安君；观察者网2019 年 8 月 18 日，原标题为《帝吧再出征，首站支援饭圈女孩》，作者为童黎；微信公众号"后沙"2019 年 8 月 17 日，原标题为《帝吧出征！排山倒海般的爱国力量！》，作者为后沙；微信公众号"魔都囡"2019 年 8 月 18 日，原标题为《激动流泪！共青团中央发声！帝吧前辈身中暗算奋勇让红旗飘扬！》，作者为魔都囡。）

四、打造新平台，开辟新战场

在传统媒体时代，因为国家对媒体渠道的管制和编辑审查制度，敌对国家只能依靠撒传单、地下广播等方式进行渗透，覆盖面极小，效果也很差。而网络打破了对时空和渠道的限制，也让国家监管大大削弱。他国政府和媒体可以在网

中国崛起之舆论战

上轻易地接触到民众，新媒体平台天然地成了舆论战角力的新战场甚至主战场。

所以我们要意识到，主阵地不仅仅是对国内新媒体平台的管理和引导，也要走出去，通过国外的新媒体平台，宣传我们的内容，引导他国民众观点。我们与他国的舆论战不仅仅发生在微博、微信、抖音等国内平台，Facebook、YouTube等境外社交媒体平台也是我们与对方进行意识形态斗争的重要阵地。重视和利用好境外社交媒体宣传我国的内容，让他国民众更了解中国，增加对中国的好感度，改变他们对中国的一些误解甚至偏见，也是我们舆论战的重要内容。

在第二战场的攻防中，新媒体平台是一个极为重要的因素，甚至决定着第二战场的成败。谁掌握新媒体平台，谁就有第二战场的主导权。因此，我们要大力推进并扶持海外新媒体平台尤其是社交媒体平台的建设，为舆论战创造基础上的前沿阵地。

需要我们警惕的是，西方国家早已通过互联网尤其是社交媒体平台进行"颜色革命"等意识形态渗透。一方面他们利用网络大搞文化输出。网络上盛行的"美分党"和"带路党"就是西方国家在我国新媒体平台进行舆论暗战的表现。他们宣传所谓的"自由"和"民主"，大讲资本主义制度的优越性，却对其存在的缺陷故意"视而不见"，故意带偏节奏。另一方面，西方国家也用隐蔽的方式对本国新媒体平台加强管控。他们虽然没有明显的行政管理，但他们通过法律法规、文化屏障来防止中俄等国家的有关内容进入他们本国，通过操纵本国互联网公司进行内部审查来过滤他们所谓的"不适宜"内容，严防他国意识形态渗透内容进入本国。

【典型案例】

美国政府审查 TikTok

2019 年 11 月，美国媒体报道，在美国国会议员对 TikTok 在美国的影响力日益增长表示担忧后，政府机构美国外国投资委员会（针对美国国家安全审查外资收购美国公司交易的联邦政府专门小组）开始审核中国的字节跳动公司于2017年收购Musical.ly（收购后合并到TikTok）的交易。

美国参议院民主党领袖舒默和共和党参议员科顿曾要求对TikTok进行国家安全调查，担忧这家视频分享平台"收集的用户数据"，质疑"中国政府审查美国用户看到的内容"，暗示TikTok可能成为"对外渗透活动"的目标。

面对美国政府的质疑，TikTok则回应，中国政府从未要求该平台删除任何内容。美国所有TikTok用户的数据都存储在美国境内，并在新加坡为数据库建立备份系统。

事实上，我们需要注意的一个事实是，据研究公司的数据，在过去12个月里，TikTok应用程序被下载了逾7.5亿次，超过了Facebook、Instagram、YouTube和Snapchat。官方数据显示，TikTok在美国的2650万月度活跃用户中，16至24岁的用户占比约60%，颇受美国青年人的喜欢。可以说，TikTok已经成为世界上增长最快的应用程序之一，并成为一种全球文化现象。

面对这样的事实，就连美国媒体自己都评价说，对TikTok的审查是美中两国之间的最新交锋，两国正在卷入一场争夺技术主导地位的全球竞争，引发了某些分析人士所说的新冷战。中国开发出的很多尖端技术产品正在世界各地越来越受欢迎。许多美国议员和特朗普政府官员将这一趋势视为对美国的国家安全和经济的威胁，为了阻止中国公司获取美国的数据和技术，他们已经设置了许多障碍。

（整理自微信公众号"环球时报"2019年11月4日，原标题为《美国对TikTok动手》，作者为邢晓婧；新浪网2019年11月7日，原标题为《华盛顿应该思考为什么美国出不了抖音，而不是思考如何打压》，作者为火星方阵。）

五、要揽瓷器活，需有金刚钻

主战场要有主力军。因此，在移动优先战略下，需要我们将人才往移动互联网上倾斜，而这对人才的要求更高。在移动互联网时代，媒体工作人员不仅仅是我们以往认知当中仅仅需要掌握基本新闻报道和编辑技能的人员，更要涉及信息技术、互联网、传播等多个领域，这就要求我们媒体在引进人才的时候要注重对具备专业新闻传播知识和跨学科多元化的传媒人才的吸引，特别是那些对互联网信息环境足够熟悉并且在新闻传播领域游刃有余，能够掌握运营管理和新媒体技术的人才，让他们为媒体融合出谋划策、对媒体内容进行多元整合，这才能够满足新时代下我们党和国家对于深入推进媒体融合的各项需求。具体来说，要有以下几方面的能力。

一是要有良好的政治素养。当下的媒体工作人员要有良好的政治素养，这样才能更好地对网络繁杂的信息进行研判，知道什么样的事情可以报道，什么样的事情报道到什么程度，从而更好地为我国社会主义事业和意识形态工作做出贡献。

二是要熟知国内外时事。在移动优先战略下，媒体工作者要熟知国内外时事，了解一个热点事件发生的背景、法律解释、背后蕴含的规律等。这样才能够第一时间对新闻事件进行评论和解读，第一时间占领移动端。

三是要有良好的新闻采编能力。在移动优先战略下，新闻的制作更多的是以小团队的形式，几个人就要承担采、写、编、播的全套流程，以往传统媒体的新闻分工被打破，全流程媒体人才是未来的人才潮流。

第五节
画好最大同心圆

习近平总书记强调,"人心是最大的政治"[1] "各级党政机关和领导干部要学会通过网络走群众路线"[2]。习近平总书记在 2016 年 4 月 19 日召开的网络安全和信息化工作座谈会上指出:"古人说:'知屋漏者在宇下,知政失者在草野。'很多网民称自己为'草根',那网络就是现在的一个'草野'。"要打好舆论战,就要做好群众工作,画好同心圆,团结一切可以团结的力量。

一、知民意,争民心

中国共产党从建党到抗日战争、解放战争,到最终赢得革命胜利,获得了许多宝贵的经验,而其中一条极为重要的被称为毛泽东思想"活的灵魂"的经验就是群众路线。一切为了群众,一切依靠群众,从群众中来,到群众中去,这条经验同样也适用于舆论战。

网上群众路线让声音更多元。在人人都是传播者的自媒体时代,网民虽然不像专业媒体具有强大的内容制作能力,但因网民数量广泛、信息来源渠道多、现场性强,能够较为容易地提供专业媒体不掌握的第一手资料,甚至指出某些专业节目上的错误。我们要引导和激励网民主动发声,尤其是在重大舆论事件中,要发动自媒体、网红和自组织主动发声,传递网民声音,形成对我有利的舆论态势。

---

[1] 习近平:《在全国政协新年茶话会上的讲话》,《人民日报》2018 年 12 月 30 日。
[2] 《习近平主持召开网络安全和信息化工作座谈会》,《人民日报》2016 年 4 月 20 日。

网上群众路线更具说服力。在一些重大社会热点事件中，有时由于一些刻板印象或政府工作不够严谨，网民会对政府有一些质疑。在这种时候，媒体的正面宣传效果会打折扣，会被认为只为政府说话。而网民的政治色彩弱，而且网民结构多元，不乏各个领域的专业人士，他们身处网民群体之中，本身就是网民中的一员，因此他们的声音更具说服力，更容易被其他网民所接受。

网上群众路线可以争民心。争取人心首先要知道人心所思所想，网上舆情就是人心的重要窗口，争取人心就要和群众交流互动，网络是最好的沟通平台。了解人们的诉求，了解人心的方向，才能团结人民。所以，要走好网上群众路线，不能见网不见人，必须下大力气做好人的工作，了解网上形势、了解人心所向，把广大网民凝聚到党的周围。

【典型案例】

美媒制作非洲节目污蔑中国引境外网民群嘲

2019 年，美国石英财经网的记者远赴非洲制作了一期关于中国的节目。当美国记者来到赞比亚一座偏远的小岛上，发现这里并不闭塞，手机能够流畅上网。原来在中国企业的帮助下，赞比亚已经建立了完善的通信网络，即便是在一些基础设施落后的地区网络同样通畅，给人们的生活带来很大的便利。当地居民告诉石英财经网，他们可以下载各种（生活必需的）软件，如聊天软件等，表示首都的人民可以做到的事，他们这里也都可以实现。谈到和中国的合作，赞比亚一家电视台的负责人也很直白地表明："相比于西方国家要求你无限向他们靠拢式的'帮助'，中国向非洲提供帮助更务实，因为中国会先问你想要什么，你有多需要这个（东西）。"

然而，节目在这里话锋一转，在没有实证的情况下，美国记者接连抛出一些主观质疑，称中国帮助非洲建设网络，很有可能过度收集个人信息，管控互联网。讽刺的是，即便节目中接受采访的非洲民众都在称赞中国，美媒却硬生生地给中非互利互惠的合作扣上了一个"莫须有"的罪名。

节目播出后，海外网友马上识破了美国媒体的"套路"：这是典型的带着偏见的西方媒体的报道。网友在评论中纷纷表示："这期节目也太有偏见了吧"；"这就是'恐华'"；"我要取关石英财经网了，我本以为这是一家不带偏见的媒体，我承认我错了。石英和其他美国媒体一个样"。

相关网民尤其是非洲网民在视频下面的评论，直接地指出了该报道中被记者歪曲的事实，驳斥了报道中的偏见，充分证明了某些西方媒体为了抹黑我国的外交政策，为了制造所谓的"中国威胁论"，可以不顾新闻要求进行"张冠李戴""颠倒是非"，形成了批评事实报道的舆论氛围。

（整理自微信公众号"参考消息"2019 年 11 月 14 日，原标题为《来看吧，这就叫"恐华"》，作者为周倩雯、聂志芳。）

二、抓好"三个三"

对于舆论战，单靠政府和媒体的力量是远远不够的，要团结一切可以团结的力量，做好网络人士的统战工作，统战结合，充分发挥网络社会组织的作用。其中，有"三个三"最为关键。

一是按照"三个地带"做好网上统战工作。

首先要扩大红色地带，鼓励和支持他们传播正能量。对于支持党和政府的"红色"自媒体和网民，要坚决给予政策支持，鼓励他们多发声、敢发声，帮助改进传播的形式，帮助提供权威素材，放大他们的声音，让正能量成为网络空间的主流。

其次要转化灰色地带，加强线上线下沟通，促使其转化。灰色地带并不是顽固分子，更多是"不明真相"的群众。他们在本质上是爱国爱政府的，只是有些时候因为信息的不对称，或者单纯的情绪上的发泄，或者受到蛊惑等因素，对党和政府进行抹黑和攻击，因此要加强对灰色地带的政治引导，让他们更多地理解中国的国情，了解国外的所谓的"民主"真相，理解党和政府的工作，了解老百姓的真实声音，将灰色地带转化为红色地带。

最后要挤压黑色地带，坚决惩治极端顽固分子。对于境外敌对势力或者少数别有用心的人，我们要敢于亮剑，坚决表明我们的态度，对于颠覆我意识形态甚至国家和政府的一小撮极端顽固分子要坚决依法依规进行处置，绝不手软，该封号封号，该禁言禁言，该查人查人。坚决压缩黑色地带，营造天朗气清的网络舆论环境。

二是着力影响"三种对象"，做好舆论引导工作的"点线面"。

首先，要影响有影响力的人（"意见领袖"、网络"大V"）。要紧紧抓住网络"大V"这个"牛鼻子"，充分认识到网络"大V"在舆论战中的"关键节点"作用。做好网络统战工作，对正能量"大V"扶持保护、放大其声量；对屡教不改、恶意炒作的无良"大V"敢于亮剑，必要时坚决处置；对立场模糊、打擦边球的灰色地带"大V"稳妥引导、积极争取。抓住网络"大V"，就抓住了舆论战中在社会网络传播扩散的关键节点，最终以点破面，达到在舆论战中四两拨千斤的效果。

其次，要影响容易受到影响的人（青少年网民）。青少年群体是舆论战主要的争夺对象，青少年网民的价值观和世界观还未成型，表达更受情绪化影响，更容易将这种情绪化变成行动，在极端情况下会形成社会行动。因此，他们是境外敌对势力舆论战主要的影响对象，也是我们首要的保护对象。同时青少年网民表达欲望强，是网络上发声的主要群体，他们更团结并且传播速度很快，对网络舆论的形成起着重要的作用。

最后，要影响"沉默的大多数"。大多数的普通网民是只阅览新闻和留言却较少发表评论的，因此他们被称为"沉默的大多数"。但这并不意味着这些网民就没有自己的态度和倾向，相反，他们才是网络舆论的真正主体。他们大多数时间都是沉默的，但是在某些议题上，他们会集体爆发，从而决定舆论的真正走向。只有抓住影响"沉默的大多数"的舆论主体，不断追求传播内容的达到率、点击率和点赞率，才能倒逼传播内容的供给侧改革，加大正能量的内容和形式创新，才能做好舆论工作。

三是区别对待"三类问题"。

对于政治原则问题，要旗帜鲜明、敢于亮剑，绝不给错误言论网上传播空间。对于学术认识问题，适合面向社会的学术问题，允许在网上从学术角度研究探讨；有些学术问题只适合在会场内讨论而不适合向社会发声的，也不能在网上随便讨论。对于思想认识问题，要回应关切、解疑释惑，促使网民理性发声。

【典型案例】
网络社会组织构筑自媒体同心圆

2016年上海市成立了自媒体联盟，将80后、90后的体制外网络"大V"纳入工作的视野。联盟通过微信添加公众号及利用第三方平台查询关键字如上海、魔都等，查找出相关的微信公众号，再从结果中选出粉丝10万以上的，排除企业账号和媒体机构后获得266个沪微信自媒体账号名单，通过上海市互联网违法和不良信息举报中心与体制外"大V"沟通"破冰"，于2016年4月29日成功邀约7位网络"大V"参加自媒体座谈会，与市委统战部、市网信办等有关领导交流自媒体面临的困难和诉求，促成了沪自媒体与行业主管部门的首次线下交流。随后，联盟陆续走访了多家自媒体，在两个月内迅速建立上海50多家自媒体的联络网。2016年7月，上海市第一期新媒体（自媒体）负责人培训班顺利召开，50多家沪自媒体从线上走到线下，走进政府部门进行3天封闭式的培训。市领导亲自给网络"大V"授课，提高网络"大V"的政治意识和法律意识。通过培训班，联盟增进了与网络"大V"的沟通和互信，并以此为基础，成立了上海自媒体联盟。联盟成立大会上，50余名联盟成员、91家自媒体号现场签署自律公约。通过以上工作，上海市有关部门与许多微信"大V"建立了联系，形成了互信，经验值得借鉴。

（整理自中共中央统一战线工作部网站2018年3月29日，原标题为《"网络大V"缘何相聚？上海自媒体联盟为您解答》，作者为统战新语。）

三、以点破面

进攻是最好的防守。在意识形态斗争当中，我们不能只是在我们自己的网站、社交媒体上下功夫，更要走出去：要加强对外传播能力，除了传统的CGTN等对外媒体渠道以外，更要充分利用境外自媒体的作用；以其人之道还治其人之身，用自媒体直接对他国民众进行传播，打破西方媒体的选择性偏见，让国外民众直接、全面、客观地了解中国，了解我们的发展情况和真实国情。

一是联合知名爱国华侨发声，充分发挥"意见领袖"的作用。爱国华侨不仅具有较高的政治经济地位，更有强大的社会影响力。他们是各自行业的翘楚，也是周围海外华侨华人甚至他国普通民众的榜样，是当之无愧的"意见领袖"。促进知名爱国华侨的发声，有利于拉近国家和海外华侨华人的关系，利用海外华侨华人这个天然中介，对他国民众产生影响。

二是邀请国外网络"大V"走进中国，传播真实情况。国外的网络"大V"不仅仅有粉丝数量多、易影响粉丝态度等网红共有的特点，还因为与中国的关系不像华侨华人那么密切，其观点更易被他国民众接受，也更具代入作用。当邀请他们来了解中国真实情况和发展状况时，他们的粉丝也好像一起参观一样，所有素材更加直观、鲜活，更容易展示中国的发展成就、拉近中外关系和民众距离，可以"借"他人之口传递我们的声音，达到更大的传播范围和更好的传播效果。

【典型案例】

NBA 巨星詹姆斯反对莫雷涉港言论，为中国发声

2019 年 10 月，美国 NBA 火箭队总经理莫雷在 Twitter 上发布支持"港独"的言论，遭到美国 NBA 湖人队球员勒布朗·詹姆斯（NBA 巨星，被认为是乔丹接班人，最近十年 NBA 最好和最有影响力的球员）公开批评，并且在内部会议上当场反对现任 NBA 总裁亚当·肖华的言论，明确要求 NBA 联盟处罚莫雷，直言 NBA 联盟在对待莫雷一事上的行为和以往的决策是双重标准。詹姆斯的言论在境外媒体和社交网站上被广泛报道，让许多境外网民了解了莫雷言论和 NBA 联盟处理方法的错误之处。

而詹姆斯之所以认为莫雷不该在不了解香港局势的情况下随意发言，甚至认为莫雷的发言是有"偏差"的，是因为他的儿子于 2019 年 8 月 12 日来中国参加活动时在香港目睹过黑衣人的行径。詹姆斯的儿子布朗尼当时与他所就读的高中篮球队一起前往上海参加活动，原定 8 月 12 日从香港转机去上海，但由于香港机场被黑衣闹事者扰乱，机场航班被迫全部取消。詹姆斯担心儿子的安全，派保镖先行将儿子护送出香港。

正是詹姆斯的这种经历，让他深深知道香港事件的真相并不是如 NBA 联盟和美国媒体所言，他才主动发声为中国说话。作为 NBA 当下最具影响力的巨星，詹姆斯的支持让很多美国球迷和网民了解真相、支持中国。

（整理自微信公众号"环球时报"2019 年 10 月 16 日，原标题为《原来，詹姆斯和香港之间还存在这么一个关键的事实》，作者为耿直哥。）

三是利用社交媒体平台，展示中国文化，提升中国品牌形象。面对西方国家对我们的媒体封锁，要充分利用境外的社交媒体平台，如 Twitter、YouTube、Facebook、TikTok 等，绕过国家的媒体管制，对国外民众进行直接的传播。舆论战的本质是政治的，是争取人心的，与民众直接接触可以起到最好的效果，但舆论战的叙事方式并不一定是政治的。例如，美国利用好莱坞电影传播美国的文化、个人英雄主义和价值观。自媒体是市场化的媒体形式，民众不喜欢就会用脚投票。因此对于争取国外民众，要用他们喜欢的传播方式和内容，而不是生硬的政治语态，这样只会适得其反。可以加大在国外自媒体平台上宣传我国传统文化、美景、美食、生活方式等国外民众喜闻乐见的内容，借此增进国外民众对中国的了解和兴趣，提升国外民众对中国的好感度，强化中国的品牌形象，最终形成"爱屋及乌"的舆论效果。

【典型案例】

中国"功夫老人"在 YouTube 上引赞叹

在美国社交媒体 YouTube 上，有一位 61 岁的中国老大爷徒手做了一个鲁班凳，该视频引起外国网民的极大关注，已经超过 1000 万的点击率。一块整木，不用钉子，不用胶水，只靠画、锯、钻、凿，就完成了一把开合自如的凳子。有外国网民不相信这是真的，认为是先用 CAD 软件模拟再结合老爷子的手工做的。但是没等中国网民开口，就有外国网民开始纠正，直言这是古代中国就有的运用了榫卯结构技术的鲁班锁。视频中的老人自称是"阿木爷爷"，频道名称叫"功食道"。老人家做的作品没有现代工具痕迹，没有轴承，也不用电池，甚至钉子都是木头的，却做出了"鲁班锁苹果"、小机器人、小袋鼠甚至是能走的小猪佩奇。老大爷靠着朴实无华的技术，将中国古人的智慧在环环相扣之中表现得淋漓尽致，让国外网民赞叹不已。

（整理自微信公众号"槽值"2019 年 11 月 15 日，原标题为《中国大爷油管 500 万点赞：这是什么 Chinese 功夫？》，作者为张嘻嘻。）

四是鼓励更多的在华外国人发出真实声音。这次新冠肺炎疫情期间，许多在华的外国人通过社交软件和拍摄视频，向自己国家的亲人和朋友介绍中国抗击疫情的实际情况，展示超市物资充足、医护人员和社区工作者敬业奉献、中国社会和谐稳定的实际情况。通过这些在华留学生或员工亲身经历的传播，让外国人更直观更信服地感到，中国抗击疫情取得了重要进展，甚至可以说在中国生活实际上是最安全的。

第六章
讲好中国故事
——引人入胜方能感同身受

　　故事是人类文化的基本元素和重要标识。讲好中国故事是树立当代中国良好形象、提升国家文化软实力的重要战略任务，是提高中华文化影响力的基本途径，是形成同我国综合国力相适应的国际话语权的迫切需要。宣传舆论工作在讲好中国故事上既要担当使命、主动作为，更要讲究策略、用好方法，真正把中国故事讲响亮、讲精彩。

　　2020 年初，一场席卷中国的前所未有的新冠肺炎疫情震惊世界，与此同时中国政府一声令下，万众一心抗击疫情，一方有难八方支援，全国统一步调、统一行动所取得的快速高效的战果也为世界所称赞。世界卫生组织总干事谭德塞从中国访问回到日内瓦总部后，动情地说："有太多人评论我称赞中国。我对中国的称赞是实至名归的，我还将继续赞扬中国。我会称赞任何从源头上大力抗击疫情从而保护本国人民以及世界人民，甚至不惜付出巨大代价的国家……我们感到欣慰的是，中国从源头上遏制疫情的措施虽给中国本身带来了巨大的代价，但看来为世界争取了时间，减缓了病毒向世界其他地区传播的速度。"① "就凭这一点，中国就有理由获得全世界的尊重和感谢。"② 联合国秘书长古特雷斯也发自内心地表示，中国人民为尽量减轻新冠肺炎疫情造成的负面影响，实施严格的防控措施，以牺牲正常生活的方式为全人类做出了贡献。③

此次世纪大瘟疫，无疑是对中国推进现代化的一场大考。战"疫"过后，必将进一步大大推动中国国家治理体系和治理能力现代化。我们有理由相信，战"疫"过后，世界更希望听到中国故事、中国声音。

① 2020 年 2 月 15 日，世卫组织总干事谭德塞在慕尼黑安全会议上的讲话。

② 2020 年 1 月 31 日，中国驻菲律宾大使黄溪连在使馆举行媒体吹风会，转达了世卫组织总干事谭德塞对中国抗疫工作的高度肯定。

③ 2020 年 2 月 24 日，古特雷斯造访日内瓦世卫组织总部，并与世卫组织各部门负责人举行座谈。他在座谈会现场回答新华社记者提问时说。

第一节
榜样的力量

1969 年 1 月，元旦刚过，陕北还是一派隆冬。延安市延川县梁家河的山坳坳里迎来了一队北京来的知青，不满 16 岁的习近平就是其中之一。习近平总书记在《我是黄土地的儿子》一文中曾深情地回忆："15 岁来到黄土地时，我迷惘、彷徨；22 岁离开黄土地时，我已经有着坚定的人生目标，充满自信……"

2015 年 10 月 21 日，习近平主席在英国伦敦金融城市长晚宴上发表演讲时说："我不到 16 岁就从北京来到了中国陕北的一个小村子当农民，在那里度过了 7 年青春时光。那个年代，我想方设法寻找莎士比亚的作品。""年轻的我，在当年陕北贫瘠的黄土地上，不断思考着'生存还是毁灭'的问题，最后我立下为祖国、为人民奉献自己的信念。"听者无不为之动容，爆发出经久不息的掌声。

不只是在这一次国际场合，在许多重大国际场合，习近平总书记都多次用生动形象的语言、引人入胜的情节，讲述中国故事。

一、讲中国特色社会主义道路故事

2014 年 4 月 1 日，在比利时布鲁日欧洲学院的演讲中，习近平主席畅谈了中国悠久的文明和实行中国特色社会主义道路的必然性，指出："中国人苦苦寻找适合中国国情的道路。君主立宪制、复辟帝制、议会制、多党制、总统制都想过了、试过了，结果都行不通。最后，中国选择了社会主义道路。"同年 6 月 5 日，在中国—阿拉伯国家合作论坛第六届部长级会议开幕式上的讲话中，他强调："履不必同，期于适足；治不必同，期于利民。"习近平主席说："正像我们不能要求所有花朵都变成紫罗兰这一种花，我们也不能要求有着不同文化传统、历史遭遇、现实国情的国家都采用同一种发展模式。否则，这个世界就太单调了。阿拉伯国家正在自主探索发展道路。我们愿意同阿拉伯朋友分享治国理政经验，从各自古老文明和发展实践中汲取智慧。"

二、讲中华文化故事

针对当前国际上一些人渲染"中国威胁论"，习近平主席多次在外交场合将中华传统文化中一些利于世界和平发展的理念讲述给世界，如"和而不同"和"以义为利"。2014年3月28日，习近平主席在德国科尔伯基金会的演讲中说，中国自古就提出了"国虽大，好战必亡"的箴言。"以和为贵""和而不同""化干戈为玉帛""国泰民安""睦邻友邦""天下太平""天下大同"等理念世代相传。2018年11月19日，在对菲律宾共和国进行国事访问前夕，习近平主席在菲律宾媒体发表署名文章中称："数百年前，中国国内生产总值就曾占世界30%，但中国从未对外侵略扩张。1840年鸦片战争后的100多年里，中国频遭侵略蹂躏之害，饱受战祸动乱之苦。孔子说：'己所不欲，勿施于人。'中国人民相信，只有和平安宁，才能发展繁荣。这不是权宜之计，更不是外交辞令，而是思想自信和实践自觉的有机统一。我们将坚持和平发展道路，始终做世界和亚太地区的和平稳定之锚。"

三、讲文明交融故事

2015年9月22日，出访美国期间，在华盛顿州当地政府和美国友好团体联合欢迎宴会上，习近平主席发表了热情洋溢的演讲："中国人民一向钦佩美国人民的进取精神和创造精神。我青年时代就读过《联邦党人文集》、托马斯·潘恩的《常识》等著作，也喜欢了解华盛顿、林肯、罗斯福等美国政治家的生平和思想，我还读过梭罗、惠特曼、马克·吐温、杰克·伦敦等人的作品。海明威《老人与海》

中国崛起之舆论战

对狂风和暴雨、巨浪和小船、老人和鲨鱼的描写给我留下了深刻印象。我第一次去古巴，专程去了海明威当年写《老人与海》的栈桥边。第二次去古巴，我去了海明威经常去的酒吧，点了海明威爱喝的朗姆酒配薄荷叶加冰块。我想体验一下当年海明威写下那些故事时的精神世界和实地氛围。我认为，对不同的文化和文明，我们需要去深入了解。"

……

这样的例子不胜枚举。习近平总书记不愧为讲故事的高手，为我们树立了很好的榜样。据说当年在梁家河插队时，就因为他看书多、记忆力好、会讲故事，晚上在他住的窑洞里经常围满了村里老人和孩子听他说古论今。

按照《辞海》的解释，故事具有叙事性，体现为一系列表现人物性格和为展示主题服务的有因果联系的生活事件。故事，通常循序渐进发展、环环相扣，具备有吸引力的情节。故事，常常承载着一个国家、一个民族的文化传统和价值观念，引导着社会性格和社会风尚的形成。因此，故事对于不同国别、不同层次的社会大众，具有天然的吸引力，是最生动、最具体的传播形式。

中国故事怎么讲？根本在于传播理念，以理服人，以情动人，以我为主，融通中外。中国故事最精彩的主题，是讲清楚中国共产党为什么"能"、马克思主义为什么"行"、中国特色社会主义为什么"好"。要主动讲好中国共产党治国理政的故事、中国人民奋斗圆梦的故事、中国坚持和平发展合作共赢的故事，让世界更好了解中国。

【典型案例】

读懂中国的思想指引

——《习近平谈治国理政》海外译者谈

2019年全国两会新闻中心展台上，摆满了关于中国的报刊书籍，《习近平谈治国理政》第一卷、第二卷一如既往地备受中外记者青睐。

《习近平谈治国理政》一直被视为世界读懂中国的"思想之窗"，从 2014 年 9 月第一卷编辑出版到 2017 年 11 月第二卷出版发行，海内外发行量不断刷新纪录。许多国外知名出版社主动提议同中方合作，共同翻译出版这一著作。

在这场中国与世界的生动互动中，《习近平谈治国理政》的海外译者扮演着重要角色。他们是文字的翻译者，同时也是思想的分享者。

语言转换之间，字斟句酌之中，他们更真切触摸到中国发展与变革的梦想，更深刻理解了中国领导人的所思所行以及他领导的国家所选择的道路、所追寻的方向。

一名之立，求传神达意。

2017 年 5 月，北京人民大会堂。来华访问的乌兹别克斯坦总统米尔济约耶夫将《习近平谈治国理政》乌兹别克文版作为国礼送给习近平。

为了这一刻，《习近平谈治国理政》乌文版译者同时也是乌总统府办公厅编辑部主任的穆尔塔佐·卡尔希博耶夫和他的同事们连续奋战了 100 多个日夜。

"一名之立，旬月踟蹰"，对中国翻译家严复的这句名言，《习近平谈治国理政》的海外译者深有体味。

"习主席的语言简洁、真诚，善用比喻，生动形象。我们在翻译中尽最大努力保留这一表达风格。这样可以更好传达习主席的智慧和思想，帮助乌兹别克斯坦人更好理解这部内容丰富、意蕴深刻的作品。"卡尔希博耶夫说。

意大利文版译者米丽娅姆·卡斯托里纳对此颇有同感。这位佛罗伦萨大学中文系研究员虽有在中国多年研修的经历，对中国语言文化相当熟稔，但当翻译"发扬钉钉子的精神"时，仍有些犯难。

"意中两种语言差别明显，很难在意大利文中找到对应的表述。"经过反复斟酌，卡斯托里纳决定采用直译的办法。

中国崛起之舆论战

"'钉钉子'这一意象本身就会令人产生锲而不舍、久久为功的联想，对意大利人来说，这样的表达新鲜有趣，令人印象深刻。"

汉语语意之丰富，为翻译工作增加不少难度。翻译中国周边外交理念"亲诚惠容"四个字时，柬文版译者、曾任柬埔寨王家研究院孔子学院柬方院长的谢莫尼勒特别细致谨慎。

"'亲'，既是亲戚，又是朋友；'诚'是'真诚'，也包含相互尊重的意思；'惠'是实惠、好处，又指相互惠及；'容'有互相理解、互相包容、共同发展的含义。"在谢莫尼勒看来，"亲诚惠容"，字字含义丰富。

完全保留原意还是追求形式简洁？在与同事反复商议后，谢莫尼勒决定使用长短语对译每个字。"准确最重要。"谢莫尼勒解释道。据他介绍，在将译文交由中方核校前，柬方特别邀请 8 位中文专家进行校对，"翻译花了 3 个月，校对也花了 3 个月。"

见字如晤，激思想共鸣。

对海外译者来说，参与翻译《习近平谈治国理政》，不但是与一本好书的结缘，更是与一位时代引领者的"结识"。他的经历、学识与智慧，于润物无声之中，打动着海外译者的心。

"习主席不但是一位演说家，还是一位博学的人。"巴基斯坦人民出版社总经理、《习近平谈治国理政》乌尔都文版译者法鲁赫·苏海勒·戈因迪感慨道，"这本书蕴藏着很多知识财富：历史的、艺术的、文化的，涉及中华文明、区域历史、全球政治……"

跨越语言障碍、文化差异，感受人格魅力、思想共鸣。翻译《习近平谈治国理政》这样的"大部头"，海外译者乐在其中。

"真抓才能攻坚克难，实干才能梦想成真。"习近平对"实干"的强调，让法鲁赫想起巴基斯坦国父真纳的名言——"工作，工作，再工作。"

"实现中华民族伟大复兴,就是中华民族近代以来最伟大的梦想。"这句话激起了卡斯托里纳关于复兴的民族记忆。她尤其喜欢"中国梦"的表达,认为它"富有力量、充满色彩"。

在翻译者看来,这部著作不但为世界读懂新时代的中国开启了一扇新窗,也为促进不同国家、不同民族的思想对话、文明交流搭建了一座新桥。

开卷得益,汲中国智慧。

是中国的,也是世界的。不同社会制度、不同发展阶段的国家,都可以从《习近平谈治国理政》中获得关于自身发展与世界进步的启迪。这恰是这本书令人"惊喜"之处。

阿富汗喀布尔大学孔子学院教师、达利文版译者哈密坦言,如果阿富汗各政治派别都能遵循《习近平谈治国理政》中所倡导的相互包容、共同发展的理念,阿富汗和解进程一定大有希望。

"巴基斯坦亟待改变,摆脱贫穷,走向强大。我们要学习习主席在书中分享的发展经验,这些经验既有理论也有实践。"法鲁赫说,他的一位大学教授朋友从不对任何事情发表意见,但读到这本书后直言,每个巴基斯坦人都应该读读这本书。

卡斯托里纳向关心当代中国的学者和记者朋友们热情推荐《习近平谈治国理政》。她说:"我们可以向中国学习制订长期规划的能力,而不仅仅把目光聚焦在当下的问题。这对意大利大有裨益。"

"这本书详细阐释了中国提出的一系列新理念新倡议,比如'一带一路',对柬埔寨来说,这是发展的好机会。"谢莫尼勒如是说。

关于中国发展,更是关于世界未来。在卡尔希博耶夫看来,"人类命运共同体"是具有创造性的理念。"习主席呼吁所有国家和民族以和平与进步的名义团结起来,只有如此,人类才能战胜共同困难。我认为这是书中最重要的意义所在。"

中国崛起之舆论战

（整理自新华网 2019 年 3 月 4 日，原标题为《读懂中国的思想指引——〈习近平谈治国理政〉海外译者谈》，作者为新华社记者陈杉、郝薇薇。）

第二节
牵住"牛鼻子"

牵住"牛鼻子"，就抓住了事物的主要矛盾或影响全局的关键，因此这一点非常关键。就像前文所说的习近平总书记启示我们的那样，讲好中国故事是提升我国国际影响力的关键，也就是"牛鼻子"。

凡事预则立，不预则废。讲好中国故事不能眉毛胡子一把抓，不能"兵来将挡，水来土掩"搞一阵子，也不能不问效果大水漫灌，必须遵循新闻传播的规律，抓住重点，主动谋划，加强策划，搞好舆论引导工作。

一、紧紧抓住议题设置

提升网络议题设置能力是改进提高网络正面宣传效果的关键一招，对于我们有效加强网上宣传管理工作，牢牢把握舆论的引导权、主动权和话语权，具有非常重要的意义。这提示我们，要围绕党和政府的中心工作和重大节点设置题目，精心策划、精心组织，搞好重大采访活动，不断提高正面宣传能力。

熟悉网上宣传引导的同志们都知道，宣传和网信部门经常会围绕特定的时间节点，组织一些线下的宣传采访，推出一批网络文章，一时之间在网上放大特定的声音，形成舆论强势，这其实就是议题设置。议题设置要围绕中心工作或热点事件，通过有效的组织不断放大，才能取得预期效果。

【典型案例】

"长征路上奔小康"网络媒体"走转改"活动
总结表彰大会在京举行

2016 年 10 月 28 日上午，纪念红军长征胜利 80 周年"长征路上奔小康"网络媒体"走转改"活动总结表彰大会在京举行。

大会授予江西网信办、陕西网信办、人民网等 15 家单位"优秀组织奖"，授予新华网、中青在线等策划的 10 个专题"优秀专题奖"，授予光明网《罗开富：徒步长征路是一次精神洗礼》、中国网信网《再出发：从长征开始的地方寻根追梦铸魂》等 100 篇（条）作品"优秀作品奖"。

为落实习近平总书记重要指示精神，中央网信办在中央党史研究室的指导下，与长征沿线 15 省区市、有关网站和媒体共同组织"长征路上奔小康"网络媒体"走转改"主题宣传，这是一次溯源之旅、传承之旅、接力之旅，是一次弘扬长征精神的重要宣传活动。本次活动中的网络媒体记者队伍也成为互联网时代中国梦的宣传队，中国特色社会主义道路自信和文化自信的传播者、继承者。长征是艰苦卓绝的代名词，是一代人为了理想不怕流血牺牲、前赴后继的典范。长征之路永无止境，长征精神永恒不朽，记者走基层、用脚写新闻永不过时。

历时两个月的采访活动，各路网络媒体采编人员行程 5.8 万多里，接近当年各路红军在长征中总行程 6.5 万里的距离，真正重走了一次长征路。百余家网站通过再现红军长征的图景，感受那段血与火的历史，聆听红军勇士的事迹，报道长征沿线各地贯彻落实党中央一系列治国理政新理念新思想新战略的新实践新创造新成效，进一步弘扬了长征精神，也是一次践行党的宗旨的征程。

此次活动共发布新闻信息、微博、微信等各类信息 27.5 万多条，阅读量超过 110 亿次，网民转评点赞 2000 多万，在网上掀起了讲好长征和新长征故事的热潮。

（整理自搜狐网"港通社传媒"2016 年 11 月 3 日，原标题为《"长征路上奔小康"网络媒体"走转改"活动总结表彰大会在京举行》。）

二、让正能量成为主旋律

全网传播正能量，完全符合社会生活的现实需要和新闻报道全面客观准确的规律要求。正能量本来就是社会生活的主流，我们就是要热情讴歌党领导人民进行社会主义现代化建设的伟大实践，就是要汇聚中国人民实现中华民族伟大复兴目标的磅礴伟力，就是要让社会主义核心价值观占领新媒体时代下的互联网舆论场，真正占据主动地位。

七十载惊涛拍岸，新时代激流勇进。经过长期艰苦奋斗，特别是党的十八大以来，在习近平新时代中国特色社会主义思想的指引下，京津冀协同发展、长江经济带发展、雄安新区规划建设、脱贫攻坚、共建"一带一路"等重大战略的推进实施，中国的发展奇迹令世界瞩目。奋进在新征程上，中国的发展一定会更加壮美，中国一定会取得更加辉煌的成就。我们要有这个信心、有这份担当，为国家的发展、为民族的进步鼓与呼，大力讴歌进步的力量，让正能量充满整个网络空间。

【典型案例】

七十华诞，国之大典

2019 年 10 月 1 日，庆祝中华人民共和国成立 70 周年大会在北京隆重举行。10 时整，庆祝大会开始，70 响礼炮响彻云霄。

钢枪如林，气势如虹。伴随着第一声礼炮响起，222 名国旗护卫队官兵在人民英雄纪念碑平台列队，护卫着五星红旗阔步迈向天安门广场北端的升旗区。

巨大轰鸣声中，空中护旗梯队拉开了阅兵分列式序幕——

中国崛起之舆论战

10 时 43 分，3 架载旗直升机依次飞过天安门广场上空，党旗、国旗、军旗迎风飘扬，紧随其后的 20 架直升机组成巨大 "70" 字样……

这次国庆阅兵编有 59 个方队梯队，受阅官兵近 1.5 万人，受阅各型飞机 160 余架、装备 580 台套，是近几次阅兵中规模最大的一次。

气势磅礴、排山倒海，陆军方队、海军方队、空军方队、火箭军方队、战略支援部队方队……15 个方队组成的徒步方队在天安门前依次通过，接受祖国和人民检阅；马达轰鸣、震天动地，32 个装备方队分为陆上作战、海上作战、防空反导、信息作战、无人作战、后装保障、战略打击 7 个模块，按照联合作战编成隆隆驶来……

曾记否，开国大典上的受阅坦克、火炮等武器装备是 "万国牌"。

铁流滚滚，奔涌向前。

大国长剑，浩荡东风。

70 年前开国大典上，为飞出国威，仅有的 17 架飞机不得不连飞两遍，且无一是 "中国造"。国外有些人曾嘲讽，"中国是一只没有翅膀的雄鹰"。如今，"中国号" 战鹰翱翔，今日盛世如初所愿！

在中国共产党的坚强领导下，有亿万中华儿女的勠力同心，强国可期，强军必成！

现场 10 万名群众、70 组彩车组成 36 个方阵和 3 个情境式行进，分 "建国创业" "改革开放" "伟大复兴" 三个篇章，构成浩大盛世画卷。

习近平总书记对此次新中国成立 70 年大典高度称赞：

——是在第一个百年即将到来之际，全党全军全国各族人民万众一心，朝着全面建成小康社会目标奋进的一次伟力凝聚；

——是在实现中华民族伟大复兴中国梦的征程上，全体中华儿女对共同理想所作的一次豪迈宣示；

——是在当今世界正经历百年未有之大变局的形势下，中华人民共和国始终巍然屹立于世界东方，并且愈发蓬勃、愈发健强的一次盛大亮相。

中国的昨天已经写在人类的史册上，中国的今天正在亿万人民手中创造，中国的明天必将更加美好。下一个70年，我们必将创造让世界刮目相看的新的更大奇迹！

（整理自新华社北京10月1日电，原标题为《祖国的庆典，人民的节日——庆祝中华人民共和国成立70周年大会全景纪实》，作者为张旭东、赵超、赵文君等；新华社北京10月17日电，原标题为《伟力凝聚激发奋进豪情——学习贯彻习近平总书记听取国庆70周年庆祝活动总结报告时重要讲话精神之一》，作者为新华社评论员。引用时略有删改。）

三、关注为上

随着网络舆论主体日益多元化、阵营化和智能化，互联网舆论场正在进入后真相时代，形成"意见领袖"传播、社群传播、话题传播和社会传播等诸多特点。

曾有一段时间，网上负面信息较多、正能量声音很小，总是由个别"意见领袖"、网络"大V"来引领话题。对此，要结合网上热点新闻事件以及网民兴趣关注点，主动设置内容丰富、形式多样的网络话题，引导网民参与互动讨论，按照既定的目标实现舆论引导预期。

同时，还要重视舆论分层、分众研究，关注结构改革等议题，适应互联网传播规律和特点，加大正面议题设置，不断吸引网民注意并参与互动，这样网络舆论生态才会有根本的好转，民众对中国文化的自信心才会不断增强。

【典型案例】

李子柒"文化输出"争议带来的启示

最近，一则"李子柒是不是文化输出"的话题在中国舆论场掀起讨论，从自由媒体上的网民到知名"大V"再到官方声音，都参与到一个中国"网红"在海外所产生的流量影响算不算"文化输出"的概念界定。该话题之所以产生如此大的关注度，反映了中国民众对本土文化的海外影响力仍处于一个不自信的境地。

李子柒在池塘采挖莲藕

李子柒是中国网络上的一位视频博主，2016年开始在网络上发布个人生活方式的视频，其作品以中国四川农村的生活为背景，以美食文化为主要内容。在作品中，李子柒身着中国古装、沿袭古法工序、使用古朴炊具、烹饪具有古典气息的中国传统美食，其以中国人古朴的传统生活习惯为视频表现形式，被网络称之为"古风美食第一人"，而在网络上引起争议的原因是李子柒的这种网络影响力在海外也大受追捧。

网络上的一个最新数据显示，截至2019年12月初，李子柒在YouTube上的粉丝数是735万,仅屈居全球影响力最大媒体之一的CNN（792万粉丝）之后。

而她个人凭借这种流量影响力带来数十万美元的进账。更令舆论意外的是，尽管海外的粉丝并不懂得李子柒在视频中的语言，但她的视频依然收获了伊朗、美国、俄罗斯、菲律宾、巴西的拥趸，认为"她在重新向全世界介绍，被我们忘记的那些中国文化、艺术和智慧"，"她正在教我们，我们不了解的中国"。

李子柒在海外的爆火在中国舆论场引起争议，有声音认为她将代表中国的优质文化传播出去就是当今中国官方所提倡的"讲好中国故事"的典型代表；但也有声音表示李子柒展示的并不是真实的中国，海外对李子柒视频的喜欢也不过是迎合了他们对中国的刻板印象。对此，人民日报新媒体账号发文称李子柒的样本意义绝不应被忽视，无论怎样的文化，想要让别人理解，必先打动人。这大概是中国外宣屡败于人后的自我反思。

从财力、人力等各种资源条件分析，中国在外宣上的投入、中国媒体从业者的专业素养并不处于弱势，而出现问题的原因正如不认同李子柒是文化输出的原因一样，反对者认为李子柒是商业行为，不像德国的歌德学院、法国的法语联盟、中国的孔子学院。正是这种将"文化输出"归置到官方体系的思维造就了中国外宣的孱弱。

2011 年，《中国国家形象片》在纽约时报广场大屏幕投放。据报道，中国每年用数百亿美元推动外宣，但中国外宣的影响力根本无法与西方媒体抗衡，外宣薄弱的劣势尽显已经说明仅仅把"文化输出"寄托在官方层面是不可能取得话语权的。

在全球意识形态被政治因素裹挟的变局之下，"中国官方"这四个字似乎已经成为一种原罪，"文化输出"应适度地脱离官方操作，一旦置于官方影响力之下，就会被扣上软实力渗透的帽子。另外，中国也应该认识到，文化软实力、文化输出也绝不只是宏大叙事。美国的漫威、韩国的流行文化在全球的影响力没人否认是文化输出，而中国高层在提出"文化自信"后，民众更应该有这种自信。

中国崛起之舆论战

（整理自百家号 2019 年 12 月 10 日，原标题为《李子柒"文化输出"争议给中国外宣的启示》，作者为伏特加加冰。）

第三节
有粉擦在脸上

我们经常讲"突出重点、打造亮点",搞好宣传舆论引导,也一定要树立精品意识,对好的题材要精加工、深加工,无论从选材还是产品的样态都要精雕细刻、以一当十、光彩夺目,不仅要追求点击率,更要追求点赞率。此外,对于我们特别关注的宣传重点,要舍得下功夫、多投入,把资源都给用上,把它放到聚光灯下,让它真正流光溢彩,成为焦点。

一、既要好吃也要好看

中餐讲究色香味形俱全,好吃也要好看。做好网上宣传,要努力推动理念、内容、形式、方法、手段等创新,不断推出深入浅出、喜闻乐见的新媒体产品,达到"随风潜入夜,润物细无声"的宣传效果。

随着互联网技术的迅猛发展,舆论的传播主体、传播方式、传播渠道、传播影响与以往相比发生了根本性的变革。过去都是传统媒体,版面可以把控,我登什么你看什么,我播什么你听什么,有了网络媒体特别是越来越多的新媒体,情况急剧发生变化。过去是少数媒体向社会发声,现在是人人可以向公众发声,人人都是媒体,人人都是"报道者";原来是媒体向社会单项式、广播式传播,现在是全民交互式、裂变式、立体式传播。相关数据显示,目前全国有网站518万家、微信公众号2800万个、449万多款App;微信用户超过10亿,其中2亿还是海外用户,微博月活跃用户超过3.6亿,全网每天生产近400亿条信息。前两

中国崛起之舆论战

年中国人民大学做的舆情监测调研显示：在新闻信息的第一落点上，以微信、微博、短视频为代表的自媒体平台占到 37%（现在更高），而报纸、电视台新闻媒体仅占 20%；在民众获取信息的首要来源上，43% 的人主要渠道是微博、微信（现在更达 80% 以上），主渠道是报纸、电视、广播的仅占 29%（现在不足 10%）。

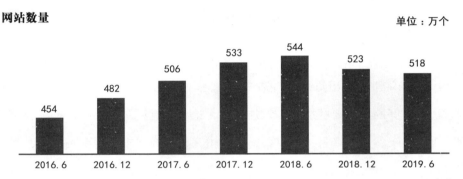

网站数量 单位：万个

中国互联网络发展状况统计调查我国网站数量变化图：截至 2019 年 6 月，我国网站数量为 518 万个，较 2018 年底下降 1.1%

现在很多人特别是年轻人，早就不看报纸不看电视了，每天盯着的是手机屏，所以，人在哪儿，宣传思想工作的重点就在哪儿，网络空间已经成为人们生产生活的新空间，那就也应该成为我们党凝聚共识的新空间。要重视和发挥网络媒体优势，创造生产出更多优质的网上内容产品，以满足人们不断增长的精神文化需求。

二、靠真本事出精品

精品需要不断打磨、反复锤炼，特别是随着新媒体的广泛运用，为推出更多更优秀的新闻产品提供了丰富手段。

2019 年 1 月 25 日，习近平总书记在十九届中央政治局第十二次集体学习时的讲话中指出："正能量是总要求，管得住是硬道理，现在还要加一条，用得好是真本事。"关于"用得好是真本事"，总书记强调："媒体融合发展不仅仅是新闻单位的事，要把我们掌握的社会思想文化公共资源、社会治理大数据、政策制定权的制度优势转化为巩固壮大主流思想舆论的综合优势。要抓紧做好顶层设计，打造新型传播平台，建成新型主流媒体，扩大主流价值影响力版图，让党的声音传得更开、传得更广、传得更深入。"在新媒体时代，就是要通过媒体融合发展，参与进去、深入进去、运用起来，最大限度扩大主流价值影响力，形成网上网下同心圆，使全体人民在理想信念、价值理念、道德观念上紧紧团结在一起。

有办法、有能力推进媒体融合发展，打造新型主流媒体，是一种真本事。用好各种新的互联网传播手段，也是真本事的具体体现。

现在，主流媒体在想方设法维持内容优势的同时，也注意活用社交媒体的形式，增强与受众互动。可以说，在新形势下，主流媒体新媒体化转型发展已经从生产模式、内容模式、渠道模式、用户模式等全产业链条上进行协同突破和创新，新型舆论格局正在形成。人民日报社的"中央厨房"、新华社的"现场云"、中国青年报的"融媒小厨"等一批媒体融合精品正在形成，其产生的宣传效果令人瞠目。

【典型案例】

全国两会报道新传播手段崭露头角

2019年全国两会重大主题报道，各网站就充分运用了秒拍视频、可视化图解、VR、AR、虚拟主持人等方式，突出系列"小、精、深、活"的作品，在网上得到很好的传播。其中，央视网推出《全景沉浸看报告》，首次使用"VR+AR"的技术，生动具象地可视化展现政府工作报告要点；推出系列报道《VR全景｜"通"民心"道"信心》《VR VLOG｜一分钟速览全国政协新闻发布会现场》，聚焦部长通道、记者会，为网民提供第一视角实景互动体验；推出《VR漫游｜街里街坊看两会》，使网民通过屏幕即可"身临其境"地到总书记曾考察调研过的学校、乡村、街道，倾听街里街坊的关心事；在《今日说法》两会特别节目《法庭网事》中，打造虚拟主持人"小小撒",与主持人撒贝宁一起探访北京互联网法院,带领观众感受"智能+"技术革新助力司法改革取得的新成效。整个报道策划,最终呈现了门户网站和移动客户端、微博、微信等新媒体各展所长,新媒体传播、大数据分析、交互式设计、集成化报道等新手段竞相运用,形成信息可视化、传播互动化等新形式崭露头角的可喜局面。

社交网络、移动客户端、官方微博微信等新媒体广泛运用,更加贴近移动互联网时代网民需求与阅读习惯。信息可视化、数据解读、动漫动画、秒拍视频、微视频、VR、AR 等新形式异彩纷呈,使两会宣传更加直观生动、引人注目。

(整理自:人民网—新闻战线 2019 年 8 月 27 日,原标题为《全国两会报道的新技术应用》,作者为冯雯璐。)

三、从"三力"到"三率"

过去我们对宣传效果的评价常讲"三力",即吸引力、影响力、引导力,现在是一切皆媒体、万物互联的时代,更要追求"三率",不仅要追求到达率,还要追求阅读率,更要追求点赞率。因为在信息大爆炸的当下,你的信息推送到了,但可能并没有被阅读;你的信息被阅读了,可能也就是一瞬间的打开、关闭或者很短时间地点开,读者对信息的内容可能并没有印象;只有那些网友点赞或者转发的文章,才有可能被读者阅读了。读者的阅读、点赞和转发,应该成为我们更高的追求。

一段时间,光明网推出正能量音乐短视频《追梦》,通过丰富的镜头真实展现快递小哥、出租车司机、环卫工人、城市志愿者、青年学子、都市白领等普通人群的工作日常,让普通人动人的奋斗故事直达网民内心,致敬新时代每一个追梦人。短视频累计播放量超过 5000 万,网民纷纷评论表示:"满屏的奋斗画面,看到了自己该有的样子，加油！"

2019 年春节期间，央视《新闻联播》播出了一条 1 分 52 秒的视频，讲即将迈入婚姻殿堂的一位铁路司机和一位列车乘务员几个月才在站台相聚几分钟的感人事迹。记者拍摄了两个人春节期间只有 1 分 52 秒的一次相聚。几句话，一个拥抱，甚至想求婚都来不及说一句"嫁给我"。这段视频一上网就被广为传播，实现刷屏效应，网友说"没想到看《新闻联播》也能哭得稀里哗啦"。这样的作品满满的正能量，越来越多才能占领互联网。

【典型案例】

时政微视频刷屏朋友圈

从 2017 年起，网上首次出现了以习近平总书记为表现对象的时政微视频，主要表现手法是将公开的总书记的新闻报道视频、图片素材进行综合梳理、重新剪辑，辅以旁白、字幕等。当年春节期间，各网站纷纷转载了由人民日报社、新华社、中央电视台制作的六个短视频，其中既有总书记的同期声，又有动漫，还有 RAP，既形式新颖，又翔实有力，同时朴实真切，多维、立体地展现了总书记的领袖形象，最大限度满足了各层面受众的需求。例如人民日报社制作的短视频《最牵挂的人》编排精巧，以时间为线，巧妙运用总书记自 20 世纪六七十年代以来的精彩照片和音视频资料，再配上点睛的旁白，生动展现了习近平总书记从大队书记到总书记，40 多年来不忘初心，始终牵挂贫困群众、重视扶贫工作的形象。新华社制作的短视频《小账本连着大情怀》制作精良，不光调用了新华社图片库中珍贵的图片资源，还专门安排记者沿总书记的考察足迹进行回访。

制作过程中，综合运用特效、动漫数据图、无人机航拍等技术和表现手段，同期声、旁白、音乐浑然一体，整个片子科技感十足，内容和形式都很有吸引力。中央电视台制作的微视频《习近平最牵挂的人是谁？》内容独家、形式多样。为

239

制作该片，央视将十八大以来总书记赴贫困村考察的视频资料全部调出，进行全面梳理挑选，最后精选了6个村子的视频。这些内容大多为首次公开，冲击力强，细节生动，现场语言感人，令人耳目一新。另一部微视频《厉害了，我们的2016年！》创新运用RAP+动画形式，使总书记网上宣传更加接地气，赢得了广大受众特别是年轻人的关注和喜爱。这几部微视频平均每条阅读量超过1亿次，在当时创了新高，传播效果很好，在微博、微信等社交媒体平台的热度也都名列前茅。在微信平台上，网民自主转发量约为媒体发布量的70倍。二次转发量大，说明网民自发传播意愿强烈。

2018年，网上总书记时政微视频语态再创新，借鉴广告等表现手法的非新闻语态微视频成为重要类型。2018年春节期间，为配合互动引导活动拍摄的宣传片《牵妈妈的手》，首次运用了纪实广告拍摄手法，从普通人的视角、经历切入，巧妙融入总书记牵母亲手散步的照片及总书记诵读《游子吟》的同期声，有力展现了总书记的"家国情怀"。这部片子一改新闻视频的表达方式，总书记的元素虽然用得不多，但却是片子的情感爆发点，将全片情绪推向最高潮。主创团队深入学习总书记讲话，从他众多关于家风的论述中挖掘出了总书记诵读《游子吟》这段同期声，极大提升了该片的感染力。这部片子没有一句口号式宣传，却使总书记的家国情怀"跃然屏上"，在润物无声中激发了民众共鸣，引发了对家风的思考、重视，并最终化为行动。这部片子当时全网播放量达4.4亿次，再次刷新了总书记微视频播放量的纪录，在春节期间引起了热烈的反响。广大网友受到片子的感染，纷纷在网上上传与母亲的合影、分享与母亲的难忘故事等，把总书记所倡导的家风建设与个人经历结合起来，在充满仪式感的互动中，身体力行实践总书记有关家风建设的重要思想。同时宣传片也带动了网友积极参与互动，通过各个平台上传的文字、图片、视频等原创内容达1.5亿条。这些原创内容背后是众多网友实践总书记所倡导价值观的行为，真正实现了从宣传到动员、从感动到行动。

2018 年 12 月，在改革开放 40 周年之际，许多网站推出了以"改革开放再出发"为主题的宣传活动。活动主宣传片《道路》和《奋斗》借鉴广告语态，将相对抽象的政治概念，通过一个个生动鲜活的画面、一句句扣人心弦的表达转化为艰辛探索、开拓奋进的信心和决心，使网民产生强烈的情感共鸣，进而对改革开放有更直观、更深层次的认识。这两部宣传片在庆祝改革开放 40 周年大会前后在微信朋友圈推出，点赞量达到微信朋友圈 3 个月内推广内容平均点赞量的 10 倍以上，从一个侧面体现了网民对语态创新的高度认可。同时，网友也纷纷在网上晒出自己或身边人的工作场景，披露心路历程，抒发对事业的自豪感、奋斗的成就感、生活的充实感，传播改革的意义和奋斗的价值。这类网上宣传最突出的特点就是主打互动，这种互动不只是对稿件的转发、评论、点赞，而是更进一步通过议题设置来影响受众行为，把"我说你听"式的单向宣传变为参与实践的动员式宣传，真正让总书记的思想落地生根。

（整理自《舆论引导艺术：领导干部如何面对媒体》，人民日报出版社 2019 年 5 月版，第 102—104 页，作者为任贤良。）

第四节
善于借力打力

在舆论宣传和引导工作中，还要善于巧借话题、借力打力，巧妙地推出自己想说的话、想办的事，从而达到以小博大、四两拨千斤的效果。

从另一个角度讲，这也算是蹭热点。蹭热点并没有什么不妥，毕竟人们的注意力有限。当大家非常关注一个热点事件时，就会有意识地搜索与其相关的内容，这个时候我们借机做一些植入，或者为此组织一些工作，可能会收到事半功倍的效果。当然，蹭热点要有度，不能蹭一些悲剧性事件的热点，也不应该以相对低俗或不妥的方式进行。

一、古为今用

中国是人类历史上开展新闻传播最早的国家之一。在中国漫长的文明发展史上，特别是在古代战争中，新闻传播为战争双方赢得胜利发挥了不可替代的作用。

巧用或者说成功运用舆论传播的古代案例，就是秦末陈胜、吴广起义。

《史记·陈涉世家》记载，陈胜是阳城人，贫雇农出身，从小就有志气，具有追求公平、平等的理想。秦二世元年（公元前 209 年），朝廷征用许多贫苦百姓去驻守渔阳，陈胜、吴广被编入队伍并担任队伍的小头目。队伍行至大泽乡，也就是现在的安徽宿县一带，正巧天降大雨、道路不通，贻误了期限。误了期限，按照秦王朝的法律，都要被杀头。陈胜、吴广经反复商议决定起义造反，从而推翻秦王朝的统治。在起事过程中，陈胜十分重视和巧妙运用"新闻宣传"和社会舆论，为起义营造了强有力的舆论氛围。

【典型案例】

陈胜、吴广巧用舆论传播

通过笔者考证，陈胜、吴广仅在策划起义的过程中，至少策划了五起"新闻"事件，成功地实施了五场舆论战，可以说场场巧妙、场场精彩。

一是制造并传播"丹书鱼腹"新闻事件。陈胜用丹砂在白绸子上书写"陈胜王"三个字，暗中放入鱼腹，并将鱼巧妙地混入渔民所捕鱼中。士兵买鱼加工时，发现了鱼肚子中的丹书，感到十分惊奇，并迅速把这一消息在士兵中间进行了传播。

陈胜、吴广起义

二是制造并传播"篝火狐鸣"新闻事件。陈胜暗中指使吴广躲在驻地旁丛林的神庙中，夜里用竹笼罩着火假装鬼火，又装作狐狸嗥叫，向士兵喊道："大楚兴、陈胜王。"神庙里鬼火戚戚、狐声阵阵，士兵又惊又惧，皆以为陈胜称王是鬼神的安排，对陈胜充满敬畏。

三是制造并传播"天神护佑"新闻事件。起义之前，陈胜当众焚香祭拜，使用百枚一面涂丹的铜钱，乞求天神护佑：若起义能够成功，则铜钱红面向上者居多。祭礼之后，陈胜将袋中百枚铜钱抛撒祭坑。众人上前一看，满地皆红，百枚铜钱全部红面向上。士兵目瞪口呆，坚信起义反秦是天神的旨意。

四是制造"突发事件"激化矛盾。吴广一向爱护戍卒，戍卒多愿听他派遣。一天，借押送戍卒的军官酒醉之机，陈胜指使吴广故意再三扬言要逃跑，引诱军官处罚吴广，借此激怒吴广的部下，制造"突发事件"，激化阶级矛盾。军官果然中计，不仅责骂、鞭打吴广，而且拔剑想杀吴广，使矛盾迅速被激化。在陈胜的带领下，忍无可忍的戍卒"斩木为兵，揭竿为旗"，斩杀了军官，发动了起义。

五是顺应人心举义旗。秦始皇的大儿子公子扶苏深受天下百姓爱戴，因扶苏不满朝廷的暴政，不但不能继承皇位，还受到了迫害。楚国大将项燕，战功卓著，爱兵如子，深受楚国人爱戴。于是，陈胜大造舆论，假称自己是公子扶苏和大将项燕领导的队伍，举起了义旗，顺应人民的意愿，倡导天下反秦，受到了热烈响应。

陈胜、吴广起义是中国历史上第一次大规模的农民起义。在起义的组织策划中，陈胜以卓越的政治智慧、敏锐的时局洞察力和杰出的组织领导才干，成功地策划、导演了一系列假事实真新闻、假事实假新闻，充分发挥了战时新闻宣传鼓舞士气、凝聚人心、激发斗志、瓦解敌人的独特作用，很好地实现了自己的战略意图。可以说，陈胜、吴广起义在古代战争中，把巧妙运用舆论宣传发挥到了极致。

（整理自《舆论引导艺术：领导干部如何面对媒体》，人民日报出版社2019年5月版，第27—28页，作者为任贤良。）

二、因势利导

在舆论宣传过程中，特别是面对一些热点问题和突发事件，要善于抓住时机，采取相应的举措和办法，进行因势利导，加强议题设置，使事态尽快平息或者朝着有利于我的方向发展。

中美贸易战

在因势利导方面，我们也有一些成功的尝试。比如，在中美贸易战中，经历了 10 个月的谈判，中美贸易摩擦升级。2019 年 5 月 9 日，美国政府宣布，对从中国进口的 2000 亿美元商品加征关税，税率由 10% 提高到 25%。5 月 15 日，美国以"对国家安全构成风险"为由宣布将华为列入"实体清单"实施"禁令"，延续自 2018 年的中美贸易摩擦升级，并从贸易领域向科技、学术领域蔓延，引发舆论关注。一时间，"中美贸易战""华为""加征关税"等关键词频频出现在社交平台和自媒体上，在强烈的爱国情怀和号召科技立国、共渡难关的舆论主基调中，网络谣言、极端爱国主义裹挟公众情绪等舆论杂音频现，相关舆情愈演愈烈。对此，我国务院关税税则委员会、商务部、国家发展改革委等发布反制措施的同时，我主流媒体更是抓住时机，主动肩负起了引导舆论、凝聚共识的责任。5月13日晚7点，央视《新闻联播》发表国际锐评《中国已做好全面应对的准备》，首次在国内受众最广的主流平台表明国家立场："谈，大门敞开；打，奉陪到底。"这一充满底气和霸气的喊话令网友沸腾，当晚＃新闻联播＃登顶微博热搜引舆论点赞，民族自豪感和自信心空前高涨。随后，人民日报发布的"谈，可以；打，奉陪；欺，妄想"的图片在朋友圈刷屏，成为现象级传播，使舆论统一在"愿谈则谈、要打便打""团结一致、同仇敌忾"的现实语境中，奠定了舆论场的主基调。

5月14日至5月22日，人民日报"九评"再现，驳斥舆论场上的错误论调。5月23日至6月13日，新华社"辛识平"连发五篇重磅评论，对在贸易战中混淆视听的部分"精美"言论予以反击，充分发挥了舆论引领作用。6月2日，官方发布《关于中美贸易磋商的中方立场》白皮书，再次重申中美经贸谈判中的中方立场，为反击网络流传的"中国出尔反尔"等错误言论提供了依据。6月16日，《求是》杂志刊登重磅长文《认清本质 洞明大势 斗争到底——中美经贸摩擦需要澄清的若干问题》，对关于贸易战的10个关键问题作出解读。

三、及时发声

对于一些突发事件，不能置之不理或保持沉默，特别是相关部门、主流媒体要体现担当、瞅准时机、敢于发声、及时发声，旗帜鲜明地表明立场，针锋相对地揭穿假象，还原事实，以正视听。

2020年3月12日晚，中国外交部新任发言人赵立坚在自己的Twitter账号上发文质问，他写道："美国疾病控制与预防中心（CDC）主任罗伯特·雷德菲尔德（Robert Redfield）周三在众议院监督委员会承认，一些似乎死于流感的美国人在死后的诊断中被检测出新型＃冠状病毒呈阳性。""美国疾控中心主任被抓了个现行。零号病人是什么时候在美国出现的？有多少人被感染？医院的名字是什么？可能是美军把疫情带到了武汉。美国要透明！要公开数据！美国欠我们一个解释！"赵立坚另外发布了一条英文推特接着发出质疑："美国当季有 3400 万流感患者，20000 人死亡，请告诉我们，这其中有多少人与新冠肺炎有关？"

赵立坚是在美国试图将新冠病毒定性为"中国病毒"，妄图通过泼脏水来掩饰自身抗疫不力的情况下发声的，这个发声可谓非常及时，表明了我们不接受污名化的立场，同时也对美国给予了反手一击，让世人不禁要追问美国，美国欠中国和世界一个交代。

【典型案例】

面对华尔街日报的抹黑，中国政府果断出手

2020 年，新冠肺炎肆虐中国。面对疫情，中国政府做了大量防控工作，封城封路、交通管制、人员隔离等，取得了卓越的成效。然而西方媒体对于中国政府的工作成效视而不见，反而进行诋毁抹黑，甚至侮辱中国。2020 年 2 月 3 日，《华尔街日报》刊发美国巴德学院教授米德撰写的评论文章，诋毁中国政府和中国人民抗击疫情的努力，报社编辑甚至还为文章加上了《中国是真正的"亚洲病夫"》这种带有种族歧视色彩的耸人听闻标题，引起中国人民的极大愤慨和国际社会的广泛谴责。面对中方抗议，《华尔街日报》却一直推诿，全然不顾他们所标榜的新闻的客观性和公正性标准。中国政府面对这种涉及种族歧视言论、恶意抹黑攻击中国的媒体，果断出手。外交部发言人耿爽表示，中方依法依规处理外国记者事务。对于发表种族歧视言论、恶意抹黑攻击中国的媒体，中国人民不欢迎，并吊销了《华尔街日报》三名驻京记者的记者证，第一时间表明了中国政府的态度。

面对中国强有力的措施，美国并没有反省自身的错误，反而将事态进一步扩大。美国国务院宣布自 3 月 13 日起，对被作为"外国使团"列管的 5 家中国媒体中国籍员工数量采取限制措施。

《华尔街日报》公开发文诋毁中国政府和中国人民抗击疫情的努力

面对美国毫无道理的限制措施，我外交部坚决予以回应，揭露其新闻自由的虚伪性和"双标"本质。外交部发言人赵立坚表示，美方固守冷战思维和意识形态偏见，从登记"外国代理人"，到列为"外国使团"，再到以所谓限制人数为名，实际上限期"驱逐"中国媒体驻美记者，不断升级对中国记者的打压行动。面对美国对我们的抹黑，外交部发言人华春莹一针见血地指出，当前，中国举国上下正在奋力抗击疫情，美方一些人却依然不遗余力抹黑攻击中国，这提醒我们：我们不仅需要防控新型冠状病毒，也要抗击意识形态和冷战残余病毒。

事实是怎么一回事呢？我们可以看一下两次疫情的对比。2009 年甲型 H1N1 流感袭击全球，美国是最初暴发地之一。那场灾难造成了全世界约 28.4 万人死亡，世卫组织同样宣布了那场流感是国际关注的突发公共卫生事件。但是当时美国并没有采取非常有力的控制措施，从而造成那场流感在世界各地肆虐。而对于此次 2020 年的新冠肺炎疫情，截至北京时间 2020 年 3 月 7 日 12 时，新冠肺炎已经暴发两个月时间，最严重的中国已经基本稳定疫情的情况下，除中国外，全球 93 个国家及地区累计确诊病例 21110 例、死亡 413 例。

需要注意的是，在此次新冠肺炎疫情中，美国官方迄今没有向中国抗击病毒前线的医护人员提供任何援助，而巴基斯坦这样并不发达的国家都紧急运来了一些口罩和防护服。美国国务卿蓬佩奥 2020 年 1 月 30 日还攻击正全力以赴领导中国人民抗击灾难的中国共产党是"这个时代最核心的威胁"，参议员柯顿也针对这场灾难对中国进行了一系列夸张的指责。客观地说，中国国内对武汉抗击病毒的早期做法存在一些批评，这是正常的，在中国社会内部也是很正常的讨论。但是拿到世界上，就整体而言，中国整个国家对危机的应对是强有力的。当疫情在中国大规模暴发 1 个月的时间里，世界各国并没有大规模的扩散。中国一直积极地向世界各国分享疫情数据、实验结果和诊疗建议，对此，世卫组织总干事谭德塞多次高度认可和赞扬中国的防控措施，并感谢中国对防止疫情扩散所做的巨大努力和工作。

美国的政客们应当知道借用新冠肺炎危机攻击中国，这样只会暴露他们丑恶的嘴脸，而且这样的落井下石无论从什么社会的道德标准看都是不光彩的。最重要的是，这场灾难终将过去。17 年前 SARS 期间很多人唱衰中国，但后来怎么样了？谁都不要低估了中国抗击公共卫生危机的能力，我们既然能够在危机之中采取很多国家采取不了的措施，我们就能够在这次危机过去之后迅速找回自己的活力和张力。

（整理自澎湃新闻·热门咨询 2020 年 2 月 20 日。）

第五节
书到用时方恨少

随着互联网技术的迅猛发展，舆论的传播主题、传播方式、传播渠道、传播影响与以往相比发生了根本性变革。特别是各类社会风险向网络空间传播趋势愈加明显，反过来积聚网上的舆论又诱导、策动、激化现实社会，形成了网上网下相互交织的复杂舆论场。

面对新形势新挑战，每个人都感到了"本领恐慌"，如何驾驭互联网，如何应对我大国崛起过程中面临的舆论风险，以及大国博弈舆论战的考验，我们需要学习的还有很多。

一、互联网带来的严峻挑战

一切皆在网上，一切皆在网中。当下，是以互联网为标志的高度发达的信息社会，互联网社会动员能力越来越强，成为各类风险的传导器和放大器。

网下问题在网上集聚、交织、扩散、放大、发酵，网上舆论又反过来诱导、策动、激化网下问题。各种观点的交锋、碰撞、对峙经常在网络空间发生，并且逐渐呈现出"话题参与者组织化""话题内容政治化""话题内容多样化"的倾向。值得注意的是，网民群体已从"全民记者"向"全民编辑"转变，受追求流量、热衷"爆款"的驱动，加之二次编辑、深度加工等相关技术越发便捷和普及，网上舆情的演化更加复杂，尤其是一般的社会问题、民生问题、安全事故、交通事故、自然灾害现象等可能会引起炒作，出现泛政治化和泛意识形态化现象，把个别问题普遍化、社会问题政治化、普通问题极端化，在网上发起意识形态论争，不时引起舆论喧哗，形成舆论风暴甚至溢出网络，导致线下行动，最后归结到攻击党的领导和社会主义制度。

比如，近两年来，引发网上热议的"安徽六安教师集体上访""基因编辑婴儿""长春问题疫苗""福建泉港碳九泄漏""山东寿光水灾""重庆公交车坠江""最高法卷宗丢失""武汉新冠肺炎疫情"等网络舆情热点均被曲解为"体制造成的悲剧"。其中，"最高法卷宗丢失"事件虽然进行了澄清，调查公布了实际情况，但还是造成了严重不良影响，严重损害了最高法的声誉。

还有一类事件，是线下策划组织，线上先发起，一方面有组织地引导舆论向政府有关部门施压，另一方面还积极组织线下活动，网上网下相互呼应配合，以达到组织策划者不可告人的目的。一些境内外敌对势力利用热点舆情，从政治角度大做文章，大肆攻击党中央重大决策，甚至把矛头指向国家体制机制，指向中央领导集体，用心极其险恶。

二、打好主动仗

我们在保持高度政治警觉的同时，还要敢于面对社会诘难，回应公众关切，而不是回避矛盾，甚至试图掩盖真相。躲，躲不过；掩，掩不了；拖，拖不掉。必须迎难而上，直面挑战。

特别是，我们要主动作为，争取多打一些主动仗。面对复杂多变的网上舆论环境，我们要敢于发牌、善于打牌。只有在主动的情形里，才能更加自信、更加自如，也才有更多战胜敌人的底气。

【典型案例】

政府里面有高人！

不得不说，政府里面有高人！

中国崛起之舆论战

昨天李文亮医生不幸去世，朋友圈里举行国葬。很多平时谨小慎微的人，发言中都充满了沮丧、愤懑。这完全是一场信任危机，弄不好，更会是一场全面危机。

怎么办？

2月7日中午13时左右，中央纪委国家监委网站发了一句话新闻："经中央批准，国家监察委员会决定派出调查组赴湖北省武汉市，就群众反映的涉及李文亮医生的有关问题作全面调查。"

最关键的，其实还不是派调查组去武汉全面调查，而是这五个字："经中央批准"。

 中共中央纪律检查委员会 中华人民共和国国家监察委员会

领导活动　信息公开　党纪法规　监督举报　审查调查　巡视巡察　视频访谈　历史文化

⊙ 首页 ＞要闻

经中央批准，国家监察委员会决定派出调查组赴湖北省武汉市，就群众反映的涉及李文亮医生的有关问题作全面调查。

来源：中央纪委国家监委网站　发布时间：2020-02-07 13:02　分享 ▾

本网讯 经中央批准，国家监察委员会决定派出调查组赴湖北省武汉市，就群众反映的涉及李文亮医生的有关问题作全面调查。

中央纪委国家监委网站新闻

你看过哪个普通人去世，要派调查组，还要中央批准的？

这就是高人。

突出"中央批准"，就是要让大家知道，中央看到了民意，也在回应民意，也确实要动真格。

所以，哪怕武汉是重灾区，现在是非常时期，也一定派出调查组，承诺会全面调查。

这样大刀阔斧的举动，民愤自然就纾解了，反而会夸奖中央洞察秋毫。

到了晚上，通过有关渠道，又放出消息：陈一新将任中央指导组副组长，王贺胜将任湖北省委常委。

这应该也是回应关切：出了这么大事，就不人事调整吗？

人事变动肯定是有的，应该是在仔细斟酌中，即派最合适的干部到最合适的岗位上。

比如，按照介绍，协调指挥，需要一位有丰富基层工作经验，在地方主持过全面工作，有中央工作经历，同时对湖北省、武汉市近年情况比较熟悉的干部参与进来。

而陈一新，目前是中央政法委秘书长，不仅在多个地方当过一把手，同时曾经担任过湖北省委副书记兼武汉市委书记，派他过来，可以说中央的意图很明显。

王贺胜，则长期在卫生系统工作，曾经担任天津市卫计委主任，最近又参与中央指导组工作，就在武汉。

很快，今天上午，正式公布了：王贺胜任湖北省委委员、常委。

非常时期，人们需要看到变化。

果然，朋友圈一片赞成，甚至八个字流行：焕然一新，预贺胜利。

这样的效果，不是高人？

还有，就是中国的特色举动。

不是现在湖北全面告急吗？不是下面市、县更火烧眉毛吗？

换作其他国家，真要一筹莫展了。

但中国没问题，既然这样，特色举动祭出来，领导拍板：一个省包一个市。

湖北除武汉外，不就 16 个市嘛，那就找 16 个省，你们各包一个市。

名单是这样：陕西—十堰、河北—襄阳、河南—随州、江苏—孝感、山东—黄冈、广东—鄂州、安徽—黄石、江西—咸宁、湖南—荆州、重庆—宜昌、浙江—荆门、贵州—恩施、天津—神农架、北京—潜江、上海—天门、四川—仙桃。这里面，孝感、黄冈疫情最严重。江苏、山东，没办法，重任务就交给你了。

中央大舒一口气。你们这些省，如果再做不好，就是你们的事情了。

高人吧。

看了一下，这里面还有贵州。没办法，谁叫你靠湖北近呢，你就接管离你最近的恩施吧。

政府里面有高人，其实还有很多例子。

武汉床位紧张，很多病人没法收治，怎么办？

反正这么多天，武汉就没找到有效办法。

直到前几天，高人指点，建方舱医院。

赶紧把体育场、会议中心等改一改，搭个床位，不就上万个床位了吗？重症不在这儿，轻症可以收过来啊，这样，既避免了疫情扩散，还有助于集中治疗。

思路一变，情况就会变。一将无能，真的是累死三军。但父母官有能力，老百姓也放心。这次疫情，就让很多干部脱颖而出，比如河南、江苏、上海、浙江等地的硬核举措。霹雳手段，才是菩萨心肠，更是执政能力啊。

还有，温州市市长的侃侃而谈，各种数据脱口而出，应该让黄冈卫健委主任被免得心服口服；海南省省长机场送行，对医护人员掏心掏肺地叮嘱，如果湖北领导有这个心，中央也不会派调查组了。

这说明什么？

至少一点，说明我们这个政府里面其实有很多精英，智商、情商超高，办事能力没得说，越是危机时候，越显露出才华。不然，中国也不会有今天的发展和成就。

但也的确有不少庸才，德不配位，必有灾殃，所以，一步步弄成这样的境地。这是我们的不幸。

政府里面有高人，这又是我们的幸事。

希望这次疫情之后，痛定思痛，不然，真对不起这么好的人民！

（整理自新浪网—大佬动向 2020 年 2 月 8 日，原标题为《政府里面有高人》。）

三、增强责任担当

2019 年 1 月 21 日，在省部级主要领导干部坚持底线思维着力防范化解重大风险专题研讨班开班式上，习近平总书记着眼党和国家事业长远发展，就防范化解政治、意识形态、经济、科技、社会、外部环境、党的建设等领域重大风险做出深刻分析，强调指出，坚持守土有责、守土尽责，敢于担当、敢于斗争，以"踏平坎坷成大道，斗罢艰险又出发"的顽强意志，应对好每一场重大风险挑战，切实把改革发展稳定各项工作做实做好。

"知屋漏者在宇下，知政失者在草野。"领导干部特别是宣传干部只有了解互联网发展趋势，自觉学网、懂网、用网，积极运用互联网谋划、开展、推动工作，才能抵达民意节点、把握舆论焦点、解决社会痛点，进而不断提高工作能力和水平。

作为新闻宣传工作者，要认真学习习近平总书记重要讲话精神，切实扛起政治责任，永葆斗争精神，在新闻舆论战场中大显身手。

扛起政治责任，就要强化风险意识、提高风险化解能力。要常观大势、常思大局，科学预见形势发展走势和隐蔽其中的风险挑战，同时要提高战略思维、历史思维、辩证思维、创新思维、法治思维、底线思维能力，善于从纷繁复杂的矛盾中把握规律，不断积累经验、增长才干。

扛起政治责任，就要完善风险防控机制。要建立健全风险研判机制，有针对性地制定新闻舆论应对之策，打好有准备之仗；建立健全决策风险评估机制，把风险评估作为必经程序，消除一切风险隐患；建立健全风险防控协同机制，加强舆情信息及时互通共享，联动做好舆论宣传工作。

扛起政治责任，就要有充沛顽强的斗争精神。新闻宣传工作者必须经风雨、见世面、长才干、壮筋骨，保持斗争精神、增强斗争本领，特别是年轻新闻工作者要到重大斗争中去真刀真枪干，下好"先手棋"，打好主动仗，创造无愧于时代的光荣业绩。

四、全力抗疫，方显中国本色

让我们回到这次新冠肺炎疫情。这是新中国成立以来在我国发生的传播速度最快、感染范围最广、防控难度最大的一次重大突发公共卫生事件。疫情肆虐，国难当头。在习近平总书记的亲自部署、亲自指挥下，全国军民众志成城、风雨同舟、共克时艰，打响了疫情防控的人民战争、总体战、阻击战。在这场严峻斗争中，广大党员、干部彰显了"越是艰险越向前"的责任担当，广大医务工作者彰显了救死扶伤、医者仁心的崇高精神，舆论宣传工作运用多种形式及时发声，讲好中国抗疫故事，让中国特色社会主义制度优势充分彰显，再一次让世界瞩目。

与此同时，围绕这一次的疫情，中美之间也在进行一场真正的舆论战。

【典型案例】

美国借新冠病毒命名对我发动舆论战

在新冠病毒在美国快速扩散，美国抗疫工作十分艰难之际，2020年3月17日，特朗普不顾世界卫生组织已经将新冠病毒进行正式命名的事实，在Twitter上公然用"中国病毒"来称呼新冠病毒，并且此后在多个场合多次声称新冠病毒起源于中国，是"中国病毒"。

面对特朗普的污蔑，世卫组织第一时间表示不同意特朗普将新冠病毒称为"中国病毒"。世卫组织3月18日就在日内瓦总部召开新冠肺炎例行发布会，并宣称"2009年（H1N1）流感大流行始于北美，我们也没把它称作北美流感。所以当遇到其他病毒时，避免同地域联系很重要"。

特朗普发言将新冠病毒称为"中国病毒"

　　不仅仅是世界范围，就连美国自己的民众，都不同意特朗普的这种做法。18 日，此前参加了民主党总统初选的伊丽莎白·沃伦在 Twitter 上发文："对白宫、福克斯新闻，还有任何在听的人，我说过一遍了，并且还要大声说一遍：新冠病毒（对所有人）一视同仁。任何针对亚裔的偏见都是不可接受的，也不符合美国精神，并且对我们的新冠疫情工作有害。"耶鲁大学医学史教授弗兰科·斯诺登接受《纽约时报》采访时称："这个词是相当挑衅的，充满政治意味。我想那些仍然在用这个词的人，是在用一种含沙射影的、有种族意味的方式去用它，据我所知主要是属于政治右派的一群人在用。这恰恰说明，用某种科学的、事实的方式去指称何其明智。"美国国际大学国际关系系助理教授伊曼纽尔·茨万宾（Emmanuel Zwanbin）表示，特朗普将 COVID-19 或冠状病毒重新命名为"中国病毒"，表明他在国际政治行为中缺乏道德约束。对于这种流行病的命名，更关键的是会造成在全球范围内对中国人的刻板印象和污名化。美国民众也纷纷怒怼特朗普，认为他对病毒的反应太迟了，没有有效进行防控。

中国崛起之舆论战

Elizabeth Warren ✔
@SenWarren

I've said it once & I'll say it again loud enough for the @WhiteHouse, @FoxNews, & everyone else to hear: coronavirus does not discriminate. Bigotry against people of Asian descent is unacceptable, un-American, & harmful to our COVID-19 response efforts.

沃伦 Twitter 截图

实际上，病毒的来源并未确定，这不仅仅是钟南山院士的观点，在新冠肺炎疫情仅次于中国位居世界第二、正在饱受新冠病毒肆虐之苦的意大利，也有专家这么认为。意大利知名肾脏病学教授、意大利马里奥·内格里（Mario Negri）药理研究所主任朱塞佩·雷穆齐（Giuseppe Remuzzi）也持有这样的观点（该专家的研究方向虽非肺炎或传染性疾病，但他所在的贝加莫是本次疫情的重灾区，他本人亦是《柳叶刀》杂志国际咨询委员会的成员）。雷穆齐在接受美国媒体 NPR 专访时指出，意大利可能早在去年 11 月和 12 月就已出现高度疑似新冠肺炎症状的不明原因肺炎。并随后表示："无论如何，我们可以肯定的是，该病毒（按目前证据已知）首先在武汉出现，它在中国为公众所知以前，可能已经传播了一段时间。"

实际上，新冠病毒已经传播了很长时间，而且世界卫生组织早已对新冠病毒有了正式命名。作为一个大国的领导人，特朗普不可能不知道这些。那为什么特朗普还要蔑称是"中国病毒"呢？在此，我们听一听美国人是怎么说的。美国《新闻周刊》对此评论称，在金融市场遭遇 10 年来最严重的动荡、民主党人抨击特朗普政府初期应对疫情之际，这个词（编者注："中国病毒"）在一些担心"政治后果"的共和党人中间流行起来。《纽约时报》则发表专栏评论文章《别让特朗普跑了》，称特朗普将"新冠病毒"改称为"中国病毒"的行为是试图转移公众注意力，以掩盖其应对新冠肺炎疫情工作的灾难性失败。"特朗普政府试图改变舆论，以挽救美国的股市，并应对社会批评。"美国《全球策略信息》杂志驻华盛顿记者威廉·琼斯（William Jones）则认为，特朗普总统突然将COVID-19称为"中国病毒"，这是一个廉价的政治花招，可以转移他自己在早期阶段未能将这种病毒视为对美国的真正威胁的注意力。

什么是舆论战？这就是舆论战！特朗普用给病毒命名的形式给美国国内的舆论带节奏，从而达到自己特有的政治和经济目的。这就是一场战争，一场为他个人、为党派而不顾美国人民的利益更不顾世界利益的一场战争，只不过这场战争的形式不是枪炮，而是舆论。

对此，美国媒体自己就找到了特朗普发动舆论战的证据并揭示其险恶用心。根据美国《野兽日报》网站的披露，美国国务院近日向多个美国联邦政府机构下发了一份文件，要求他们与美国总统特朗普"统一口径"，将新冠病毒的责任全都推给中国，并将中国说成是导致疫情在全球暴发的祸根。美国《野兽日报》网站对此评论称：这份文件下发给官员们的时间，恰恰是特朗普当局被美国的疫情搞得焦头烂额，生怕疫情影响了特朗普的连任，正忙着推卸白宫应对疫情不力的责任的时候。

面对美国政府的挑衅，当美国疾病控制与预防中心（CDC）主任罗伯特·雷德菲尔德（Robert Redfield）在众议院监督委员会承认一些似乎死于流感的美国人在死后的诊断中被检测出新型冠状病毒呈阳性时，我方迅速给予回击。我国外交部发言人赵立坚在Twitter上称："美国疾控中心主任被抓了个现行。零号病人是什么时候在美国出现的？有多少人被感染？医院的名字是什么？可能是美军把疫情带到了武汉。美国要透明！要公开数据！美国欠我们一个解释！"外交部发言人华春莹也用英文发推："罗伯特·雷德菲尔德博士透露：之前在美国被诊断为流感的一些病例，实际上患的是新冠肺炎。将新冠病毒称作'中国新冠病毒'，是完全错误和不恰当的。"

之后，中美两国的政府部门发言人更是在 Twitter 上互怼。针对美方国务院新闻发言人污蔑中国没有及时发布疫情信息的不实指控，中国外交部发言人华春莹接连"火力全开"，连发数条推文详细列出了中国在各个阶段的信息发布和分享，用事实反击了美国抹黑，并再次指出了世界卫生组织对中国抗击疫情措施的肯定，得到美国民众的转发和点赞。华春莹为此回怼说"谎言和诽谤不能让美国变得伟大"，"在你讲话之前，请花点时间了解下情况"。

这就是舆论战，这就是另一条我们看不见硝烟的战争。它隐蔽却又关系到国家和民族的命运！

（整理自新浪军事 2020 年 3 月 13 日，标题为自加。）

沧海横流，方显英雄本色。不经风雨，又怎能见彩虹。在中国即将宣布实现"两个一百年"奋斗目标的第一个宏伟目标：占人类五分之一的最大群体的 14 亿中国人，将彻底摆脱绝对贫困，实现全面小康之际，前所未有、突如其来的新冠肺炎疫情无疑是对中国实现"两个一百年"奋斗目标、对中国共产党执政能力和对中国特色社会主义制度优势的一次严峻大考。好在 14 亿中国人民在以习近平同志为核心的党中央的领导下，万众一心，众志成城，以战胜一切困难而不被困难所吓倒的大无畏英雄气概，一方有难、八方支援，一声令下，地不分东南西北，人不分男女老幼，全力以赴，共赴国难，共抗疫情。通过我们艰苦的努力，以及我们党强有力的领导和极大的制度优势，我们已经取得了阶段性胜利，最后的胜利一定属于伟大的中国共产党领导下的伟大中国人民。

正如 70 多年前新中国成立前夜召开的中国人民政治协商会议第一届全体会议上毛泽东主席满怀豪情所讲的："我们有一个共同的感觉，这就是我们的工作将写在人类的历史上，它将表明：占人类总数四分之一的中国人从此站立起来了。""让那些内外反动派在我们面前发抖吧！让他们去说我们这也不行那也不行吧！中国人民的不屈不挠的努力，必将稳步地达到自己的目的！"

70年后的国庆大典上，习近平总书记代表9000多万中共党员和14亿中国人民，再次向世界庄严宣告："今天，社会主义中国巍然屹立在世界东方，没有任何力量能够撼动我们伟大祖国的地位，没有任何力量能够阻挡中国人民和中华民族的前进步伐。""中国的昨天已经写在人类的史册上，中国的今天正在亿万人民手中创造，中国的明天必将更加美好。"

这是何等的庄严！何等的神圣！！何等的豪迈！！！全体中国人民在中国共产党的坚强有力领导下，抗疫斗争取得伟大胜利，在全世界，就连以美国为首的西方阵营也不得不为中国点赞。此时，更凸显中国特色社会主义基本制度优势，也更显示中国在当今世界舞台上举足轻重、缺一不可的分量。现借网上流传的一篇帖文也许更能说明问题。

【典型案例】

求求中国快复工吧，这批老外被逼疯了

这个春天很魔幻。

新冠病毒逐渐蔓延全球，为给疫情让步，中国企业停工停产，所有的上班族被迫在家"休息"了近一个月。

就在这个时候，出现了一个很有意思的现象。

刚开始，很多国家的人把恐慌带来的愤怒转移到了中国人头上，还看起了中国的笑话……

可最近，他们由"愤怒"秒变成"祝福"——"中国，希望你早点复工！早点恢复正常！"

中国崛起之舆论战

画风变得如此之快，让人感觉措手不及。

这是为什么？

因为中国的停工，快把他们逼疯了……

1

先来看看各国最近的神奇操作。

新西兰把刚抓的 100 吨活龙虾全部放生了，之前囤积的几百吨，价格全部下降了 40%；

智利以车厘子为代表的水果堆积成了小山，全部低价大甩卖，损失高达 7 亿元……

这是不打算赚钱了吗？

其实这些现象，都是因为中国的"土豪们"暂停了一个月的消费。

"世界第二大消费市场"这个称号对中国来说，可不只是说说而已。

新西兰的龙虾，每逢春季的需求量都很大，而 98% 的量都是通往中国；智利的车厘子卖不出去，因为往年 90% 的货都是出口到中国。

不得不说，现在的中国打起的喷嚏，足够掀起全球的经济飓风。

而上面这些操作，和各国其他行业的经济受损比起来，九牛一毛。

还记得一到春节，就奔往海外疯狂旅游的中国大爷大妈们吗？

今年受疫情的影响，中国人过了一个最冷清的春节。

别说出国旅游了，连大门都不敢迈出一步。

可没想到，中国人安静了，外国人却炸了。

"我们已经损失远超 10 万美元了，现在还在增加。"美国纽瓦克自由国际机场一家酒店的经理愁闷不堪；

泰国度假海岛的酒店，因为少了中国人居住，200 间的屋子，空了 195 间；

日本以接待中国团队游客为主的 63 年老牌旅馆，受到疫情影响，已经宣布破产了……

这还只是关乎吃住，旅游带来的消费遇冷，就更不用说了。

泰国旅游部预计，中国游客降低了 90%，旅游业或损失 250 亿元；

韩国免税店停业，损失高达 1.7 亿元；

根据"旅游经济"数据，疫情将导致中国游客在美消费减少 103 亿美元。

而那些欧洲国家呢？

没有了中国游客，很多欧洲奢侈品国家也失去了"金主爸爸"。

以意大利为例，往年的春节期间，米兰豪华购物区人潮拥挤、繁华一片。

今年，全部凉凉。

橱窗里的奢侈品牌摆了那么久，愣是无人问津。

意大利民调机构 Demoskopika 称，今年意大利将损失 45 亿欧元的旅游收入。

这真是"牵一发而动全身"。

中国人出不了门，全球春节档的大街小巷也跟着死气沉沉。

难怪外国的小伙伴们，都盼着我们早日恢复正常了。

2

接收不到中国游客，国外靠旅游业生存的行业，或许还能等到下半年的回温，可生命却没有时间等。

因为中国停工，各国的药房都要面临库存为"0"的困境了。

这不是危言耸听，美国就发生了这样有趣的一幕。

面对新冠肺炎，纽约州长曾不以为然：别慌！我们有世界上最好的医疗系统！

可美国卫生官员，微微一笑，说："不，我们没有。""我们的基础药物过于依赖中国，如果他们关门，几个月甚至几个星期后，美国医疗系统终将崩溃。"

有这么严重吗？

有。

要知道，中国是全球最大的原料药生产和出口大国，而美国97%的抗生素都是产自中国。

就拿阿奇霉素来说吧，这可是我们最常见的治疗呼吸道感染的抗生素，它靠一种叫作硫氰酸红霉素的原料药来制作。

这个原料药，全球需求量共9000吨，中国的科伦药业、宁夏启元和宜都东阳光药业，能够各生产3000吨。

你品。

一个中国，三家企业，就包了整个世界对这种原料药的需求。

因为疫情，中国的医疗企业纷纷投入到对抗新冠肺炎药物的研制中。

而缺少了抗生素原料药，美国就很难医治咽炎、肺炎、扁桃体炎等常见疾病了。

如今，美国一边要对抗新冠肺炎，一边要对抗凶悍的流感，也经不起缺少基础药物的折腾了。

这还只是可以医治细菌感染的抗生素。

全球生产的原料药有2000多种，中国生产的原料药就超过了1500种，占了世界的3/4。

除了抗生素，还有各类维生素以及胰岛素、止痛药、抗抑郁药等大众熟知的药物。

胰岛素大家都知道。

如果糖尿病重症患者缺少了胰岛素，可能会引起中风，甚至危及生命安全。

抗抑郁药就更不用说了。

抑郁症患者疗愈的方式，除了心理咨询，就是这种药物。

所以，受疫情影响，中国很多药企无法提供原料药，其他的国家也只能跟着着急。

像美国一样的国家还有印度。

前段时间武汉疫情肆虐的时候，印度下令禁止对中国出口口罩、防护服等。

可他不知道，自己家仿制药 70% 的原材料都来自中国工厂。

如今，印度库存中国原料药告急，各大制药商面临严重生产停顿。

印度政府不得不出面，与中国协调原料药优先进口的事情……

世界本是一体。

灾难之下，没有谁能成为一座孤岛。

个人如此，国家亦如此。

当然，除了等着中国原料药治病救人，还有一种急需的医疗物品，全世界都在等着中国的供应，那就是——口罩。

大家都经历过"一罩难求"的阶段，口罩在新冠肺炎疫情面前有多重要，相信不用水木君多做解释了。

但很多人不知道，全球最大的口罩生产国家，也是中国。

2019 年，中国年产口罩 45 亿只，占了全球一半以上的口罩生产量。

那当时为什么"一罩难求"呢？

因为专业医用外科口罩生产出来后，按规定要放置 14 天，以去除残留的有毒物质。

春节临近前，各企业放假，疫情暴发突然，这个时间差，造成了口罩极为短缺。

随着各大医疗企业的复工，以及其他企业跨行加入口罩生产线，中国的口罩日产能也在持续快速增长。

曾经，中国口罩日产能为 2000 多万只，今天，中国口罩日产能已达到 1.1 亿只。

中国崛起之舆论战

如今，疫情在全球肆虐，口罩更是成了硬通货，但并不是每一个国家都幸运地有自己的生产线。

日本 70% 以上的口罩源于中国生产，如今全面告急，连 4 月份的库存都卖光了；

韩国口罩告急，一个月内需求量增长高达 7650%，如今"一罩难求"，而店家表示，并不知道什么时候才能进到货；

美国本土没有几个口罩工厂，口罩 90% 都来源于中国，如今医护人员口罩需求 3 亿，缺口却达到了 2.7 亿……

像手套、防护服、护目镜这样的医疗物资，也都面临着长期短缺的状态。

世卫组织总干事就曾表示：目前这些物资的需求量是正常水平的 100 倍。而世界范围内抗击新型冠状病毒的口罩和其他防护设备即将用尽。

曾经，我们等着自家的企业生产，填补中国医疗物资的短缺。

如今，中国疫情好转，但其他国家的情况却不容乐观。

中国对药物和医疗物资的生产力，在当下显得格外重要。

中国的复工，关系着几十个国家的疫情防控。

3

当然，原料药和口罩的短缺，针对的是医药行业。可还有一个方面，冲击的却是个人生活的全方面。

"一只南美洲亚马孙河流域热带雨林中的蝴蝶，偶尔扇动几下翅膀，可以在两周以后引起美国得克萨斯州的一场龙卷风。"

这就是"蝴蝶效应"。

而中国的短暂停工引起的"龙卷风"是全球性的。

中国是"世界工厂"。

所有商品制造的产业链环环相扣，中国在这方面正处在中间最关键的一环。

我们所熟知的一些外企的汽车零件、手机等电子产品的零件都产自中国。

中国制造企业停了工、断了货，海外的公司们都急红了眼。

先说汽车。

汽车的供应链体系，十分复杂。

它不是由零件厂生产完之后，直接送到组装厂就可以了，而是由材料供应厂——零件生产厂——零部件生产厂——零部件组成厂，最后才到整车阶段。

要生产一台汽车，需要的零部件非常多。

其中有一环出了漏洞，整个生产线都要跟着瘫痪。

而恰巧，很多为外企汽车提供零件的工厂，都在湖北。

湖北汽车零部件企业分布图

根据中汽协统计的数据，我国汽车零部件企业有 1.3 万余家，其中湖北省有 1300 余家，占了全国的十分之一。

单是武汉，汽车行业就汇集了美、日、法、英、国产五大车系，大型车企和零部件公司达 600 余家。

一场疫情，给这座城市按下了"暂停键"。

这一停，各国汽车企业都慌了。

比如德国汽车工业，像宝马、大众等德国汽车的巨头，因为衔接不上供应链，每天都要损失 7200 万欧元。这只是损失，而更多的外国汽车企业面临的是被迫停产的郁闷：

韩国现代和起亚公司宣布，由于中国零部件供应出现中断，将在韩国暂停生产；

日本九州工厂负责出口车辆的三条生产线，纷纷宣布关闭；

美国工会联合会警告，如果中国继续停工，通用至少三家工厂将面临停产；

……

有人曾质疑，为什么不把制造零件的工厂分散在其他国家呢？

中国劳动力廉价且拥有数量巨大的熟练技术工人，单凭这两点，中国"世界工厂"的地位也不是一时半会儿就能被取代的。

都说世界离开了谁都能转，可单凭生产汽车这一点来说，世界离开了中国，真不好转。

说完汽车，我们再来看下手机。

《财富》杂志曾刊文说："几乎所有的重要消费电子产品，都在中国制造。"

而其中，中国的手机制造，是出了名的。

苹果 2020 上半年的目标是生产多达 8000 万部 iPhone，其中还包括 1900 万部的 iPhone9。

可这个计划，也要因为中国的停工泡汤了。

你知道吗？

在苹果排名前 200 位的供应商中，75% 都在中国有生产基地。

苹果最大的代工厂，就是中国的富士康。

一个郑州富士康，能供应 iPhone 总产量 60% 以上。

富士康"难产"，iPhone 全球供应也跟着受到了限制。

受疫情影响，苹果已经错过了 iPhone9 批量生产的时间表。

苹果不得不发布警告，公司本季度在 630 亿—670 亿美元之间的营收预期，达不到了。

由于库存不足，苹果也再次下调了 3 月和 6 月 AirPods 的销售预估。

说起中国的制造业，绝不仅限于汽车和手机。

在这个世界，应该没有谁不知道"made in china"的标志了。

还记得国外超市被抢购一空的场景吗？

除了当地人的恐慌，自然也和当下"供不应求"的状况脱不了干系。

中国对日用品的提供到底占比多少？

曾经有一个美国人做过一个实验。

她发现 39 件圣诞节礼物中，有 25 件是中国制造的，于是突发奇想，决定做一个"一年不用中国日用品"的挑战。

结果发现，日常所用的衣服、鞋子、家用电器，甚至连捕鼠器、蛋糕蜡烛这样的小物件，都是"中国制造的"。

如果中国工厂再不复工，很多国外超市必然会出现严重的缺货情况。

亚马逊就比较有前瞻性，已经开始储存中国商品了。

从国外企业到国外个人生活，处处都有"中国制造"的影子。

在这方面，中国就像是一个"全球工作台"，中国瘫痪，所有供应链都跟着断裂。

这不是捧中国，而是事实。

就像德国电视台所呼吁的那样：中国快点复工吧！没有"世界的工作台"真的不行。

4

美国国务卿曾发表过这么一段言论：中国暴发疫情，将有利于制造业回归美国。

且不谈在面临灾难时说出这样的话有多冷血，单是认为自己可以独自发展的这个想法就已经错了。

不管是疫情发展，还是中国停工带来的影响，都暴露了一个很多人经常忽视的问题：中国想要发展，离不开世界；而世界离开了中国，也同样无法运转。

全球化的当下，没有哪个国家能成为一座孤岛。

经济如此，对待疫情，也是如此。

截止到 2020 年 3 月 12 日，韩国已确诊 7000 多例，伊朗已确诊近万例，意大利确诊人数已突破一万，日本已确诊近 700 例（不包括"钻石公主"号邮轮病例），美国确诊人数也突破 1000……

很多国家，仍处在疫情肆虐的水深火热之中。

不管是医疗物资还是个人生活，想必中国企业的复工，也能给各个国家带去一些希望和信心。

德国基尔世界经济研究所所长费尔贝迈尔曾说："帮助中国就是帮助自己，帮助中国就是帮助世界。"

而中国复工也同样如此，在帮助自己的同时，更在帮助世界来全力对抗疫情。

曾看过这样一个视频：记者问一位武汉前线的医生，当下的愿望是什么，这名医生回答——"我好想过一个正常的周末。"

一切都会过去，一切都会恢复正常。

日本医疗物资的缺口会一点一点填补上；

美国超市不会再被抢空；

韩国的免税店终会像往日一样爆满；

意大利的米兰大街也会恢复繁华……

武汉的樱花已经开了，中国也陆续步入正常的状态了。

（整理自搜狐网"鹿姐时光忘"2020年3月9日，标题为《求求中国快复工吧，这批老外被逼疯了！》，作者为才华水木君。）

"我们党诞生于国家内忧外患、民族危难之时，一出生就铭刻着斗争的烙印，一路走来就是在斗争中求得生存、获得发展、赢得胜利。越是接近民族复兴越不会一帆风顺，越充满风险挑战乃至惊涛骇浪。"[1] 战胜前进道路上的风险挑战，必须坚持和加强党的全面领导，坚持党要管党、全面从严治党，以加强党的长期执政能力建设、先进性建设和纯洁性建设为主线，以党的政治建设为统领，以坚定理想信念宗旨为根基，以调动全党的积极性、主动性、创造性为着力点，全面推进党的政治建设、思想建设、组织建设、纪律建设，把制度建设贯穿其中，深入推进反腐败斗争，不断提高党的建设质量，把党建设成为始终走在时代前列、人民衷心拥护、勇于自我革命、经得起各种风浪考验、朝气蓬勃的马克思主义政党。这是党的十八大以来加强党的建设的根本经验，也是新时代党的建设的总要求。

近代以后的中国，一盘散沙、四分五裂，一穷二白、满目疮痍，多少政治力量相继登台，却始终没能让这个古老大国走出苦难。是谁，唤起工农千万，完成了救亡图存的伟大使命，创造了"地球上最大的政治奇迹"？又是谁，凝聚起一代又一代人前仆后继、视死如归，引领一个山河破碎、任人宰割的国家实现独立、走向富强、走向复兴？是中国共产党。其间，多少坎坷、多少危机、多少挑战，中国共产党团结带领人民闯过来了，而且越战越勇。今天，有中国共产党的坚强领导，经受大疫大战大考的中国，绝不会失败，更不会倒下，反而会更加刚

---

[1] 2020年1月8日，习近平在"不忘初心、牢记使命"主题教育总结大会上的讲话。

强挺立，党更加成熟，国家治理体系治理能力更加现代化，人民更加团结，民族更加有凝聚力，这些都为实现民族伟大复兴创造出新的伟力。

"天若有情天亦老，人间正道是沧桑。"卧薪尝胆，多难兴邦，在灾难中奋发，在危机中求得新的前进机遇，这正是中华民族五千年文明生生不息的民族基因。在以习近平同志为核心的党中央坚强领导下，中华民族比历史上任何一个时期都更能化危为机，开辟新时代更加广阔的历史新天地！

舆论战，说到底是人心战！百年未有之大变局，人心所向，日出东方，天佑中华！